Jochen Bung / Armin Engländer (Hg.)
Souveränität, Transstaatlichkeit und Weltverfassung

ARCHIV FÜR RECHTS- UND SOZIALPHILOSOPHIE

ARCHIVES FOR PHILOSOPHY OF LAW AND SOCIAL PHILOSOPHY

ARCHIVES DE PHILOSOPHIE DU DROIT ET DE PHILOSOPHIE SOCIALE

ARCHIVO DE FILOSOFÍA JURÍDICA Y SOCIAL

Herausgegeben von der Internationalen Vereinigung

für Rechts- und Sozialphilosophie (IVR)

Redaktion: Dr. Annette Brockmöller, LL. M.

Beiheft 153

Jochen Bung / Armin Engländer (Hg.)

Souveränität, Transstaatlichkeit und Weltverfassung

Tagung der Internationalen Vereinigung für Rechts- und Sozialphilosophie (IVR) im September 2014 in Passau

Franz Steiner Verlag

Nomos

Bibliografische Information der Deutschen Nationalbibliothek:
Die Deutsche Nationalbibliothek verzeichnet diese Publikation in der Deutschen Nationalbibliografie; detaillierte bibliografische Daten sind im Internet über <http://dnb.d-nb.de> abrufbar.

Satz: DTP + TEXT Eva Burri, Stuttgart
Druck: Druckhaus Nomos, Sinzheim
Gedruckt auf säurefreiem, alterungsbeständigem Papier.
Printed in Germany.
Franz Steiner Verlag: ISBN 978-3-515-11620-6 (Print)
Franz Steiner Verlag: ISBN 978-3-515-11630-5 (E-Book)
Nomos Verlag: ISBN 978-3-8487-4015-4

Table of Contents

Vorwort

Das vorliegende Beiheft enthält die Texte der Vorträge der Tagung der Deutschen Sektion der Internationalen Vereinigung für Rechts- und Sozialphilosophie (IVR), die zu dem Thema „Souveränität, Transstaatlichkeit und Weltverfassung“ vom 25. bis 27. September 2014 an der Universität Passau stattgefunden hat.

Wir möchten allen Teilnehmerinnen und Teilnehmern der Tagung noch einmal ganz herzlich für eine äußerst ideen- und diskussionsreiche Begegnung danken. Wir danken der Universität Passau für großzügige finanzielle Unterstützung. Ganz besonderer Dank gebührt allen Mitarbeiterinnen und Mitarbeitern, ohne deren tatkräftige Unterstützung und organisatorische Gesamtleistung die Tagung gar nicht möglich gewesen wäre, namentlich Markus Abraham und Till Zimmermann, aber auch Thomas Jänicke, Anna Lena Meisenberger, Amelie Rösl, Georgia Stefanopoulou sowie Lisa Förster, Franziska Gotthard, Teresa Göttl, Leonie König, Katrin Pilgram, Julius Schauf und Ulrich Völker.

Hamburg und München am 7. Oktober 2016
Jochen Bung
Armin Engländer

Jochen Bung (Hamburg) / Armin Engländer (München)

Souveränität, Transstaatlichkeit und Weltverfassung

Bevor der wissenschaftliche Teil der Tagung beginnt, möchten wir über die drei Begriffe, die das Thema bestimmen, ein paar kurze Bemerkungen machen. Sie sollen andeuten, wie bedeutungs- und diskussionsoffen das Thema ist.

Der vertrauteste, wenn auch vielleicht unklarste Anknüpfungspunkt ist jener der Souveränität. Man kann sie sich in einem Vergleich zur personalen Selbstbestimmung ausdenken, dann kommt man über Variationen wie „Selbstbestimmungsrecht der Völker“ oder „Volkssouveränität“ zu einem handhabbaren Analogon. Problematisch wird es, wie im zwischenmenschlichen Verhältnis, wenn zwei Selbstbestimmungsansprüche aufeinandertreffen, die sich in ihrem Gehalt einander ausschließen.

Die denkwürdigste Stelle, die es zu diesem Problem gibt, findet sich im Mehrheitsvotum der sogenannten Solange-I-Entscheidung des Bundesverfassungsgerichts vom 29. Mai 1974. Zur Möglichkeit der Übertragung von Hoheitsrechten auf zwischenstaatliche Einrichtungen nach Art. 24 Abs. 1 des Grundgesetzes heißt es:

> „Das kann nicht wörtlich genommen werden. Art. 24 GG muss wie jede Verfassungsbestimmung ähnlich grundsätzlicher Art im Kontext der Gesamtverfassung verstanden und ausgelegt werden. Das heißt, er eröffnet nicht den Weg, die Grundstruktur der Verfassung, auf der ihre Identität beruht, ohne Verfassungsänderung, nämlich durch die Gesetzgebung der zwischenstaatlichen Einrichtung zu ändern. […] Art. 24 ermächtigt nicht eigentlich zur Übertragung von Hoheitsrechten, sondern öffnet die nationale Rechtsordnung […] derart, dass der ausschließliche Herrschaftsanspruch der Bundesrepublik Deutschland im Geltungsbereich des Grundgesetzes zurückgenommen und der unmittelbaren Geltung und Anwendbarkeit eines Rechts aus anderer Quelle innerhalb des staatlichen Herrschaftsbereichs Raum gelassen wird.“[1]

Es ist nicht klar, worin der Unterschied bestehen soll, vielmehr erscheinen Zurücknahme des ausschließlichen Herrschaftsanspruchs zugunsten anderer Rechtsquellen und Übertragung von Hoheitsrechten lediglich als zwei unterschiedliche Beschreibungen ein und desselben Vorgangs.

Dieser Vorgang ist mittlerweile unstreitig, allerdings verwendet das Bundesverfassungsgericht auch in neuerer Zeit denkwürdige Formeln. In der Entscheidung über die Sicherungsverwahrung vom 4. Mai 2011 sagt es, das „‚letzte Wort‘ der deutschen Verfassung“ stehe „einem internationalen und europäischen Dialog der Gerichte nicht entgegen, sondern [sei] dessen normative Grundlage“[2]. Was soll das heißen, wenn ein Dialog seinem Begriff nach auf eine Form der Verständigung geht, die sich gerade dadurch auszeichnet, dass keiner der Beteiligten das Recht des letzten Wortes beansprucht? Das ist auch in der Stellungnahme des Bundesverfassungsgerichts anerkannt, denn sonst ergeben die Anführungszeichen, in die man das letzte Wort gestellt hat, keinen Sinn.

Dass man Souveränität am Modell der Selbstbestimmung einer Person entwickelt, ist nichts Ungewöhnliches, denn Staaten sind nichts anderes als Personen,

1 BVerfGE 37, 271, 279 f.
2 BVerfGE 128, 326, 369.

nämlich Personen im juristischen Sinne. In Kants Friedensschrift heißt es: „Völker als Staaten können wie einzelne Menschen beurteilt werden“[3]. So gesehen ist der zweite der Tagungsbegriffe, Transstaatlichkeit, fast selbstverständlich: Staaten können, wie Menschen, nicht für sich alleine existieren, sondern nur, indem sie aus sich heraus und auf andere zugehen. Staaten existieren nur, wo es Grenzüberschreitungen gibt. Diese Überschreitungen können beabsichtigt oder unbeabsichtigt sein, wie die Veränderung von Flussläufen, militärische Episoden, soziale Bewegungen, Migration, Verträge. Staaten können, wie der Fall des Europäischen Einigungsprozesses zeigt, sogar darin übereinkommen, etwas Drittes ins Werk zu setzen, in dem sie als Staaten zumindest partiell oder sektoral verschwinden.

Dieses Dritte kann, wie ebenfalls der Fall der Europäischen Integration zeigt, auch eine Verfassung sein, auch wenn politische Klugheitsregeln mit Blick auf bestimmte Selbstverständnisse und bestimmte Auffassungen vom Wesen des „letzten Wortes“ es gebieten können, zur Beschreibung dieses Vorgangs den Begriff der Verfassung nicht zu verwenden. Es gibt jedenfalls keinen Grund, den dritten der Tagungsbegriffe, jenen der Weltverfassung, als Ausdruck von Größenwahn zu betrachten. Worin liegt aber die besondere Schwierigkeit dieses Begriffs? Sie liegt in der Neigung, die Weltverfassung nach dem Modell der Verfassung des Nationalstaats zu konzipieren. Dieser Konzeption liegt allerdings eine petitio principii zugrunde: ein Verständnis von nationalstaatlicher Verfasstheit als maßgeblicher Norm für alle Verfassungen. Rechtssoziologische Untersuchungen haben hier zu Recht darauf hingewiesen, dass die Semantik des Rechtsbegriffs alternative Verfassungsverständnisse zulässt. Bedingung ist eine Auflockerung des juristisch oder staatsphilosophisch prävalenten Verfassungsholismus. Die Einheit der Rechtsordnung ist, wie schon in jeder studentischen Falllösung erfahren werden kann, nur ein Argument unter anderen.[4] Auch die Diagnose des fragmentarischen Charakters der Globalverfassung[5] muss nicht verzagt machen, sondern ist einstweilen nur als Index dafür anzusehen, dass etwas in Entwicklung begriffen ist.

Es gibt unzweifelhaft ein „Mehr an Recht“[6] außerhalb staatlicher Normsetzungstätigkeit.[7] Bayerische Kreditinstitute haben sich geweigert, für den Vorsitzenden einer rechtspopulistischen und islamfeindlichen Partei Girokonten weiterzuführen, und zwar mit dem Argument, die Programmatik der Partei verstoße gegen das friedliche Miteinander und die Menschenwürde.[8] Private Unternehmen bedienen sich also ganz selbstverständlich eines Rückgriffs auf Grund- und Menschenrechte, um bestimmte Entscheidungen zu begründen. Unabhängig davon, dass solche Entscheidungen auch unternehmerisch motiviert sind, also dazu dienen, den Marktwert des Unternehmens als moralisch integre Person zu erhöhen, wird durch solche Vorgänge belegt, dass Grund- und Menschenrechte eine unmittelbare horizontale Gel-

3 Immanuel Kant, *Zum ewigen Frieden [1795]*, Stuttgart 1984, 16.

4 Vgl. Niklas Luhmann, *Das Recht der Gesellschaft*, Frankfurt am Main 1995, 73: „Einheit des Rechtssystems keine operative Prämisse des Rechtssystems“.

5 Dazu Gunther Teubner, *Verfassungsfragmente*, Berlin 2012.

6 BVerfGE 34, 269, 286 ff.

7 S. zur Thematik Stefan Kadelbach / Klaus Günther, *Recht ohne Staat? Zur Normativität nichtstaatlicher Rechtsetzung*, Frankfurt am Main 2011.

8 S. dazu Bernd Kastner / Ekkehard Müller-Jentsch, *Banken kündigen Stürzenbergers Konten*, 30. September 2013, www.sueddeutsche.de.

tungsdimension haben, was in einer zu strikten Engführung von Recht und Staat aus dem Blick geraten kann. Freilich bedarf es, damit Recht nicht nur Geltung beanspruchen, sondern, mit Kelsens berühmter Wendung, im Großen und Ganzen auch wirksam sein kann, des Rechtszwangs. Dieser Umstand erklärt die Attraktivität des ideellen Fluchtpunkts einer Weltrepublik. Häufig wird in diesem Zusammenhang behauptet, Kant habe diese Idee verworfen, aber das stimmt nicht. Für Kant ist die Idee der Weltrepublik ganz richtig, nur scheitert sie faktisch an dem, was Kant als die „Idee [der Staaten] vom Völkerrecht“[9] bezeichnet.

Was das genau heißt, ist offen, genauso wie es die Leitbegriffe dieser Tagung sind. Ihre Veranstalter erhoffen sich ein paar klärende Auseinandersetzungen oder Zusammenführungen, nicht aus theorieästhetischen Gründen, sondern weil die damit zusammenhängenden Fragen akuter geworden sind und in der zu beobachtenden Renaissance des politischen Denkens und Handelns in nationalistischen und kulturalistischen Kategorien das Gute an diesen Begriffen verloren zu gehen droht.

9 Kant (Fn. 3), 20.

Reinhard Merkel (Hamburg)

Demokratischer Interventionismus?

I. Drei Modelle

Die Grundfrage meines Themas ist einfach: Kann ein militärisches Eingreifen legitimierbar sein – etwa als sog. Humanitäre Intervention oder unter dem jüngeren völkerrechtlichen Titel der „Schutzverantwortung" (Responsibility to Protect/RtoP) –, das allein oder vorrangig den Zweck eines demokratischen Regimewechsels in einem fremden Staat verfolgt? Ein Krieg also mit dem Ziel, ein autoritäres Regime zu entmachten und der Bevölkerung im *target state* die Segnungen einer demokratischen Regierungsform zu bringen?

Drei Formen einer solchen Intervention lassen sich unterscheiden. Jede von ihnen ist seit der Jahrtausendwende von demokratisch regierten Staaten unternommen und in ihren jeweiligen Besonderheiten exemplarisch verdeutlicht worden.

(1.) Das Modell Irak (2003): direkte, nicht erbetene Intervention ausschließlich mit eigenen militärischen Mitteln des oder der Intervenierenden.

(2.) Das Modell Libyen (2011): direktes militärisches Eingreifen per Luftunterstützung auf seiten bewaffneter Aufständischer, also Parteinahme in einem fremdstaatlichen Bürgerkrieg. Sie mag entweder zum alleinigen Zweck eines Regimewechsels erfolgen oder aber, wie in Libyen, mit dem doppelten Ziel des Regimewechsels einerseits und eines genuinen RtoP-Anspruchs andererseits: Schutz der Bevölkerung im Zielstaat gegen ihre eigene Regierung.

(3.) Das Modell Syrien (seit 2011): indirekte Intervention durch Unterstützung eines bewaffneten Aufstands ohne unmittelbar eigenes militärisches Engagement.

Das „Modell Irak" lasse ich im Folgenden beiseite. Zur Reminiszenz, und wenn man will ad acta, nur eine knappe Bemerkung: Der Angriff, nicht autorisiert vom UN-Sicherheitsrat, wurde zunächst gestützt auf ein vermeintliches Recht der Intervenienten[1] zur präventiven Selbstverteidigung gegen eine angebliche Bedrohung durch „weapons of mass destruction" in den Händen des irakischen Machthabers. Das war schon normativ die Beschwörung einer haltlosen Schimäre. Nachdem sich auch deren faktische Prämissen als gegenstandslos erwiesen hatten, tauschte man umstandslos die Legitimationsgrundlage aus. Jedenfalls, so hieß es nun, befreie man ein gepeinigtes Volk von einer grausamen Diktatur und bringe ihm die Segnungen einer demokratischen Regierungsform; auch das rechtfertige den Angriff.[2] Mit der

1 Der USA und Großbritanniens. Die militärisch unbedeutenden Unterstützer („coalition of the willing") darf man hier ignorieren; soweit sie sich überhaupt Gedanken dazu gemacht haben, dürften sie ein Recht zur Hilfe im normativen Dunstkreis des Art. 51 der Charta der Vereinten Nationen reklamiert haben.

2 Die in Washington und London ebenfalls herangezogene Begründung, der Angriff sei zur erneuten Durchsetzung der mehr als zehn Jahre alten Resolution 678 des Sicherheitsrats, die 1990 die Gewaltanwendung zur Befreiung Kuwaits autorisiert hatte, gerechtfertigt, da der Irak die Auflagen des anschließenden Waffenstillstands verletzt habe, war offensichtlich unhaltbar; vgl. Michael Bothe, Friedenssicherung und Kriegsrecht, in: *Völkerrecht*, hg. Von Wolfgang Graf Vitzthum und Alexander Proelß, 6. Aufl., 2013, Kap. 8 Rn. 24.

ausdrücklichen Reklamation dieser Rechtfertigung ordnet sich die Intervention von 2003 ein in die Reihe der Modelle des demokratischen Interventionismus. Dass sie im übrigen ein völkerrechtswidriger, politisch wie ethisch verwerflicher Angriffskrieg war, ist schwerlich bestreitbar. Das dürfte die große Mehrheit der Völkerrechtler heute genauso sehen.[3]

II. Zur Intervention der NATO in Libyen

Die Frage der formellen Legalität dieser Intervention lasse ich im Folgenden unerörtert. Im Grundsatz wurde die Gewaltanwendung durch die Resolution 1973 des UN-Sicherheitsrats vom 17. März 2011 mit hinreichender (Zwei-Drittel-) Mehrheit und trotz der Enthaltung zweier ständiger Mitglieder (China und Russland) autorisiert.[4] Die Frage ihrer Legalität stellt sich daher nur mit Blick auf Umfang und Ziel der Gewaltanwendung. In beiden Hinsichten haben die Intervenienten die ihnen von der Resolution 1973 gezogenen Grenzen in bemerkenswertem Ausmaß überschritten. Mehr als dies. Sie haben das legalisierte Ziel des Schutzes von Zivilisten hinter dem nicht autorisierten des von Anfang an intendierten *regime change* nicht nur verschwinden lassen; sie haben es diesem umstandslos geopfert.[5] Das wurde bei vielen Gelegenheiten deutlich, etwa an der Ablehnung jedes der diversen Waffenstillstandsangebote Gaddafis (oder eines für ihn sprechenden Vermittlers wie der Afrikanischen Union), das nicht zugleich einen bedingungslosen Verzicht auf die Macht enthielt.

Der Einwand, den Angeboten eines Schurken wie Gaddafi habe man nicht trauen können und daher auch nicht müssen, liegt neben der Sache. Einen Waffenstillstand im Verlauf dieses Krieges für erreichbar zu halten, setzte kein Vertrauen in Charaktereigenschaften Gaddafis voraus, sondern nur den realpolitischen Blick auf die objektive Interessenslage eines Mannes, der sich nach dem Eingreifen der stärks-

3 2003 war das noch keineswegs ausgemacht. Man lese nur die unter dem Titel „Agora: Future Implications of the Iraq Conflict" versammelten Beiträge im *American Journal of International Law* 97/3 (2003), 553–642; deren Mehrzahl erklärt die Intervention für materiell legitim. – Zutreffend dagegen das klare Verdikt der „International Commission of Jurists", veröffentlicht in Genf am 18.3.2003, zwei Tage vor Beginn der Intervention (http://www.icj.org/icj-deplores-moves-toward-a-war-of-aggression-on-iraq/ (dieser wie alle folgenden Internet-Nachweise zuletzt überprüft am 10.9.2016); s. auch Gerry Simpson, The War in Iraq and International Law, *Melbourne Journal of International Law* 6 (2005), 166–188, sowie umfassend (auch zur Geschichte des Irakkonflikts) Marc Weller, *Iraq and the Use of Force in International Law*, 2010.

4 Entgegen dem Wortlaut des Art. 27 Abs. 3 der Charta der Vereinten Nationen, der für die Annahme von materiell bedeutsamen Beschlüssen des Rats (jenseits reiner Verfahrensregelungen) die „Zustimmung" sämtlicher ständiger Mitglieder verlangt, reicht dafür deren *Stimmenthaltung* aus. Die Ausübung des Vetorechts kann nur im Modus eines ausdrücklichen „Neins" erfolgen. Das entspricht der ständigen Praxis des Sicherheitsrats, ist unstreitig und wurde auch vom IGH im „Namibia-Gutachten" von 1971 bestätigt; s. International Court of Justice, Reports of Judgements, 1971, 16, 22.

5 Das Ziel des *regime change* wurde in einem von Barack Obama, David Cameron und Nicolas Sarkozy verfassten Artikel, der wenige Tage nach Beginn der Operation in zahlreichen renommierten Zeitungen westlicher Staaten erschien, so nachdrücklich wie unmissverständlich bekräftigt („Gaddafi muss ein für allemal abtreten"); s. nur New York Times, Libya's Pathway to Peace vom 14.4.2011.

ten Militärallianz der Welt mit dem Rücken an der Wand seines eigenen Überlebens fand. Vor dem Hintergrund des alleinigen Mandats in Resolution 1973, libysche Zivilisten zu schützen, und zwar vor allem gegen den Verlust ihres Lebens, war die NATO unbedingt verpflichtet, die durchaus realistische Chance solcher Waffenstillstandsangebote wahrzunehmen. Das hat man nicht getan. Im Gegenteil. Man hat den Boykott jedes Versuchs einer Verhandlungslösung durch die Rebellen nachdrücklich unterstützt und weiter bombardiert. Mit der Resolution 1973 war das ebenso unvereinbar wie die Fortsetzung der Bombenangriffe, nachdem der militärische Sieg der Rebellen feststand, nämlich mit deren Übernahme der Kontrolle in Tripolis. Allein diese Verlängerung der Gewaltanwendung nach der offenkundigen Entmachtung Gaddafis dürfte Tausende Libyer eben jenes Leben gekostet haben, das zu schützen der Auftrag der NATO gewesen ist.[6]

Doch mag das im Weiteren auf sich beruhen. Genauer untersuchen will ich stattdessen das Problem der Legitimität des Angriffs: das seiner materiellen Rechtfertigung nach grundlegenden Prinzipien des internationalen Rechts.

II.1 Responsibility to protect?

Die Resolution 1973 stützt sich allein auf Kap. VII der UN-Charta (künftig: UN-Ch), nicht dagegen auf eine jüngere Norm, die seit etwa zehn Jahren in der völkerrechtlichen Diskussion eine steile Karriere macht und das klassische Konzept der Humanitären Intervention allmählich zu verdrängen scheint – die sog. Responsibility to Protect (RtoP). Entstanden und völkerrechtlich als potentielles Prinzip wahrnehmbar geworden ist der Gedanke einer solchen Schutzverantwortung bereits in den Neunziger Jahren des vergangenen Jahrhunderts. Ausdrücklich formuliert wurde er zuerst 2001 im *Report of the International Commission on Intervention and State Sovereignty*, dem Schlussbericht einer von der kanadischen Regierung eingesetzten internationalen Kommission.[7] Drei Jahre später wurde es in dem Report „A More Secure World" eines von *Kofi Annan* berufenen „High-Level Panel" ausdrücklich akklamiert und 2005, leicht modifiziert, in das Schlussdokument des UN „World Summit" übernommen.[8] Ein Jahr später tauchte es zum ersten Mal in einer Resolution des SR auf (SC Res. 1674).

6 Eingehend dazu Reinhard Merkel, *Die Intervention der NATO in Libyen. Völkerrechtliche und rechtsphilosophische Anmerkungen zu einem weltpolitischen Trauerspiel*, *ZIS* 2011/10, 771–783. (*Teile des Folgenden rekurrieren in Inhalt und Form auf diesen früheren Aufsatz des Verf.*) Diese Annahme einer klaren Mandatsüberschreitung entspricht der heute wohl h. M. in der völkerrechtlichen Literatur; s. etwa Olivier Corten / Vaios Koutroulis, The Illegality of Military Support to Rebels in the Libyan War: Aspects of jus contra bellum and jus in bello, *Journal of Conflict & Security Law* 18/1 (2013), 59–93; Julian M. Lehman, All Necessary Means to Protect Civilians: What the Intervention in Libya Says About the Relationship Between the Jus in Bello and the Jus ad Bellum, *Journal of Conflict & Security Law* 17/1 (2012), 117–146; Niels Rijke, Intervention in Libya: A Crime of Aggression?, *International Crimes Database*, Brief 4 (March 2014).

7 International Commission on Intervention and State Sovereignty (ICISS), *The Responsibility to Protect*, 2001.

8 High-Level Panel on Threats, Challenges, and Chance, *A More Secure World: Our Shared Responsibilities*, 2004, §§ 199–203; *Resolution 60/1 of the UN General Assembly, 2005 World Summit Outcome*, §§ 138–140.

Auch in der Resolution 1973 zu Libyen erwähnt der Rat die RtoP – mehr allerdings nicht. Die Resolution hat nicht, wie in den Medien oft behauptet, einem „neuen Recht" zum internationalen Durchbruch verholfen, sondern das alte zur Anwendung gebracht hat. Die Situation in Libyen vor der Intervention wurde, wie es Art. 39 UN-Ch verlangt, als Bedrohung des Weltfriedens bzw. der internationalen Sicherheit definiert und die Autorisierung der Gewaltanwendung nach Art. 42 als Mittel zu deren Aufrechterhaltung bzw. Wiederherstellung. In der Form war nichts daran neu. Die Definition schwerer interner Menschenrechtsverletzungen als externe Sicherheitsbedrohung entsprach der längst etablierten Praxis des Rats.[9] Freilich ist nicht zu übersehen, dass der Wortlaut des Art. 39 von dieser Praxis bis an seine Grenzen strapaziert und gelegentlich klar überschritten wird. Es war in der Vergangenheit auch nicht etwa die schiere Vindikation einer solchen Auslegung durch den SR, was seinen entsprechenden Präzedenzentscheidungen völkerrechtliche Geltung verschaffen konnte, sondern deren nachträgliche Anerkennung durch die Staatengemeinschaft.

Das Etikett „RtoP" deutet dagegen auf einen plausibleren Rechtsgrund als die bloß apodiktische Behauptung, interne Gräueltaten seien externe Friedensbedrohungen.[10] Was es klarstellt, ist zweierlei: (1.) dass es nicht nur um ein Recht geht, sondern auch um eine Pflicht, und zwar eine positive Pflicht der internationalen Gemeinschaft zur Hilfe; und (2.), dass diese Hilfspflicht eine sekundäre, eine Art Auffangpflicht ist. Denn dass zum Schutz einer Bevölkerung vor schweren und systematischen Verbrechen zunächst ihr Heimatstaat selber zuständig ist, liegt auf der Hand. Die Autoren des Reports „RtoP" von 2001 konstatieren dies; entdecken mussten sie es nicht. Seit *Thomas Hobbes* gehört es in der politischen Philosophie zu den Selbstverständlichkeiten der legitimationstheoretischen Fundamente des Staates als rechtlich organisierter Zwangsordnung.

Solche positiven Pflichten sind, anders als negative, inhaltlich unbestimmt. Sie können, heißt das, regelmäßig in ganz unterschiedlichen Formen erfüllt werden. Welche davon zulässig, erforderlich und angemessen ist, hängt von den konkreten Umständen des Einzelfalles, von den faktischen Möglichkeiten des Verpflichteten und von deren rechtlichen Grenzen ab. Das Prinzip der RtoP wirft also die Frage nach einer Kriegslegitimation im Einzelfall, die sog. *threshold question*, erst auf – und kann sie ersichtlich nicht selbst beantworten.

RtoP: kein positiv geltendes internationales Recht

Die RtoP ist (noch) keine geltende Norm des Völkerrechts; sie ist ein sich langsam entwickelndes Prinzip. Auch in Zukunft kann sie Art. 42 UN-CH als Grundlage

9 Vgl. nur Jochen A. Frowein / Nico Krisch, in: *The Charter of the United Nations. A Commentary*, hg. von Bruno Simma, Vol. I, 2nd ed., 2002, Art. 39 Rn 18–21, m. w. N.

10 Kläglich muten frühere Versuche des SR und der Völkerrechtslehre an, solche externen Friedensbedrohungen mit den Flüchtlingsströmen in Nachbarländer zu begründen, die von systematischen Völkerrechtsverbrechen regelmäßig ausgelöst würden. Als ob der Krieg gegen den Schurkenstaat deshalb erlaubt wäre, weil dieser für seine Nachbarn Belästigungen schafft, und nicht etwa deshalb, weil er seine eigenen Bürger umbringt. Diese (früher durchaus vorherrschende) Begründung übersah offenbar auch, dass sie den Zynismus implizierte, eine Humanitäre Intervention immer dann ausschließen zu müssen, wenn die Nachbarstaaten ihrerseits zynisch genug waren, ihre Grenzen gegen die verfolgten Flüchtlinge hinreichend abzudichten. Eben dies zu empfehlen, wäre dann übrigens im Sinne des Art. 42 UN-Ch auch gewiss jeweils ein milderes Mittel gewesen.

völkerrechtlicher Gewaltbefugnisse nicht einfach verdrängen oder ersetzen. Es wäre aber ein Gewinn an Ehrlichkeit und Transparenz, würde sie vom SR künftig als ausdrückliches Kriterium in die Formulierungen der Friedensgefährdung nach Art. 39 UN-CH integriert. Damit käme klar zum Ausdruck, dass es neben den sozusagen klassischen Formen einen weiteren Modus der Gefährdung der internationalen Sicherheit gibt – den der flächendeckenden, systematischen Zerstörung der *inneren* Sicherheit eines Staates durch diesen selbst. Zugleich würde so auch die Begründungsaufgabe für die Völkerrechtsdoktrin deutlich, nämlich zu klären, in welchem Sinne ein solcher innerer Friedensbruch zugleich einen äußeren bedeuten kann. Die in der Völkerrechtslehre inzwischen eingebürgerte Auskunft lautet, man lege dabei eben einen „erweiterten" oder „positiven" Friedensbegriff zugrunde. Und dieser umfasse – anders als der „negative" der bloßen „Abwesenheit organisierter Gewaltanwendung zwischen Staaten" – auch die Achtung fundamentaler Menschenrechte *im* Staat.[11] Aber das ist keine Begründung; es formuliert bloß den begründungsbedürftigen Sachverhalt.

II.2 Rechtsprinzipielle Grundlagen

Eine materielle Begründung ist aber möglich; man vermisst sie lediglich in der gängigen Doktrin des Völkerrechts. Diese Begründung ist im übrigen nicht primär Sache des positiven Völkerrechts, sondern eine Frage fundamentaler rechtlicher Prinzipien.

Gewaltverbot

Hier ist deren Prämisse: Rechtsförmige und gewaltförmige Konfliktlösungen schließen einander wechselseig aus – begrifflich wie normativ. In vollständiger Klarheit hat diese Einsicht wohl erstmals Kant formuliert. Der Grund, warum es „kategorische Pflicht" sei, in einem „rechtlichen Zustand" miteinander zu leben und den „natürlichen Zustand" zu verlassen, lasse „sich analytisch aus dem Begriffe des Rechts im Gegensatz der Gewalt (violentia) entwickeln". [12] Daraus folgt: Alles Recht kann erst beginnen mit der Statuierung eines grundsätzlichen Gewaltverbots. Das gilt als begrifflicher Zusammenhang auch für das Völkerrecht. Wie für jedes andere Recht ergibt sich daraus der normativ singuläre Status des Gewaltverbots auch zwischen Staaten. Dessen gesetzesförmige Fixierung in Art. 2 (4) UN-Ch ist deshalb nicht einfach nur eine Norm neben zahllosen anderen des positiven Völkerrechts. Vielmehr ist das in ihm festgeschriebene Verbot die Voraussetzung, wenn man will: die Bedingung der Möglichkeit jeder Weltordnung, die eine des Rechts sein soll und nicht bloß, wie John Rawls einmal plastisch formuliert hat, „at best a *modus vivendi*, a stable balance of forces only for the time being".[13]

Selbstverständlich muss es Ausnahmen vom Gewaltverbot geben, im internationalen Recht zwischen Staaten nicht anders als im innerstaatlichen zwischen Bürgern. Aber sie müssen ebenfalls solche des Rechts sein, also zuletzt selber der Garan-

11 Hier exemplarisch nach Bothe (Fn. 2), Kap. 8 Rn 44.
12 Immanuel Kant, *Metaphysik der Sitten – Rechtslehre*, AA Bd. VI, 1907, 307.
13 John Rawls, *The Law of Peoples*, 1999, 45.

tie des rechtlichen Grundprinzips dienen: dem Gewaltverbot. Exemplarisch deutlich wird das in den Prinzipien der Notwehr. Die von ihnen statuierte Ausnahme vom Gewaltverbot soll eine Verletzung ebendieses Verbots durch den rechtswidrig Angreifenden verhindern.

An diese Prinzipien ist der UN-Sicherheitsrat in seinen Entscheidungen über die Autorisierung von Gewalt gebunden, wenn anders diese Entscheidungen solche des Rechts und nicht der schieren politischen Macht sein sollen. Verletzt er sie, ist seine Entscheidung auch dann kein Recht, sondern allenfalls ein Ausdruck des Rawlsschen *modus vivendi*, wenn die Mehrheit der Staaten sie anschließend akzeptiert. Die in der Völkerrechtslehre nicht selten stillschweigend vorausgesetzte Annahme, Resolutionen des SRs zur Autorisierung militärischer Interventionen erzeugten die Rechtfertigung dieser Gewalt genuin selbst, ist daher falsch. Entweder lässt sich die jeweils konkrete Ausnahme vom Gewaltverbot in Übereinstimmung mit den skizzierten Prinzipien und in den begrifflichen wie normativen Grenzen der Art. 39 ff. UN-Ch legitimieren oder die sie autorisierende Resolution des SRs bricht selbst Grundnormen des Völkerrechts und kann nicht zu dessen Bestandteil werden.

Ausnahmen

Der Staat ist als rechtliche Zwangsordnung nur dadurch legitimiert, dass er seinen Bürgern die Grundbedingungen des inneren Friedens, vor allem die Sicherheit von Leib, Leben, elementarer Freiheit und Heimat, gewährleistet. Deshalb verliert er seine Legitimität, wenn er deren notwendige Bedingungen, eben jene Gewährleistungen, nicht mehr erfüllt, ja sie systematisch zerstört. Damit verletzt er mehr als die unabdingbaren Minimalrechte seiner eigenen Bürger. Er tastet zugleich eine universale Grundnorm an, die weltweit auch jedem anderen Staat das legitimatorische Fundament gibt: die normative Voraussetzung des rechtlichen Konstitutionsverhältnisses *aller* Staaten zu allen ihren Bürgern, also eine Grundnorm der in Staaten verfassten Weltordnung.

Beispielhaft: Wenn der ferne Staat X eine große Gruppe seiner eigenen Bürger systematisch verfolgen, foltern, ermorden lässt, dann verletzt er eine Norm, die nicht nur seinen Bürgern, sondern auch mir in meinem und jedem anderen Bürger in seinem Heimatstaat ein elementares Recht auf Sicherheit garantiert. Bliebe ein solcher Normbruch weltweit ohne Reaktion, dann zöge er den Beginn einer Erosion der Normgeltung nach sich. Eine solche Erosion müsste die Sicherheit aller Menschen im Verhältnis zu allen ihren Staaten bedrohen, und damit diese Staaten in ihrer legitimen Verfasstheit selbst. Das ist der Grund, warum für schwere Völkerrechtsverbrechen in *einem* Staat normativ die ganze Gemeinschaft der Staaten zuständig ist. Und das ist der tiefere Sinn einer berühmten Bemerkung *Kants* in seiner „Friedensschrift", wonach (bereits zu seiner Zeit) „die Rechtsverletzung an *einem* Platz der Erde an *allen* gefühlt" werde, weswegen „die Idee eines Weltbürgerrechts keine phantastische und überspannte Vorstellungsart des Rechts, sondern eine nothwendige Ergänzung des ungeschriebenen Codex sowohl des Staats- als Völkerrechts zum öffentlichen Menschenrechte überhaupt" sei.[14]

14 Immanuel Kant, *Zum ewigen Frieden*, AA Bd. VIII, 1912, 356 f., 360 (Hervorhebungen ebda.).

Damit sind die rechtsphilosophischen Prämissen für das Völkerrecht von Krieg und Frieden im Wesentlichen benannt. Dass sie neben ihrer legitimatorischen Funktion auch Begrenzungskriterien für die Anwendung zwischenstaatlicher Gewalt statuieren, liegt auf der Hand. Da diese Funktionen zu den begrifflichen Grundelementen jedes Rechtsverhältnisses gehören, sind sie auch für die Beurteilung der Entscheidungen des SR nach Art 42 UN-CH verbindlich.

II.3 Perspektiven der Legitimationsbedürftigkeit völkerrechtlicher Gewalt

In zwei grundsätzlichen Hinsichten bedarf die militärische Gewaltanwendung zur Hilfe für bedrohte Bürger eines fremden Staates der Rechtfertigung: (1.) mit Blick auf die Souveränität (die Autonomie) des angegriffenen Staates; und (2.) mit Blick auf die von der Gewaltanwendung der Intervenienten bedrohten Menschen. In der politischen, aber auch in der völkerrechtlichen Diskussion taucht regelmäßig nur der erste Gesichtspunkt auf, wenn nicht überhaupt einfach und nur auf die etwa vorliegende Autorisierung durch eine SR-Resolution verwiesen und die Legitimationsfrage damit für erledigt gehalten wird. Eine solche Gläubigkeit an den SR ist, wie oben bereits angedeutet, trotz ihrer Verbreitung unter Politikern und sogar unter Völkerrechtlern irrig. Auch der SR kann selbstverständlich rechtlich falsch handeln und damit die Grenzen seiner legitimen Zuständigkeit überschreiten. Eine Intervention, die sich auf eine entsprechende Resolution stützt, ist und bleibt illegitim. Dass sie in einem formellen Sinn „legal" genannt werden mag, verschlägt für die relevante Frage ihrer Rechtmäßigkeit nichts.

Im innerstaatlichen Recht einer rechtlich verfassten und legitimen Ordnung mag das anders zu beurteilen sein. Dort partizipiert eine formell korrekt erzeugte Legalität staatlichen Zwangs stets auch an der Legitimität der Gesamtordnung: Ein davon gedecktes Handeln ist daher (grundsätzlich) auch dann rechtmäßig, wenn es materiell falsch ist.[15] Das ist ein jedem Bürger eines Rechtsstaats unvermeidlich zugemutetes und zumutbares, also ein erlaubtes Risiko. Er erhält dafür die Gegenleistung eines machtgarantierten, im Großen und Ganzen legitimen Gesamtsystems, das alle seine (sonstigen) rechtlichen Belange unter dem Schirm eines ständigen Schutzes gewährleistet. Im Völkerrecht, das einen solchen vertikal garantierten Schirm der Gesamtrechtsordnung nicht kennt, sondern nur das koordinierte Handeln gleichrangiger individueller Rechtssubjekte, verhält sich das anders. Dort kann das illegitime, wenngleich formal legale Handeln anderer Völkerrechtssubjekte gerade nicht an einer höheren rechtlichen Dignität partizipieren, wie sie innerstaatlich legalem Verletzungshandeln als Teil eines legitimen „großen Ganzen" zukommt. Es bleibt daher, was es materiell ist: rechtswidrig.

Nur wenn der SR dies in seinen Resolutionen beachtet, können sie rechtmäßig sein. Man mag ihm, wie das im Völkerrecht geläufig ist, im Rahmen der Art. 39 und 42 UN-CH einen weiten Spielraum der Konkretisierung und Dezision zubilligen.[16]

15 Der Satz gilt nur für im Großen und Ganzen legitime Ordnungen. Die „Legalität" eines Terrorregimes (beispielhaft: die Legalität der kraft „Führerbefehls" vorgenommenen Massenmorde der Nazis), ist rechtlich gegenstandslos, ein darauf gestütztes Handeln in jeder denkbaren Hinsicht Unrecht.

16 Statt aller Frowein/Krisch (Fn. 9), Introduction to Chap. VII Rn. 26.

Dass es aber Grenzen dieses Spielraums geben muss, ist nicht vernünftig bestreitbar. Übersehen wird freilich oft, dass sich solche Grenzen nicht nur aus dem schwer durchschaubaren Spiel umstrittener Interpretationen zum Text der UN-Ch, aus vorhandenen Präzedenzentscheidungen des Rates und etwa noch der Anerkennung durch die Staaten ableiten lassen. Vielmehr gründen sie als Grenzen, die der Rechtsbegriff selbst fordert, zuletzt in dessen Prinzipien. Von dorther beziehen sie deshalb auch ihre Konturen.

Betrachtet man die beiden genannten Aspekte der Legitimationsbedürftigkeit, den Souveränitäts- und den Menschenschutz-Aspekt, genauer, dann kommen für die in beiden Hinsichten erforderliche Rechtfertigung zwei sehr verschiedene Prinzipien in den Blick: das der Notwehr und das des aggressiven Notstands. Wer im Sinne einer (ggf. in Art. 39 UN-CH integrierten) RtoP anderen Menschen, die bedroht sind, mit militärischer Gewalt zu Hilfe kommt, reklamiert eine Rechtfertigung qua Notwehr (Nothilfe). Der Anspruch des dabei attackierten Staates auf Souveränität mag einer solchen Nothilfe entgegenstehen, er mag ihr aber auch weichen müssen. Das ist im Einzelfall zu klären. Soweit nun aber diese Nothilfe (auch) auf Kosten unbeteiligter Dritter durchgeführt wird, wie es bei jedem militärischen Konflikt im Hinblick auf die vielfach in Mitleidenschaft gezogene Zivilbevölkerung des angegriffenen Staates unvermeidlich ist, kommen zur Rechtfertigung solcher Lebens- und Leidenskosten Dritter nur die Prinzipien des aggressiven Notstands in Frage.[17] Sie mögen den militärischen Schlag auch dann verbieten, wenn seine notwehrrechtlichen Legitimationsbedingungen ohne weiteres gegeben sind. Beide Prinzipien seien im Folgenden genauer betrachtet.

Notwehr

Souveränität heißt Selbstbestimmung. Sie umfasst einerseits ein (Selbst-)Gestaltungsrecht und andererseits ein Abwehrrecht gegen externe, etwa kolonialistische Eingriffe. Das sind überragend wichtige Güter für jeden Staat und jedes Volk. Vor allem als Abwehrrecht konstituiert die Souveränität maßgeblich das *legal standing* eines Staates und damit eine Bedingung seines Rechtsverhältnisses zu anderen Staaten: die ihrer Gleichheit als Rechtssubjekte. Anders als die Autonomie des Individuums ist die staatliche Souveränität aber kein sich selbst begründeter Endzweck. Sie ist abgeleitet aus einer permanenten und hinreichenden Legitimation des Staates durch seine Bürger. Nur ein Staat, der in diesem Sinne zumindest im Großen und Ganzen legitim ist, kann mit Gründen seine Souveränität behaupten und anderen Staaten entgegenhalten.[18]

Unterscheiden muss man allerdings die Legitimität eines Staates nach außen gegenüber anderen Staaten von der nach innen gegenüber seinen eigenen Bürgern. Die letztere stellt erheblich höhere Anforderungen. Sie kann nach allen Kriterien des Rechts und der politischen Ethik sogar gänzlich fehlen, ohne dass die Legitimität nach außen berührt wäre. Man nehme einen Staat wie die späte DDR kurz vor

17 Zur Vermeidung eines Missverständnisses: Hier geht es nicht um einen (naiven) Export innerstaatlicher Normen des Strafrechts ins Völkerrecht, sondern um universale Rechtsprinzipien; deren Grundkriterien gelten daher auch im Völkerrecht.

18 Zur Grundkonzeption eines legitimen Staates David Copp, *The Idea of a Legitimate State*, *Philosophy & Public Affairs* 28/1 (1999), 3–45.

ihrem Untergang.[19] Nach innen war die Staatsmacht radikal entlegitimiert; Millionen Menschen haben das in ihren „Montagsdemonstrationen" zu sinnfälliger Anschauung gebracht. Das berührte die äußere Legitimität der DDR, ihren Souveränitätsanspruch gegenüber anderen Staaten, jedoch nicht. Die Annahme etwa, der UN SR hätte rechtens eine humanitäre Intervention in der DDR zur Hilfe für deren Bürger gegen die Diktatur ihrer Machthaber autorisieren können, wäre (auch jenseits ihrer politischen Undenkbarkeit) abwegig.

Nur der Staat, der auch nach außen illegitim geworden ist, verliert den Anspruch auf Beachtung seiner Souveränität. Einer Intervention Dritter, die unter dem Gesichtspunkt der RtoP erfolgt, kann er seine Autonomie nicht mehr entgegenhalten. Jeder andere, allein intern illegitime Staat kann das sehr wohl. Diese Grenze hat auch der SR in seinen Resolutionen nach Art. 42 UN-CH zu beachten. Illegitim in einem solchen Sinn wird ein Staat erst dann, wenn sein Regime die angedeuteten Grundbedingungen des inneren Friedens, also ein hinreichendes Maß an Sicherheit für Leib und Leben, elementarer Freiheit und die Garantie eines Rechts auf Heimat seiner eigenen Bürger nicht (mehr) gewährleistet, und zwar auf eine Weise, die ihm selbst als Handeln oder Unterlassen zurechenbar ist.[20] Kurz, und mit einer verjährten, aber anschaulichen Formel des klassischen Völkerrechts: der Staat, der auf eigenem Gebiet zum „hostis populi" geworden ist, wird damit zum grundsätzlich legitimen Ziel eines militärischen Zwangs zur Unterbindung dieses Zustands.

Zur Konkretisierung dieser Grenzkriterien einer humanitären Intervention hat bereits der Report der ICISS von 2001 unter dem Zwischentitel „*Extreme Cases Only*" die systematische und massenhafte Begehung der vier Grundtatbestände schwerer völkerrechtlicher Verbrechen genannt, wie sie das Statut des IStGH in seinen Art. 5–8 fixiert.[21] Der Report der UN Generalversammlung zum „World Summit Outcome" von 2005 ist dem Vorschlag gefolgt.[22] Seither haben sich diese Kriterien in völkerrechtlichen Diskussionen zur RtoP im wesentlichen durchgesetzt.[23] Das ist nachdrücklich zu begrüßen. Wohl mag man abstrakt darüber diskutieren, warum es gerade diese Verbrechenskriterien sein sollen, was jene Schwelle markiert, jenseits deren ein Staat auch nach außen illegitim und damit zum potentiellen Ziel einer militärischen Intervention wird. Aber erstens bezeichnen die völkerrechtlichen Verbrechen diese Schwelle als die des gänzlichen Verlusts staatlicher Legitimität in der Sache richtig. Und zweitens müssen Kriterien für so weitreichende Entscheidungen wie die zum Krieg auch pragmatisch vernünftig sein, nämlich plastisch, präzise, möglichst bekannt und in verwandten Zusammenhängen anerkannt – kurz: handhabbar und konsensfähig. Das ist bei den ausdifferenzierten Katalogen der Tatbe-

19 Man könnte zahlreiche andere nennen – allen voran Nordkorea, aber auch den Iran, Weißrussland, Saudi Arabien, Kuba oder eben auch Libyen, jedenfalls vor Beginn der Unruhen im Februar 2011.

20 Interventionen in sog „failed states" folgen daher allein oder ganz überwiegend der Logik des Schutzes; ein relevanter staatlicher Anspruch auf Souveränität steht ihnen grds. nicht entgegen, weil ein in diesem Sinne autonom agierender Staat nicht mehr existiert.

21 ICISS (Fn. 7), Abschn. 4.19, 32f. – „Ethnic cleansing", das im Report dazu gezählt wird, kommt im IStGH-Statut nicht wörtlich vor, dürfte aber regelmäßig den Tatbestand des Art. 7 Abs. 1 lit. d erfüllen („deportation or forcible transfer").

22 *Res. 60/1 of the UN GA* (Fn. 8), §§ 138–140.

23 Zum heutigen Stand James Pattison (Hg.), *Humanitarian Intervention & the Responsibility to Protect*, 2010; Brett R. O'Bannon (Hg.), *Reassessing the Responsibility to Protect*, 2016.

standsmerkmale in den Art. 6–8 des IStGH-Statuts der Fall, in weit höherem Grad jedenfalls als bei der vom SR (freilich wortlautgemäß nach Art. 39 UN-Ch) verwendeten Formel einer „Bedrohung der internationalen Sicherheit".

Notstand

Gegen einen völkerrechtlich illegitim gewordenen Staat haben andere Staaten keine Pflicht mehr zur Respektierung seiner Souveränität. Das gewaltsame Vorgehen gegen die Mitglieder und Helfer des illegitimen Regimes ist vom Nothilferecht zugunsten der drangsalierten Bevölkerung gedeckt. Was aber gleichwohl unverändert fortbesteht, sind rechtliche und rechtsethische Pflichten gegenüber allen anderen Mitgliedern dieser Bevölkerung, und damit auch solchen gegenüber, die eine gewaltsame Intervention ablehnen, aus welchen Gründen immer.[24] Sie werden gegen ihren Willen zu Zwangsleidtragenden der gewaltsamen Hilfe für andere gemacht. Irgendwo in den aufgezwungenen Lebens- und Leidenskosten Dritter muss aber die Gewaltanwendung zum Schutz dieser anderen ihre Grenze finden. Das Prinzip zur Legitimation solcher Kosten Dritter ist das des rechtfertigenden (Aggressiv-)Notstands.

Das positive humanitäre Völkerrecht weicht in diesem Punkt ab von den geläufigen Notstandskriterien des innerstaatlichen Rechts, vor allem insofern, als es in einem militärischen Konflikt die Tötung unbeteiligter Dritter („kollateraler" Opfer) über das Legitimationskriterium der „militärischen Notwendigkeit" grundsätzlich für rechtfertigungsfähig erklärt. Das ist hier nicht genauer zu erörtern.[25] Was aber jedenfalls, und zwar auch nach dem positiven Völkerrecht der Genfer Konventionen und ihres 1. Zusatzprotokolls, notwendig ist, sind Kriterien der Abwägung für den konkreten Einzelfall. Als ganze markieren sie, was in der völkerrechtlichen Diskussion zur RtoP „Schwellenkriterien" („threshold criteria"[26]) heißt. Sie bezeichnen die neben den Voraussetzungen der objektiven Rechtfertigungslage des Notstands zusätzlich erforderlichen Legitimitätsbedingungen für die Gewaltanwendung der Intervenienten. Auch in einer Notwehr-/Notstandslage im Sinne des Art. 42 UN-CH (bzw. der völkerrechtlichen RtoP) kann ersichtlich nicht jede beliebige Form der Gewaltanwendung erlaubt sein. Der „High Level Panel" hat diese *threshold criteria* in seinem Report von 2004 plausibel formuliert. Militärische Gewalt ist danach im Einzelfall nur legitimierbar,

(1.) bei einer hinreichenden Bedrohung der betroffenen Bevölkerung mit schweren, flächendeckend begangenen völkerrechtlichen Verbrechen (*seriousness of threat*),
(2.) zu einem angemessenen Zweck, nämlich dem der Hilfe für die bedrohten Menschen (*proper purpose*),
(3.) als dafür unbedingt erforderliches Mittel (*last resort*),
(4.) das im Hinblick auf Ausmaß, Dauer und Intensität der Kriegshandlungen angemessen ist (*proportional means*)

24 Ersichtlich haben nicht alle denkbaren Gründe die gleiche Dignität. Soweit sich in ihnen aber nicht eine Beteiligung an der Terrorherrschaft ausdrückt, müssen sie von Dritten, auch von potentiellen Intervenienten, respektiert werden.

25 Eingehend dazu Reinhard Merkel, Die „kollaterale" Tötung von Zivilisten im Krieg, *Juristenzeitung* 2012, 1137–1144; zum positiven Kriegsvölkerrecht Bothe (Fn. 2), Kap. 8 Rn. 66ff.

26 ICISS (Fn. 7), Abschn. 4.18ff., 32f.

(5.) sowie in einer umfassenden Abwägung mit den Kriegsfolgen einen klaren Vorteil der Gewaltanwendung im Vergleich zum Untätigbleiben für die betroffene Bevölkerung hinreichend wahrscheinlich macht (*reasonable balance of consequences*).

Diese *threshold*-Kriterien entsprechen allgemeinen Prinzipien. Sie tragen dem Ausnahmecharakter völkerrechtlicher Gewalterlaubnisse angemessen Rechnung. Sie konkretisieren den Minimalgehalt der allgemeinen Prinzipien von Notwehr und Notstand für deren Anwendung auf den Einzelfall und gründen somit im Rechtsbegriff selbst, wie ihn Kant als „Gegensatz der Gewalt" markiert hat. Deshalb *sollten* sie immerhin den SR bei seinen Resolutionen zu Art. 39 und 42 UN-CH anleiten und verpflichten. Wer das bei einem politischen Organ wie dem SR für einen frommen Wunsch hält, hat wohl recht. Dennoch, scheint mir, haben Völkerrechtswissenschaft und Rechtsphilosophie die ethische wie intellektuelle Pflicht, solche Postulate auch dann zu klären und zu verteidigen, wenn deren politische Resonanz ausbleibt.

II.3 Zur Anwendung der *threshold*-Kriterien auf die Situation in Libyen

Wendet man diese Kriterien auf die Lage in Libyen vor Interventionsbeginn an, so erweist sich wohl nur das zweite von ihnen als erfüllt, das des „proper purpose" zur Verhinderung schwerer völkerrechtlicher Verbrechen gegen die Menschlichkeit (Art. 7 Abs. 2 lit. c und e IStGH-Statut). Das haben die Intervenienten als Zweck ihres Eingreifens genannt – gewiss ein „proper purpose". Dass sie daneben stets auch den nicht autorisierten des Regimewechsels verfolgt haben, ändert an der Legitimität des autorisierten Zwecks nichts. Aber schon, ob die befürchteten Menschlichkeitsverbrechen wirklich mit hinreichender Wahrscheinlichkeit drohten, ob also das obige 1. Kriterium des „serious threat" erfüllt war, ist alles andere als klar. Die Intervenienten haben diese Befürchtung bezogen auf die bevorstehende Eroberung der belagerten Stadt Bengasi durch die Truppen Gaddafis am 18. und 19. März 2011. Man muss sich nun freilich, so wenig angenehm sein mag, eine genaue Inspektion dessen zumuten, was Gaddafi vor dem geplanten Sturm auf Bengasi tatsächlich angekündigt hat, nämlich: Man werde „Straße für Straße, Haus für Haus durchkämmen"; wer den Soldaten „mit der Waffe in der Hand" entgegentrete, für den gebe es „keine Gnade"; wer die Waffen niederlege, dem werde nichts geschehen.

Zwei Bedenken drängen sich auf: Erstens der Verdacht, einem Schurken wie Gaddafi, der viele Menschenleben auf dem Gewissen hatte, sei bei einer solchen Bekundung nicht zu trauen. Und zweitens, selbst wenn man ihm glaube, sei die Ankündigung, bewaffneten Widerständlern gegenüber „keine Gnade" walten zu lassen, noch immer ein Aviso massenhafter völkerrechtlicher Verbrechen.[27]

Zum ersten Bedenken

Auch hier war für eine rationale Beurteilung weniger der Charakter Gaddafis als die objektive Lage seiner Interessen relevant. Er war bereits umzingelt von Teilen der stärksten Militärmacht der Welt. Sein eigentliches Ziel war die Niederschlagung

27 Nämlich (Bürger-)Kriegsverbrechen nach Art. 8 Abs. 2 lit. e (x) des IStGH-Statuts.

eines bewaffneten Aufstands.[28] Sich nach dem Erreichen dieses Zieles die weit überlegene militärische Macht der NATO auf den Hals zu ziehen und damit seine eigene Lage definitiv aussichtslos zu machen, nur um ein Rachebedürfnis zu befriedigen, hätte eine Art klinischen Irreseins erfordert, wie es selbst bei einem bizarren Exzentriker wie Gaddafi nicht angenommen werden kann. Man muss diese Überlegung überdies mit dem 3. der oben genannten *threshold*-Kriterien koppeln, dem des unbedingt erforderlichen, nämlich „mildesten" Mittels. Vor dem Hintergrund von Gaddafis Interessenlage erschien es höchst aussichtsreich, ihn auf dem Weg der Geheimdiplomatie für den Fall eines Beginns völkerrechtlicher Verbrechen durch seine Truppen nach der Einnahme Bengasis mit einer sofortigen und massiven Intervention zu bedrohen.[29] Im übrigen kam es in keiner der libyschen Städte, deren Kontrolle während des Bürgerkriegs zwischen Regierungstruppen und Rebellen mehrfach wechselte, zu irgendwelchen Rachemassakern seitens der Soldaten Gaddafis.

Kurz: es spricht alles dafür, dass es statt der Intervention ein „milderes Mittel" zum Schutz der Zivilbevölkerung Bengasis gab. Die verbleibende Gefahr, nach etwa gleichwohl begonnenen Mordtaten der Gaddafi-Truppen die Intervention erst wenige Stunden später zu eröffnen, war das, was Juristen „erlaubtes Risiko" nennen. Selbst wenn man so das Töten möglicherweise Dutzender, ja Hunderter von Rebellen nicht mehr hätte verhindern können, war dies angesichts der vielen zehntausend Toten, die dieser Krieg dann (und vorher absehbar) gefordert hat, ganz gewiss die ethisch wie rechtlich gebotene Alternative.

Zum zweiten Bedenken

Bewaffnete Rebellen sind keine Zivilisten, und wären sie's Stunden vor der Aufnahme ihres Kampfes noch gewesen. Gleichwohl dürfen auch sie nicht „ohne Gnade" behandelt und etwa als bereits Wehrlose ermordet werden. Doch auch dies zu verhindern, wäre angesichts Gaddafis objektiver Interessen mittels einer ihm auf Geheimwegen zugespielten massiven Drohung wohl ohne weiteres möglich gewesen. Und hier gilt für das verbleibende Restrisiko eines solchen milderen Mittels ebenfalls, dass es erlaubt, nämlich weitaus vernünftiger und weniger destruktiv gewesen wäre als der anschließende Krieg. Freilich hätte man dann nach der absehbaren Niederschlagung der Rebellion den vorläufigen Verbleib Gaddafis an der Macht hinnehmen müssen. Aber wie immer dessen langfristige Chancen zum Machterhalt zu beurteilen gewesen wären: *diesen* zu verhindern darf man keinen Krieg führen.

Abwägung der Folgen

Betrachtet man schließlich das letzte der genannten *threshold*-Kriterien, die Abwägung der absehbaren Folgen einer Gewaltanwendung mit denen des Untätigbleibens, dann bietet sich eine trostlose Bilanz. Schon am 31. August 2011 berichteten

28 Und *das* freilich darf gegenüber keinem Staat der Welt, der im oben dargelegten Sinn immerhin nach außen legitim ist, wie es für Libyen vor Beginn des Bürgerkriegs ohne Zweifel der Fall war, mit externer Militärgewalt unterbunden werden.

29 Und hier mit der Ankündigung, man werde dafür sorgen, dass er die Intervention nicht überlebe, als einer kriegsverhütenden Nötigung zu operieren, wäre so sinnvoll wie gerechtfertigt gewesen.

Zeitungen von einer offiziellen Verlautbarung der libyschen Rebellen, der Krieg habe seit Interventionsbeginn 50.000 Menschenleben gefordert.[30] Zwei Jahre später berichtete die Wissenschaftszeitschrift „The Scientist“ von einer „search mssion“ libyscher Wissenschaftler mit dem Ziel, das Schicksal von „as many as tens of thousands“ vermisster Kriegsopfer aufzuklären.[31] Wie hoch immer die genaue Zahl gewesen sein mag: die Bilanz ist verheerend. Es hilft ersichtlich nicht, bei diesen Opfern zwischen Soldaten, bewaffneten Rebellen und Zivilisten zu differenzieren, sowenig wie es hilft, nach den Tätern dieser Tötungen, also zwischen der NATO, den Rebellen und Gaddafis Truppen, zu unterscheiden. Denn die allermeisten Opfer, welcher Zugehörigkeit immer und von wem immer getötet, wären ohne die Intervention einfach nicht ums Leben gekommen, weil Gaddafis Soldaten beim ersten Eingreifen Frankreichs und Englands unmittelbar vor der Niederschlagung der Rebellion, also der Beendigung der Gewalt in Libyen standen. *Alle* Opfer, die es nach dieser Niederschlagung nicht mehr gegeben hätte, sind daher auch, wenngleich selbstverständlich nicht nur, den Intervenienten zuzurechnen. Freilich und erneut: Hätte man den Eingriff unterlassen, so hätte man die vorläufige Fortdauer der Herrschaft Gaddafis hinnehmen müssen. So unerfreulich das gewesen wäre: dies zu verhindern legitimiert keine externe militärische Gewalt, die Zehntausende von Menschen mit dem Leben bezahlen.

Und was das zweite Ziel der Intervenienten betrifft, den *regime change*, so ist die Bilanz offensichtlich noch verheerender.[32] Millionen Libyer, die diese Art von demokratischer Beglückung überlebt haben, werden unter deren Folgen noch lange leiden. Nicht trotz, sondern wegen der Intervention ist Libyen heute ein *failing state* mit einem auf unabsehbare Zeit tief in die Gesellschaft eingebrannten Hass verfeindeter ethnischer und sonstiger Interessensgruppen und dem davon garantierten Fortbestand eines internen bewaffneten Konflikts, der zwischen bürgerkriegsähnlichen Ausbrüchen und der entsprechenden latenten Bedrohung changiert. So wurden die schon unmittelbar nach ihrem Ende beklemmenden Folgen der Intervention politisch, rechtlich und menschlich zur Katastrophe. Das war vorher ohne weiteres absehbar. Zahlreiche politikwissenschaftliche und soziologische Studien der vergangenen Jahre haben eindringlich das gravierende Risiko aufgezeigt, dass extern erzwungene Regimewechsel keineswegs demokratische Entwicklungen befördern, sondern nachgerade das Gegenteil: einen langfristigen *low-level* Bürgerkrieg, gegebenenfalls im Modus des organisierten Terrorismus.[33] Der Eintritt genau dieser Folgen

30 FAZ-online, 31. August 2001 (kurz-Link: www.faz.net/-023tcf). Die Überschrift des Artikels lautete zunächst: „Rebellen: 50.000 Tote in Libyen“; wenige Stunden später wurde sie durch „Nato richtet sich auf weitere Präsenz in Libyen ein“ ersetzt; die Meldung in dem Text, es habe 50.000 Toten gegeben, blieb aber.

31 Jeff Akst, IDing war victims, *The Scientist*, 1. Mai 2013, http://www.the-scientist.com/?articles.view/articleNo/35246/title/IDing-War-Victims/.

32 S. dazu auch die nachgerade vernichtende Analyse von Alan Kuperman, A Model Humanitarian Intervention? Reassessing NATO's Libya Campaign, *International Security* 38 (2013), 105–136, der zahlreiche weitere Belege für die oben skizzierten Überlegungen zur Vermeidbarkeit der Intervention darlegt.

33 S. etwa Carrie Wickham, The Problem With Coercive Democratization, *Muslim Journal of Human Rights* 1 (2004), 1–9; Jeffrey Pickering / Mark Peceny, Forging Democracy at Gunpoint, *International Studies Quarterly* 50 (2006), 539–559; Alexander B. Downes, *Catastrophic Success? Assessing the Effectiveness of Foreign-Imposed Regime Change. Paper for the American Political Science Associa-*

nach der Intervention in Libyen bezeichnet daher nicht bloß einen praktischen Misserfolg, sondern einen essentiellen Mangel an Legitimation. Die formelle Autorisierung der Intervention durch den Sicherheitsrat ändert daran nichts. Sie ist bloß das beklagenswerte Zeugnis eines zumindest grob fahrlässigen Versagens. Vor solchen unerforschlichen Ratschlüssen der höchsten Autorität in Sachen Krieg und Frieden sollte die Wissenschaft des Völkerrechts nicht achselzuckend kapitulieren, sondern sie als das kennzeichnen, was sie sind: nicht nur politisch verheerend, sondern rechtlich illegitim.[34]

III. Das „Modell Syrien": indirekte Parteinahme gegen den Despoten in einem fremdstaatlichen Bürgerkrieg durch Unterstützung bewaffneter Aufständischer

Zwei generelle Bedingungen für die Rechtfertigung einer solchen Parteinahme liegen auf der Hand: Erstens muss der gewaltsame Aufstand selbst legitimierbar sein, damit dies, zweitens, auch die externe Hilfe sein kann, die ihn militärisch fördert. Zwischen beiden Bedingungen besteht somit ein Verhältnis asymmetrischer Abhängigkeit: Nur wenn der Aufstand gerechtfertigt ist, kann dies auch die Hilfe dazu sein. Das gilt jedenfalls insofern, als das *Auslösen* einer gewaltsamen Revolte, also das *ius ad bellum*, in Frage steht. Soweit dann in ihrem Verlauf seitens der Rebellen massive Verletzungen des *ius in bello* geschehen und den Modus der Kriegführung unzulässig machen, berührt das zwar die Legitimität einer zunächst gerechtfertigten externen Unterstützung offensichtlich ebenfalls, hebt sie aber nicht notwendig auf.[35] Eine dritte und weitere Frage ist schließlich, ob sich nach einer indirekten Intervention durch Unterstützung eines Aufstands ein Dauerzustand katastrophaler Gewalt etabliert, der gegebenenfalls eine eigene humanitäre Intervention seitens der vorher nur Unterstützenden rechtfertigen könnte. Solche Erwägungen liegen im Fall Syrien längst nahe; doch gehören sie nicht mehr zu meinem Thema.

III.1 Rechtfertigung des bewaffneten Aufstands?

Es geht, jedenfalls idealiter, um die Legitimität des bewaffneten Widerstands zum Zweck der Durchsetzung demokratischer Institutionen gegen ein bestehendes autoritäres Regime. Voraussetzung einer solchen Rechtfertigung wäre zunächst, dass das Ziel selbst, und dann, dass die Gewaltmittel, mit denen es verfolgt wird, gerechtfertigt sind. Gibt es ein Recht der Bürger eines (jeden) Staats auf demokratische Herr-

tion annual meeting, 2009, 1–47; Goran Peic / Dan Reiter, Foreign-Imposed Regime Change, State Power and Civil War Onset, 1920–2004, *British Journal of Political Science* 41 (2011), 453–475.

34 Zu einem weiteren Argument, warum SR-Resolution 1973 materiell illegitim war, s. Merkel (Fn. 6), 781 ff.: wegen der groben Verletzung des Prinzips der „Collective Security" nach der UN-Ch durch das vollständige Aus-der-Hand-Geben jeder Kontrolle der Gewaltanwendung und deren Dauer durch den SR.

35 S. James Pattison, The Ethics of Arming Rebels, *Ethics & International Affairs* 29/4 (2015), 455–471 (465 f.); Allen Buchanan, The Ethics of Revolution and Its Implications for the Ethics of Intervention, *Philosophy & Public Affairs* 41/4 (2013), 291–323 (314 ff.).

schaft, das gegen die faktischen Inhaber der Macht notfalls auch gewaltsam erzwungen werden dürfte?

Eine Anmerkung zur Terminologie: Im Völkerrecht hat sich seit langem die Unterscheidung dreier Grundtypen bewaffneten Widerstands durchgesetzt: rebellion, insurgency, belligerency. „Rebellion" bezeichnet den Beginn von Gewaltakten bewaffneten Aufruhrs (der oft bereits in diesem Stadium niedergeschlagen wird), „insurgency" den längerdauernden, organisierten Aufstand und „belligerency" schließlich den Zustand eines auch von anderen Staaten anerkannten, nicht-internationalen bewaffneten Konflikts, das also, was klassisch „Bürgerkrieg" heißt. Normativ ist diese Differenzierung ebenfalls bedeutsam. Nur „insurgency" und „belligerency", nicht dagegen die bloße „rebellion", rufen die Geltung des Humanitären Völkerrechts auf den Plan.[36] Für die Zwecke meiner Analyse hängt von der Wortwahl nichts ab. Daher verwende ich die Begriffe „Aufstand/Aufständische" und „Rebellion/Rebellen" im Folgenden synonym. Gemeint sind aber grundsätzlich nur solche internen bewaffneten Konflikte, die den Normen des Humanitären Völkerrechts unterliegen und die im skizzierten Schema „insurgency" oder „belligerency" heißen.

Recht auf demokratische Herrschaft?

Die Frage kann als allgemeine sowohl aus dem Blickwinkel der Rechtsethik als auch aus dem des positiven Völkerrechts gestellt werden. In der ersteren Perspektive lautet sie: Gibt es einen universell gültigen Anspruch darauf, keinem anderen Regierungssystem bzw. dem damit verbundenen Rechtszwang unterworfen zu sein als einem demokratisch legitimierten? Und wäre ein solcher Anspruch Gegenstand eines individuellen oder eines kollektiven moralischen Rechts? Und in der Perspektive des Völkerrechts: Gibt es nach dessen allgemeiner Rechtsquellenlehre hinreichende Belege für die positivrechtliche Existenz eines solchen Anspruchs auf eine demokratische Regierungsform im eigenen Heimatstaat?[37]

In beiderlei Hinsicht sind es zwei grundsätzliche Probleme, die eine Antwort schwierig machen. Das erste ist die Unklarheit und Vieldeutigkeit des Begriffs „Demokratie", das zweite die umstrittene Frage nach dem Verhältnis zwischen Demokratie und dem Recht auf Selbstbestimmung politischer Gemeinschaften. Beide Probleme gehören zu den meistdiskutierten der politischen Philosophie. Eingehend erörtert werden können sie hier nicht, müssen das für unsere Zwecke aber auch nicht. Mit einer knappen Skizze mag es sein Bewenden haben.

Zur Bedeutung des Begriffs „Demokratie" gibt es zwei grundsätzliche Auffassungen. Die erste, meist „prozeduralistisch" genannt, verlangt dafür lediglich die Gewährleistung freier und gleicher Teilhabe aller Bürger am Prozess kollektiven

36 Zum Ganzen Anthony Cullen, *The Concept of Non-International Armed Conflict in International Law*, 2010), 8–23. Das Konzept der formellen „belligerency" spielt – ähnlich wie im internationalen bewaffneten Konflikt das der „Kriegserklärung" – faktisch keine bedeutende Rolle mehr. Nicht von offiziellen Erklärungen, sondern vom tatsächlichen Charakter des Konflikts hängt seine völkerrechtliche Klassifizierung ab.

37 Zur völkerrechtlichen Rechtsquellenlehre statt vieler Wolfgang Graf Vitzthum, Begriff, Geschichte und Rechtsquellen des Völkerrechts, in: *Völkerrecht*, hg. von dems. / Alexander Proelß, 6. Aufl., 2013), Kap. Rn 113 ff.

Handelns und Entscheidens einer Gemeinschaft, und das heißt im Wesentlichen: die Garantie freier, gleicher, fairer und regelmäßiger Wahlen sowie flankierender Verfahrensformen zu ihrer Sicherung. Eine zusätzliche Garantie bestimmter menschenrechtlicher Standards sei keine notwendige Bedingung des demokratischen Charakters einer politischen Herrschaftsstruktur. Im Unterschied dazu postuliert die zweite, „substanzielle", Grundkonzeption über prozedurale Garantien hinaus auch materiell-normative Voraussetzungen, vor allem die rechtsstaatliche Kontrolle der Macht und die Garantie eines Katalogs individueller Grund- und Menschenrechte. Ohne diese Elemente einer wirksamen „rule of law" seien auch die prozeduralen Elemente einer demokratischen Staatsverfassung nicht zu gewährleisten.[38]

Die Argumente für und gegen diese beiden Grundkonzeptionen bedürfen hier keiner Diskussion.[39] Auch wenn man sich auf die Minimalvoraussetzungen der prozeduralistischen Konzeptionen beschränkt, sind die Grundprobleme eines moralischen „Rechts auf Demokratie" nicht gelöst. Fasst man es, wie dies sein universalistisch-menschenrechtlicher Charakter nahelegt, als individuelle Berechtigung auf, dann kollidiert es jedenfalls potentiell mit dem Selbstbestimmungsrecht der Völker.[40] Denn dieses – ersichtlich kollektive – Recht, mag sehr wohl auch zur legitimen Annahme einer nicht-demokratischen Regierungsform durch eine politische Gemeinschaft führen, etwa aus Gründen einer gemeinsamen religiösen Überzeugung, einer kulturellen Prägung oder der tradierten Bindung an ein angestammtes Herrscherhaus. Dann liefe ein individuelles Recht auf eine hiervon abweichende Regierungsform dem kollektiven Recht der Gemeinschaft auf Selbstbestimmung zuwider.[41] Gewiss schließt das Selbstbestimmungsrecht ein *kollektives* „Recht auf Demokratie" ein. Gibt es dieses aber nur als gemeinschaftlichen und nicht als individuellen Anspruch, so geschieht niemandem Unrecht, wenn die Gemeinschaft mehrheitlich und gegen die Forderung einer Minderheit eine nicht-demokratische Regierungsform bevorzugt.

38 Zu beiden Konzeptionen Gregory H. Fox, Democracy (Right to; International Protection), in: *Max Planck Encyclopedia of Public International Law [MPEPIL]*, März 2008. Für eine „substanzielle" Konzeption UN Commission on Human Rights (UNCHR), *Promotion of the right to democracy*, 1999, http://www.refworld.org/docid/3b00f02e8.html (eingesehen 14.8.2016); für eine prozeduralistische Konzeption aber ebenfalls UNCHR, *General Comment 25"* (zu Art. 25 des IPbpR), http://www.refworld.org/docid/453883fc22.html.

39 In der Sache erscheint mir ein „substanzieller" Demokratiebegriff aber überzeugender; s. dazu auch Amy Gutmann, Democracy, in: *A Companion to Contemporary Political Philosophy*, hg. von Robert E. Goodin / Philip Pettit / Thomas W. Pogge, 2. Aufl., 2012, 521–531, die fünf verschiedene Typen substanzieller Demokratie unterscheidet.

40 Jedenfalls wenn (wie hier) diesem Recht sowohl ein äußerer, gegen andere Staaten, als auch ein *innerer*, auf die Gestaltung des eigenen Gemeinwesens gerichteter Anspruch zugeordnet wird.

41 Als eine solche potentielle Kollision wird das Problem üblicherweise in der politischen Theorie verhandelt; s. etwa Fabienne Peter, A human right to democracy?, in: Philosophical Foundations of Human Rights, hg. von Rowan *Cruft / S. Matthew Liao / Massimo Renzo*, 2015, 481–490 (481); David Miller, Is there a human right to democracy?, *CSSJ Working Paper* SJ032 (Oxford University April 2015), http://www.politics.ox.ac.uk/materials/publications/13731/sj032is-there-a-human-right-to-democracy-final-version.pdf. Es gibt aber auch Stimmen, die ein Recht auf Demokratie genau umgekehrt als *Voraussetzung* des Selbstbestimmungsrechts von Gemeinschaften auffassen; s. Thomas Christiano, Self-determination and the Human Right to Democracy, in: Cruft/Liao/Renzo (aaO), 459–480.

Das alles ist kompliziert genug. Für unsere Zwecke reicht es aus, unserer Grundfrage einen nur ungefähr umschriebenen und intuitiv konsensfähigen Begriff von Demokratie, der Elemente prozeduralistischer und substanzieller Konzeptionen umfasst, zugrunde zu legen. Dann stellt sich die Frage nach den normativen Grundlagen für das Postulat eines entsprechenden Rechts. Sie könnten in der moralischen Überlegenheit demokratischer Systeme über nicht-demokratische Formen staatlicher Machtausübung liegen. Geläufig werden hier zwei Perspektiven unterschieden. Die erste ist konsequentialistisch. Sie fragt nach dem instrumentellen Wert demokratischer Regierungsformen für Ziele der Wohlfahrt der Bürger eines Gemeinwesens. Die zweite kann man „deontologisch orientiert" nennen. Sie fragt nach intrinsischen Werten der Demokratie, aus denen sich auch ohne weitere positive Folgen eine normative Überlegenheit über andere Regierungsformen ableiten lässt.[42]

Die klassische Variante der „instrumentellen" Konzeption stammt von John Stuart Mill.[43] Mit Blick auf die Wohlfahrtsinteressen der Bürger gründe die Überlegenheit einer repräsentativen Demokratie vor allem in drei Vorzügen: einem strategischen, einem epistemischen und einem subjektiv-charakterbezogenen. Erstens müssten Regierende in Demokratien die Interessen der Bürger stärker beachten, um wiedergewählt zu werden. Zweitens gewährleiste die Beteiligung der Bürger an der politischen Willensbildung eine bessere Einsicht in deren Belange und damit eine bessere Wahrung ihrer Interessen seitens der Regierenden. Und drittens verbessere eine solche Beteiligung den Gemeinsinn, das Bewusstsein eigener Verantwortlichkeit und damit schließlich auch die Autonomie der Bürger. Für die „substanziellen" Konzeptionen stellt sich die Überlegenheit der Demokratie als intrinsischer Wert dar: als deren inhärente Verpflichtung auf Prinzipien der Fairness und damit der Gerechtigkeit. In ihnen konkretisiere sich ein grundsätzlicher Respekt vor Gleichheit, Freiheit und Menschenrechten aller Bürger.

Das ließe sich weiter ausbuchstabieren, aber darauf kommt es hier nicht an. Bei aller Unschärfe zentraler Begriffe und allem Streit über einzelne Argumente macht schon das bisher Dargelegte die Annahme jedenfalls eines kollektiven moralischen Anspruchs auf demokratische Regierungsformen im eigenen Heimatstaat plausibel. Lehnt man ein entsprechendes individuelles Recht ab, so gewährt das Gruppenrecht doch einen Anspruch des Einzelnen, gemeinschaftlich mit gleichgesinnten Anderen das kollektive Ziel zu verfolgen.

Im positiven Völkerrecht fällt der Befund erheblich skeptischer aus. Zwar sind beide Grundelemente demokratischer Herrschaft, das prozedurale wie das substantiell-materielle, in zahlreichen internationalen Konventionen geschützt; und in zahlreichen anderen Dokumenten von völkerrechtlichem Gewicht werden sie vorausgesetzt oder in Bezug genommen. Gleichwohl lässt sich ein umfassendes subjektives Recht, sei es individueller oder kollektiver Art, nach den Kriterien der völkerrechtlichen Rechtsquellenlehre nicht ausmachen.

42 Dazu Thomas Christiano, An instrumental argument for a Human Right to democracy, *Philosophy & Public Affairs* 39/2 (2011), 142–176; ders., An egalitarian argument for a Human Right to democracy, in: *Human Rights: The Hard Questions*, hg. von Cindy Holder / David Reidy, 2013, 301–325 („egalitarian" steht hier für „intrinsisch").

43 John Stuart Mill, *Considerations on Representative Government*, 1861/2010, insb. Chap. 3; aus der heutigen Literatur neben Christiano (Fn. 42) insbes. Morton H. Halperin / Joseph T. Siegle / Michael M. Weinstein, *The Democracy Advantage*, 2005.

Bis Anfang der 1990er Jahre, also bis zum Ende des „Kalten Kriegs", war „Demokratie" ein Begriff, der im Völkerrecht keine erhebliche Rolle spielte. Das hat sich seither nachdrücklich geändert. Der Beginn dieser Veränderung lässt sich markieren mit dem Erscheinen von Thomas Francks berühmtem Aufsatz „The emerging right to democratic governance".[44] Inzwischen ist die völkerrechtliche Literatur zu dem Thema ins Unüberschaubare angewachsen. Sie halbwegs repräsentativ nachzuweisen, ist hier nicht möglich, aber auch nicht nötig. Denn zu unserer Frage lässt sich an ihr ein weitreichender Konsens ablesen: Ein subjektives Recht auf demokratische Herrschaftsformen im eigenen Gemeinwesen gibt es im positiven Bestand des geltenden Völkerrechts weder als individuellen noch als kollektiven Anspruch. „The elasticity of the concept of democracy", schreiben die Autoren einer einschlägigen Analyse, „has robbed it of all normative value in international law".[45] Unverkennbar ist andererseits eine konstante systemische Entwicklung in Richtung dieses Ziels. Die gesamte Organisation der Vereinten Nationen ist in zahlreichen Zusammenhängen inzwischen der globalen Förderung von Formen der *democratic governance* verpflichtet.[46]

Formen des Widerstands

Bezieht man diese Überlegungen auf die Situation in Syrien, dann machen sie die folgende Feststellung plausibel: Zu Beginn des gewaltsamen Konflikts im Jahr 2011 hatten die Bürger Syriens (jedenfalls soweit sie sich zu ihrem gemeinsamen Zweck zu organisieren vermochten) ein Recht zum demokratisch motivierten Widerstand gegen das autoritäre Herrschaftssystem Baschar Al Assads.

Was genau besagt das? Zu welcher Art von Widerstand? Und ab welchem Grad von Despotismus lässt sich ein solches Recht als allgemeine Norm begründen? Ausgangspunkt aller Überlegungen ist zunächst das Gegenteil eines Widerstandsrechts: die Feststellung einer grundsätzlichen Pflicht zum Rechtsgehorsam in einem rechtlich verfassten Gemeinwesen. Diese Pflicht ist keine des positiven Rechts, sondern eine der Ethik.[47] Ihre Grundlage ist – jedenfalls für den typischen Fall einer „wohlgeordneten Gesellschaft"[48] – ein fundamentales Moralgebot der Fairness. Wer von der Geltung einer schützenden Normenordnung profitiert, soll auch die dafür erforderlichen Belastungen mittragen. Zu diesen gehört vor allem ein grundsätzlicher Rechtsgehorsam der Rechtsunterworfenen. Die individuelle Selbstausnahme von

44 American Journal of International Law 86 (1992), 46–91.

45 So Jan Wouters / Bart De Meester / Cedric Ryngaert, *Democracy and International Law*, Leuven Interdisciplinary Research Group on International Agreements and Development, Working Paper No 5, 2004, 7; s. auch Fox (Fn. 38); Susan Marks, What has Become of the Emerging Right to Democratic Governance?, *European Journal of International Law* 22/2 (2011), 507–524.

46 Auch hierzu nur exemplarisch Niels Petersen, The Principle of Democratic Teleology in International Law, *Brooklyn Journal of International Law* 34/1 (2009), 33–84.

47 Zwar statuieren offensichtlich sehr viele Rechtsnormen Pflichten des Einzelnen und erzwingen den entsprechenden Gehorsam mit der Androhung von Sanktionen. Aber das beantwortet die Frage nicht, ob man solchen Rechtsnormen unbeschadet ihrer eigenen Sanktionsdrohungen (also nicht nur aus Klugheit) gehorchen *soll.* Vom Recht selbst kann sie schon deshalb nicht beantwortet werden, weil damit ein infiniter Regress begänne: Eine Rechtsnorm, die statuierte, dass man allen Rechtsnormen gehorchen soll, wäre ihrerseits der Frage ausgesetzt, ob man *ihr* gehorchen soll (usw.).

48 Zu diesem Begriff John Rawls, *Political Liberalism*, 1993, 35 ff.

dieser Pflicht bei gleichzeitiger Inanspruchnahme der Wohltat eines Schutzes, der im Rechtsgehorsam der anderen gründet, liefe auf ein normatives *free riding* hinaus: einen offensichtlichen Verstoß gegen das Fairnessprinzip.[49]

Das ist die Prämisse. Auf ihrem Grund lässt sich ein Eskalationsmodell verschiedener Stufen eines möglichen Rechts auf Widerstand skizzieren. Abgewichen werden mag von der grundsätzlichen Pflicht zum Rechtsgehorsam (1.) im Modus des zivilen Ungehorsams: einer Form individuellen gewaltfreien Ungehorsams aus Gewissensgründen gegen vereinzeltes Unrecht einer insgesamt legitimen Rechtsordnung, und zwar unter Anerkennung der Verbindlichkeit ihrer sonstigen Normen und unter freiwilliger Hinnahme der für den Rechtsbruch vorgesehenen Sanktion.[50] Bedeutsamer ist der Widerstand (2.) gegen ein ganzes politisches bzw. verfassungsrechtliches System. Er ist als individueller denkbar, und zwar entweder passiv als Gehorsamsverweigerung gegenüber Handlungsgeboten des Staates[51] oder aktiv als Sabotage, in zugespitzter Form mit gezielter Gewaltanwendung gegen staatliche Institutionen oder Personen.[52] Er kann selbstverständlich auch kollektiv praktiziert werden. Gewaltfreie Modelle dafür sind der von Mahatma Gandhi organisierte Widerstand der Unabhängigkeitsbewegung Indiens gegen die britische Kolonialmacht oder die Revolution in der DDR Ende der achtziger Jahre des vorigen Jahrhunderts. Greifen die Beteiligten an einem solchen kollektiven Widerstand schließlich (3.) zur Gewalt und organisieren ihn als bewaffneten Aufstand, dann erreichen sie die letzte Stufe der Eskalation: den innerstaatlichen bewaffneten Konflikt, den Bürgerkrieg.[53]

Zu dieser letzten, gravierendsten Phase kam es in Syrien sehr schnell.[54] Unsere Frage nach der Rechtfertigung des dortigen Widerstands und seiner externen Unterstützung bezieht sich deshalb im Folgenden nur noch auf diese oberste Stufe der organisierten militärischen Gewaltanwendung.

Recht auf bewaffneten Aufstand?

Auch diese Frage kann in der Perspektive der politischen bzw. der Rechtsphilosophie und in der des Völkerrechts gestellt werden. Eines der frühen einschlägigen Dokumente mit freilich geringer völkerrechtlicher Resonanz ist die „Erklärung der Men-

49 S. Peter Koller, *Theorie des Rechts*, 2. Aufl., 1997, 290 ff.

50 Zu den Voraussetzungen der Rechtfertigung zivilen Ungehorsams John Rawls, *A Theory of Justice*, rev. edit., 1999, 326–331.

51 Regelmäßig dagegen nicht gegenüber *Verboten*, soweit diese dem legitimen Schutz Anderer dienen.

52 Aus der Sicht der attackierten Macht: Terrorismus; das entspricht etwa der von Nelson Mandela in Südafrika in den fünfziger und sechziger Jahren und vor seiner Abkehr von jeder Gewaltpolitik praktizierten Form.

53 Die einzelnen Stufen dieses Modells ließen sich weiter ausdifferenzieren. Für unsere Zwecke reicht das skizzierte Modell aber ohne weiteres.

54 Der Begriff „Bürgerkrieg“ ist für den Syrienkonflikt problematisch, und zwar schon für die Zeit vor dem manifesten Eingreifen ausländischer staatlicher Mächte. Sofort nach Beginn der innersyrischen Unruhen und der harten Reaktion des Regimes begann der massenhafte Zustrom irregulärer ausländischer Kämpfer in das Land und damit die schnelle Eskalation zum bewaffneten Konflikt mit Beteiligung internationaler *non-state actors*. Für meine Überlegungen ist die genaue Etikettierung der jeweiligen Konfliktform im Verlauf der syrischen Begebenheiten ohne Belang; s. dazu Louise Arimatsu / Mohbuba Choudhury, *The Legal Classification of the Armed Conflicts in Syria, Yemen and Libya*, Chatham House International Law PP 2014/01, 7–19.

schen- und Bürgerrechte“ vom 26. August 1789 durch die Französische Nationalversammlung. In Art. 2 heißt es: „Der Zweck jeder politischen Vereinigung ist die Erhaltung der natürlichen und unantastbaren Menschenrechte. Diese sind das Recht auf Freiheit, das Recht auf Eigentum, das Recht auf Sicherheit und das Recht auf Widerstand gegen Unterdrückung.“ Das ist ersichtlich das Postulat eines echten subjektiven Rechts, sei es einzelner Personen, sei es organisierter Kollektive. In den frühen Wirren der Französischen Revolution war das plausibel. Hinreichend konkrete Konsequenzen hatte es im Völkerrecht bis in die Gegenwart freilich nicht.

Eine immerhin mag man in der Präambel der „Allgemeinen Erklärung der Menschenrechte“ (AEMR) von 1948 finden. Deren Absatz 3 postuliert den Schutz der Menschenrechte durch die Herrschaft des Rechts, „damit der Mensch nicht zum Aufstand gegen Tyrannei und Unterdrückung als letztem Mittel gezwungen wird“. Doch lässt sich diese Wendung schwerlich als Beleg für die Akzeptanz eines Rechts auf „Aufstand gegen Tyrannei“ lesen. Eher projiziert sie das Aufstandsszenario als Schreckgespenst, als Menetekel. Sinn der gesamten AEMR ist es, ein solches Schreckensszenario zu vermeiden. Das ist es, was die zitierte Passage der Präambel bekräftigt. Ihr ein Recht zum gewaltsamen Widerstand zu entnehmen, hieße ihren Sinn missdeuten.[55]

In der Völkerrechtslehre gibt es abweichende Stimmen.[56] Freilich lassen die Autoren die Natur des behaupteten Rechts regelmäßig im Unklaren. Ist es ein individuelles oder ein kollektives Rechts? Gilt es als allgemeines Rechtsprinzip gegen alle Herrschaftssysteme ohne hinreichende Legitimation oder nur bei gravierenden Formen der Unterdrückung? Ist es bereits verbindliches Recht oder im Modus des „soft law“ allenfalls erst im Entstehen? Klare Antworten vermisst man. Darüber hinaus vermeiden die Befürworter eines Widerstandsrechts meist die Frage (oder deuten sie nur unter dem konturlosen Titel „Verhältnismäßigkeit“ an), ob und ggf. wann ein solches Recht auch gewaltsam, insbesondere mittels eines flächendeckenden bewaffneten Aufstands, also im Weg eines Bürgerkriegs durchgesetzt werden darf.

Plausibler sind zurückhaltendere Stimmen im Völkerrecht, die jedenfalls ein allgemeines Recht auf Widerstand gegen undemokratische Herrschaftsformen verneinen.[57] Indirekt wird ihre Skepsis bestätigt von zahlreichen menschenrechtlichen Verdikten über (exemplarisch) „all acts, methods and practices of terrorism, regardless of their motivation, in all their forms and manifestations, wherever and by whomever committed“.[58] Das schließt in bestimmten Einzelfällen eine notstandsähnliche Rechtfertigung gewaltsamer Aufstände gegen Unrechtsregimes keineswegs

55 A.A. Aleksandar Marsavelski, The crime of terrorism and the right of revolution, *Connecticut Journal of International Law* 28 (2013), 241–295 (275), der die zitierte Passage als Beleg für „acceptance of the right of revolution as a general principle of law“ sieht. Das ist wenig überzeugend.

56 Neben Marsavelski (Fn. 55) etwa David B. Kopel / Paul Gallant / Joanne D. Eisen, Is resisting genocide a Human Right?, *Notre Dame Law Rev.* 81 (2005–6), 1275–1346 (1326 f.); Christian Tomuschat, The right of resistance and human rights, in: *Violations of Human Rights: Possible Rights of Recourse and Forms of Resistance*, hg. von UNESCO, 1984, 13–33; ders., The Arabellion – Legal Features, *ZaöRV* 72 (2012), 447–467.

57 Exemplarisch Bertil Dunér, Rebellion: The Ultimate Human Right?, *International Journal of Human Rights* 9 (2005), 247–269; Thomas W. Keenan, The Libyan uprising and the right of revolution in international law, *International and Comparative Law Review* 11/1 (2011), 5–29.

58 UNHCR Resolution „Human Rights and Terrorism“, C. H. R. res. 1998/47, ESCOR Supp. (No. 3) at 158, U. N. Doc. E/CN.4/1998/47 (1998), para. 3.

aus. Aber ein allgemeines „Recht auf Widerstand" lässt sich aus einer solchen Legitimation, die auf abstrakten Rechtfertigungskriterien des Notstands beruht, schwerlich ableiten, und ein „Recht auf Bürgerkrieg" schon gar nicht. Das verhält sich in der Sache nicht anders als im Modell innerstaatlicher Rechtfertigungsgründe zwischen Einzelpersonen. Der Umstand, dass in Notstandslagen Eingriffe in Freiheit oder Eigentum Anderer zulässig sein können, macht die Redeweise von einem „allgemeinen Recht auf Nötigung oder Sachbeschädigung" in Notlagen nicht plausibel.

Philosophiegeschichtlich: Locke und Kant

Wenden wir den Blick vom positiven Völkerrecht zu den philosophischen Grundlagen einer möglichen Rechtfertigung kollektiver Gewalt. Hier lasse sich, meinen manche, eine eindeutige Antwort ausmachen. „A right of resistance", schreibt Christian Tomuschat, „belongs to the core achievements of political philosophy in the modern world where no other remedy is reasonably available".[59] Das ist bei aller Vagheit des Begriffs „Widerstand" eine kühne These. Sehen wir genauer zu.

Zu den berühmtesten klassischen Stimmen für ein generelles Widerstandsrecht gehört John Lockes „Second Treatise of Government". Dort wird es entwickelt aus dem Grundgedanken des *Social Contract.* In Section 155 des „Treatise" heißt es: „In all States and Conditions the true remedy of Force without Authority, is to oppose Force to it. The use of force without Authority, always puts him that uses it into a State of War, as the Aggressor and renders him liable to be treated accordingly." Locke fundiert dieses Recht ersichtlich in den Prinzipien der Notwehr. Das bestätigt er einige Seiten später in Section 202: „Where-ever Law ends, Tyranny begins [...]. [The tyrant] ceases in that to be a Magistrate, and acting without Authority may be opposed, as any other Man, who by force invades the right of another." Im übrigen hält er Widerstand nicht nur gegen die Exekutive, sondern auch gegen den Gesetzgeber selbst für zulässig, wenn dieser den „Original Contract" durch Willkürgesetze verletze, nämlich durch solche, die gänzlich außerhalb des Staatszwecks liegen. Dann stehe ein Widerstandsrecht sowohl dem Volk als ganzem als auch jedem Einzelnen zu.[60]

Das ist nur eine der Stimmen in der politischen Philosophie der Neuzeit, die Tomuschat pauschal und etwas vorschnell für seine Behauptung reklamiert.[61] Die berühmteste Gegenposition ist die Immanuel Kants. Freilich werfen die einschlägigen Grundsätze seiner „Rechtslehre" ein vielerörtertes Konsistenzproblem auf. Knapp zusammengefasst lauten sie: (1.) Die einzige Regierungsart, die mit dem vernunftrechtlichen Begriff legitimer Herrschaft übereinstimmt, ist die „republikani-

59 Tomuschat, Arabellion (Fn. 56); der Autor verweist zur Begründung (wenig plausibel) auch auf § 3 der Präambel der AEMR; Beschränkungen der für einen solchen Widerstand legitimen Gewaltmittel erwägt er allein unter dem dafür wenig geeigneten, konturlosen Titel „Verhältnismäßigkeit".

60 John Locke, *Second Treatise of Government*, Sect. 155, 202, 222, 208 (in der Reihenfolge der obigen Zitate; die Rechtschreibung ist die des Originals).

61 Manche, namentlich *Grotius* und *Pufendorf*, erkennen zwar ein Recht auf Gehorsamsverweigerung gegenüber despotischer Herrschaft an, verwerfen aber ein Recht auf gewaltsame Rebellion. Dagegen bejaht *Suárez* ein solches Recht unter bestimmten Voraussetzungen; s. dazu Sydney Penner, Francisco Suárez (1548–1617), *Internet Encyclopedia of Philosophy*, http://www.iep.utm.edu/suarez/.

sche". (Jede andere ist „Despotismus".) Das bedeutet (2.): Der Status des Souveräns, nämlich die gesetzgebende Gewalt, kommt nur „dem vereinigten Willen des Volkes" zu. Der Herrscher muss (3.) diesen Willen repräsentieren; das ist für ihn eine unmittelbare Pflicht gegenüber den Beherrschten (wenngleich keine „Zwangspflicht"!). Und schließlich (4.) gilt als unbedingtes Gebot das Prinzip der Gewaltenteilung.[62]

Obwohl Kant also jeden Despotismus nicht nur als objektiv unrechtlich, sondern auch als Pflichtverletzung gegenüber den Beherrschten kennzeichnet, verneint er nachdrücklich ein Recht auf Widerstand. Dabei unterscheidet er drei Stufen bürgerlicher Renitenz: (1. und gänzlich beiläufig) die wenig belangvollen und stets erlaubten „Beschwerden („gravamina") einzelner Bürger gegen staatliche Maßnahmen; (2., eher versteckt und ohne genauere Klärung) die individuelle Widersetzlichkeit gegen einen obrigkeitlichen Befehl; sie hält er jedenfalls im passiven Modus für möglicherweise gerechtfertigt, sofern der Befehl „dem inneren Moralischen widerstreitet"; und schließlich (3.) ein Recht des Volkes auf kollektiven Widerstand gegen den Souverän („das gesetzgebende Oberhaupt"). Dieses, das eigentliche Recht auf Widerstand verwirft er schlechterdings, und zwar selbst bei einem „für unerträglich ausgegebenen Mißbrauch der obersten Gewalt".[63]

Hauptsächliches Argument Kants ist nicht, wie etwa bei Thomas Hobbes, eine Furcht vor den *Gefahren* des Naturzustands, wiewohl das Argument des Naturzustands als eines Zustands prinzipieller *Rechtlosigkeit* bei Kant ebenfalls eine zentrale Rolle spielt. Es ist vielmehr ein legitimationstheoretisch-logisches Argument und gründet in der rechtlichen Konstruktion der Staatsverfassung. Ein formelles (juridisches) Widerstandsrecht ist danach nicht bloß missbilligenswert, sondern sachlich unmöglich. Denn wenn es eine höchste Gewalt im Staat geben muss, so ist ein Widerstandsrecht gegen sie deshalb ausgeschlossen, weil der davon Berechtigte sonst ein Normenkontrollrecht hätte und somit befugt wäre, die Bedingungen seines Rechtsgehorsams im Zweifel selbst zu bestimmen. Wiewohl Rechtsunterworfener und „Unterthan", wäre er damit gleichwohl Herr über den Widerstandsfall gegen eben dieses Recht, stünde somit über diesem und wäre zugleich Souverän – „welches", so Kant, „sich widerspricht, und wovon der Widerspruch durch die Frage alsbald in die Augen fällt: wer denn in diesem Streit zwischen Volk und Souverän Richter sein sollte […]; wo sich dann zeigt, dass das erstere es in seiner eigenen Sache sein will".[64]

Ein solches Recht müsste zur permanenten Drohung eines Wiedereintritts des Naturzustands und so zu dessen latenter Verewigung führen: zur dauernden Möglichkeit des Rechtsunterworfenen, den bürgerlichen Rechtszustand zu verlassen und als Rebell Gewalt zu üben. Das widerspräche dem grundlegenden „Postulat des öffentlichen Rechts": der unbedingten Pflicht, aus dem Naturzustand in den rechtli-

62 Die wesentlichen Ausführungen Kants dazu im „Staatsrechts"-Abschnitt der „Rechtslehre" (Fn. 12), §§ 43–52, mitsamt den erläuternden „Allgemeinen Anmerkungen" A – E (zwischen § 49 und § 50), AA VI, 311–342.

63 Zu (1.) s. Kant (Fn. 12), 319; zu (2.) aaO, 371 („Beschluß"); zu (3.) aaO, 320. Daneben erkennt Kant selbstverständlich das Recht der gewählten Repräsentanten des Volkes an, im Parlament (sofern die Staatsverfassung eines vorsieht), und im Rahmen ihrer gesetzlichen Befugnisse den Ministern (als Repräsentanten der „ausübenden Gewalt") zu „widerstehen", also die Zustimmung zu verweigern.

64 Kant (Fn. 12), 320.

chen Zustand überzugehen. Dieses Fundament allen Rechts aber, „die Idee einer Staatsverfassung überhaupt, [...] ist heilig und unwiderstehlich“.[65]

Kritik

Weder Lockes freihändige Legitimation eines allgemeinen Widerstandsrechts noch dessen radikale und allzu formalistische Verweigerung bei Kant können überzeugen. Im übrigen liegt die Annahme nahe, dass sich Locke schwerlich einen so verheerenden Bürgerkrieg wie den syrischen mit Hunderttausenden von Opfern und Kant sich wohl kaum eine Tyrannei mit organisiertem Genozid à la Hitler hätte vorstellen können. Aber wir heute kennen beides und müssen deshalb solche Möglichkeiten erwägen.

Betrachtet man die Positionen der beiden Philosophen genauer, so wird bei aller Gegensätzlichkeit eine bezeichnende Gemeinsamkeit deutlich. Beide nehmen für die Rechtfertigungsfrage nur, oder doch ganz vorrangig, das Verhältnis zwischen einem despotischen Herrscher und seinem unterdrückten Volk in den Blick. Ungeklärt bleibt daher bei beiden, wie ein gewaltsamer und bewaffneter Aufstand zugleich das Rechtsverhältnis der Rebellierenden zu den Mitbürgern berührt.[66] Eben darin liegt aber der eigentliche Schlüssel zur Lösung der Legitimationsfrage.

III.2 Normative Grundlagen eines „Rechts zum Bürgerkrieg“

Geläufig werden fünf abstrakte Voraussetzungen eines allgemeinen, nicht spezifisch auf den Extremfall des Bürgerkriegs abhebenden Widerstandsrechts genannt: (1.) Ein besonders krasser Missbrauch der Staatsgewalt; (2.) die Subsidiarität des Widerstands, der allenfalls nach dem erfolglosen Ausschöpfen aller friedlichen Mittel in Betracht komme; (3.) die Beachtung des Grundsatzes der Verhältnismäßigkeit; (4.) eine realistische Chance auf Erfolg; und schließlich (5.) als subjektives Element der Rechtfertigung die Absicht des Widerstandleistenden, zum Wohl der Allgemeinheit zu handeln und nicht lediglich seine eigenen Interessen zu verfolgen.[67]

Das leuchtet prima facie ein. Aber zugleich ist es in hohem Maß unbestimmt.[68] Vor allem macht die abstrakte Allgemeinheit dieser Kriterien die zwei spezifischen Hinsichten nicht deutlich, in denen jedenfalls der organisierte, kollektive und gewaltsame Widerstand einer Rechtfertigung bedarf, nämlich (1.) im Hinblick auf das unterdrückerische Regime als den direkten attackierten Gegner; und (2.) mit Blick auf die eigenen Mitbürger, vor allem auf solche, die den Aufstand ablehnen. Tun sie dies, weil sie Parteigänger des Despoten sind, dann mögen sie selbst dem Regime zuzurechnen und entsprechend zu behandeln sein. Doch könnten sie durchaus gute moralische Gründe für ihr Nein haben, die sie nicht zu solchen Parteigängern ma-

65 Kant (Fn. 12), 307 (§42); 372.

66 Bei Kant ist das zwar im Gedanken der rechtslogischen Destruktivität jeder organisierten Rebellion für die Staatsverfassung implizit mitgedacht; genauer analysiert wird es jedoch nicht. Für Kants Verwerfung jedes Widerstandsrechts ist eine solche Analyse freilich auch nicht notwendig; doch ist diese Totalverwerfung nicht überzeugend. (Dazu sogleich im Text.)

67 Exemplarisch Arthur Kaufmann, *Vom Ungehorsam gegen die Obrigkeit*, 1991, 42f.

68 Darauf weist Kaufmann (Fn. 67) selbst hin.

chen. Vielleicht haben sie Familien und deshalb eine moralische Pflicht, den Bürgerkrieg als tödliches Risiko für ihre Angehörigen, insbesondere ihre Kinder, zu verwerfen und wenn möglich zu verhindern.

Die Unterscheidung dieser beiden Perspektiven ist wichtig, weil in ihnen unterschiedliche Prinzipien der Rechtfertigung zur Geltung kommen. Das Verwischen dieser Unterscheidung in dem konturlosen Begriff der „Verhältnismäßigkeit", macht (von krassen und eindeutigen Fällen abgesehen) eine konsensfähige Analyse des Einzelfalles schwierig und deren Ergebnis – je nach Empfinden des Beurteilers – nahezu beliebig. Wie viele tote Frauen und Kinder als erwartbare Opfer eines landesweiten bewaffneten Aufstands sind gemessen an dem Ziel der Beseitigung eines autoritären Regimes noch „verhältnismäßig"? Tausend? Zehntausend? Hunderttausend? Und hängt das von der Gesamtzahl der Einwohner des Bürgerkriegslandes ab? Jenseits unmittelbarer und ganz gewiss weit divergierender Intuitionen sind auch nur halbwegs rational begründbare Antworten darauf schlechterdings unmöglich.[69] Nur wenn man die beiden Adressaten der erforderlichen Rechtfertigung deutlich unterscheidet, und damit gewissermaßen die Instanzen, vor denen sie beglaubigt werden muss, kommen auch die unterschiedlichen normativen Prinzipien in den Blick, die eine solche Rechtfertigung tragen könnten.

Notwehr?

Die erste Perspektive ist die des Blicks auf das despotische Regime. Sie deutet ersichtlich auf die Möglichkeit einer Legitimation der rebellierenden Gewalt kraft kollektiver Notwehr. Jedenfalls gegen extreme Formen tyrannischer Herrschaft mag sich eine solche Rechtfertigung ohne weiteres begründen lassen.[70] Ob und ggf. wann diese Bedingung in der Entwicklung des syrischen Konflikts wegen der Gewaltanwendung seitens des staatlichen Machtapparats zu bejahen gewesen wäre, ist freilich sehr zweifelhaft.[71] Die entsprechenden Umstände und die darauf gestützten Voraussetzungen der Rechtfertigung hier klären zu wollen, wäre aussichtslos. Es ist aber für die Zwecke meiner Argumentation auch nicht notwendig. Denn eine Analyse der

69 Schon deshalb ist die Unbefangenheit, mit der Tomuschat, Arabellion (Fn. 56), 460, die Legitimität auch eines flächendeckenden bewaffneten Aufstands für selbstverständlich erklärt, sofern dieser dem Maßstab der „Verhältnismäßigkeit" („the general yardstick of proportionality") genüge, nicht überzeugend.

70 Eingehend zu den normativen Voraussetzungen einer solchen Notwehrrechtfertigung unter dem (engeren) Blickwinkel des individuellen „Tyrannenmordes" Shannon K. Brincat, ‚Death to Tyrants': Self-Defence, Human Rights and Tyrannicide – Part II, *Journal of International Political Theory* 5/1 (2009), 75–93.

71 Das hat vor allem mit der undurchschaubaren tatsächlichen Lage dort zu tun. Die Propagandamaschinerien aller Beteiligten an dem Konflikt machen eine verlässliche Bestandsaufnahme unmöglich. Das betrifft auch die Frage nach der Urheberschaft der Giftgaseinsätze. Zu den entsprechenden Zweifeln (hier: an der oft behaupteten Urheberschaft des Assad-Regimes) im Fall des verheerenden Sarin-Einsatzes in Ghouta im August 2013 s. nur Seymor M. Hersh, The red line and the rat line, *London Review of Books* 36/8, 17.4.2014, 21–24; Richard Lloyd / Theodore A. Postol (MIT Science, Technology, and Global Security Working Group), *Possible implications of faulty US Technical Intelligence in the Damascus nerve agent attack of August 21, 2013*, https://www.voltairenet.org/IMG/pdf/possible-implications-of-bad-intelligence.pdf.

zweiten legitimatorischen Perspektive zeigt deutlich, dass die Frage nach der Rechtfertigung verneint werden muss.

Notstand?

Diese zweite Perspektive ist (sozusagen) der Blick auf den Nachbarn: auf alle Mitbürger, die den bewaffneten Aufstand ablehnen und dies nicht als Parteigänger des Despoten, sondern auf dem Fundament gewichtiger moralischer Gründe tun. Wie wäre ihnen gegenüber die flächendeckende Entfesselung militärischer Gewalt zu rechtfertigen?

Wer einen Bürgerkrieg beginnt, reklamiert eine Art Zwangssolidarität mit seinen eigenen politischen wie militärischen Zielen von unbeteiligten Dritten, die diese Ziele nicht teilen und keine Pflicht haben, sie zu teilen. Genauer: Er zwingt diesen Dritten nicht nur eine solidarische Haltung gegenüber seinen Zielen auf, sondern vor allem die damit verbundenen „Kosten“ an Leid: das Risiko, im Bürgerkrieg das eigene Leben zu verlieren, schwer verletzt zu werden oder den Verlust des Lebens oder der Gesundheit Angehöriger hinnehmen zu müssen Das Prinzip, das eine solche leidvolle Zwangssolidarität möglicherweise rechtfertigen könnte, ist offensichtlich nicht das der Notwehr. In Frage kommt allenfalls ein Prinzip des (aggressiven) Notstands. Es zieht dem Anspruch auf Zwangssolidarität mit den Zielen der Rebellion enge Grenzen. Was es, jedenfalls prima facie, schon grundsätzlich nicht rechtfertigen kann, ist das aufgezwungene Opfer des eigenen Lebens.

Hier liegt ein prinzipieller Einwand nahe. Tötungen unschuldiger Zivilisten sind in einem modernen militärischen Konflikt niemals vermeidbar. Wenn aber der bewaffnete Aufstand gegenüber dem Despoten selbst gerechtfertigt wäre, dann muss, so könnte man sagen, auch die damit unvermeidlich einhergehende Tötung unbeteiligter Zivilisten, Frauen und Kinder eingeschlossen, ohne Vorwurf gegen die Aufständischen hingenommen werden.

Auf welcher moralischen Grundlage ließe sich das behaupten? Konkret: Warum sollten das zweijährige syrische Kind, seine 30-jährige Mutter oder deren 60-jährige Eltern, von denen niemand (wollen wir annehmen) jemals mit dem Despotenregime paktiert oder auch nur sympathisiert hat, eine moralische oder gar zwangsrechtliche Pflicht haben, in einem Bürgerkrieg zur Beseitigung dieses Regimes ihr Leben opfern zu lassen? Weit und breit ist nicht zu sehen, wie das zu begründen wäre.[72] Geläufig ist der Hinweis, solche Normprinzipien, die im Näheverhältnis von Personen ihren Sinn hätten, taugten a limine nicht für Fragen der großen Politik. Aber wenn man für *diese* Behauptung keinen normativen Grund angeben kann, ist sie nichts weiter als eine maskierte *petitio principii*: Nur wenn und weil das Ergebnis – die Rechtfertigungsfähigkeit des Aufstands trotz des damit verbundenen Lebensopfers Unschuldiger – schon vorausgesetzt wird, erscheinen Normprinzipien, die

72 Die Rede ist von einer Art „Duldungs-“ oder doch „Hinnahmepflicht“. Das bedeutet nicht, dass es kein Recht gäbe, sich der Tötung nach Möglichkeit zu entziehen; dieses Recht gibt es selbstverständlich. Es heißt, dass jemandem, der unter den skizzierten Bedingungen getötet wird, kein Unrecht geschähe, dass also weder er selbst (sozusagen im Jenseits) noch seine Hinterbliebenen einen moralischen Grund zur Beschwerde hätten.

diesem Ergebnis widersprechen, ungeeignet.[73] Und wollte man für die Sphäre der Kriegspolitik und der dafür einschlägigen Normenordnungen des Völkerrechts und der politischen Ethik die Gültigkeit eines sozusagen rüden Utilitarismus behaupten, verschöbe man nur das Begründungsproblem. Aus welchen Gründen genau (wenn nicht aus dem der oben skizzierten *petitio*) sollten Normen, die wir im individuellen Nahraum für fraglos halten, hier nicht mehr gelten – also etwa das Verbot, um der eigenen Ziele willen das Leben unbeteiligter Dritter zu vernichten oder der absehbaren Vernichtung durch andere preiszugeben? Der Umstand, dass auf all diese Fragen weit und breit keine plausiblen Antworten ersichtlich sind, dürfte der Grund dafür sein, warum sich Theoretiker der politischen Philosophie und des Völkerrechts auf das bequeme Refugium des Verhältnismäßigkeitsprinzips zurückziehen, das einem breiten Spektrum vage-intuitiver, keiner Überprüfung zugänglicher Urteile Raum lässt.[74] So löst man aber das Problem nicht, sondern umgeht es, ohne wenigstens seine genauen Konturen geklärt zu haben.

Erst das Notstandsprinzip macht die wirkliche Begründungslast deutlich, die tragen muss, wer einen bewaffneten Aufstand betreibt, unterstützt oder auch nur befürwortet. Zehntausende von Frauen und Kindern sind im syrischen Bürgerkrieg ums Leben gekommen. Was genau legitimiert dessen Protagonisten, den Getöteten und deren Angehörigen ein solches Opfer zuzumuten? Hier bietet der Rekurs auf das Verhältnismäßigkeitsprinzip eine zweite wohlfeile Deckung: Diesen furchtbaren Blutzoll habe zu Beginn des Konflikts niemand voraussehen können. Aber das liegt erstens neben der Sache. Denn offensichtlich kann in keinem einzigen dieser Fälle die Rechtfertigung einfach in dem schlichten Hinweis auf *andere* Getötete bestehen, nämlich darauf, dass deren Zahl relativ gering und daher „verhältnismäßig“ sein werde. Wie sollte der Umstand, dass noch andere getötet werden (aber nicht allzu viele), jedem einzelnen der Opfer auch nur den Schatten einer plausiblen Rechtfertigung anbieten? *Ihm*, und zwar jedem einzelnen gegenüber muss aber seine Tötung rechtfertigungsfähig sein. Mit der Zahl weiterer Getöteter hat das *a limine* nichts zu tun. Jedem Getöteten selbst müsste die moralische Pflicht, sein Leben für die Ziele Dritter opfern zu lassen, plausibel gemacht werden können. Das kann mit dem Hinweis, es würden noch weitere Leben geopfert, schon prinzipiell nicht gelingen. Und zweitens ist die Behauptung, das katastrophale Ausmaß des Krieges sei zu dessen Beginn nicht vorauszusehen gewesen, ganz einfach falsch. Die genaue Zahl der Opfer ist dafür irrelevant. Dass es jedenfalls eine sehr große Zahl werden würde, war ohne weiteres absehbar. Es wurde ja von vielen auch prognostiziert. Kurz: das gesamte Ausmaß dieser Katastrophe ist allen ihren Verursachern, auch und gerade den Rebellen, vollständig zuzurechnen. Wie sie es rechtfertigen könnten, ist nicht ersichtlich.

73 Zu dem damit meist verbundenen Postulat einer spezifischen „*role morality*“, einer rollenbezogenen „Sonderethik“ für die Politik C. A. J. Coady, Politics and the problem of dirty hands, in: *A Companion to Ethics*, hg. von Peter Singer, 1993, 373–383.

74 Vgl. neben Tomuschat, Arabellion (Fn. 56) für das Völkerrecht und ebenso exemplarisch für die politische Philosophie nur Buchanan (Fn. 35), 296. – Zur grundsätzlichen Untauglichkeit des Verhältnismäßigkeitsprinzips als Grundlage einer Rechtfertigung der Tötung Unbeteiligter s. Reinhard Merkel, § 14 Abs. 3 Luftsicherheitsgesetz: Wann und warum darf der Staat töten?, *Juristenzeitung* 62 (2007), 373–385 (375) sowie ders., Kollaterale Tötung (Fn. 25).

Realistische Erfolgschance?

Selbst wenn man die Notstandsanalyse als für politische Zusammenhänge ungeeignet zurückweisen und sich stattdessen auf ein vages Verhältnismäßigkeitsurteil (also eine Verdunklung des Problems) berufen wollte, begründete das weitere Rechtfertigungserfordernis der „vernünftigen Erfolgschance" ebenfalls ein Verdikt über den syrischen Aufstand.[75] Für den Kampf gegen ein Despotenregime gehört zum „realistisch" angestrebten Erfolg ersichtlich nicht nur die Aussicht auf Beseitigung, sondern auch auf Ersetzung des Regimes durch ein wenigstens *grosso modo* demokratisches System. Eine solche Chance gab es in Syrien niemals. Um das festzustellen, muss man nicht die umstrittene These bemühen, islamisch dominierte Staaten seien mit demokratischen Entwicklungen generell „negativ assoziiert", setzten diesen also höhere Widerstände entgegen als nicht-islamische.[76] Syrien war vor dem Ausbruch der Gewalt kein eindeutig islamisch dominierter Staat. Auch kennzeichnete eine zwar autokratisch erzwungene, aber im Großen und Ganzen zumindest äußerlich friedliche Koexistenz der Religionen die dortige Gesellschaft.

Es sind andere Bedingungen einer möglichen demokratischen Entwicklung, an denen es zu Beginn des Bürgerkriegs fehlte. Die entscheidenden Indikatoren eines entsprechenden Erfolgs sind, wie neuere Studien über Interventionen zum Zweck des Regime-Change zeigen, weder die Macht der Intervenienten noch das Maß des von ihnen investierten Aufwands. Vielmehr sind es bestimmte Voraussetzungen im Zielstaat selbst: relative Homogenität seiner Bevölkerung, keine tiefen ethnischen oder religiösen Konflikte, Grad der Urbanisierung, hinreichend funktionierende Institutionen der Verwaltung, historische Erfahrung mit demokratischen Formen, ökonomischer Wohlstand der Gesellschaftsmehrheit – kurz, so ziemlich alles, woran es in Syrien fehlte.[77] Das Land war und ist ein Musterfall des programmierten Scheiterns jeder Form eines demokratischen Interventionismus. Das schnelle und so gut wie durchgängige Abgleiten der Rebellion in diverse Formen der islamistischen Radikalisierung war nichts anderes als die bittere Beglaubigung dieses Umstands.

Damit ist zugleich das zweite Element des Verdikts über den Aufstand selbst bezeichnet. Die halbwegs vernünftige Erfolgsaussicht eines solchen Unternehmens ist mehr als ein bloß pragmatischer Gesichtspunkt. Sie ist eine genuine Bedingung seiner Legitimität. Nach allem, was sich derzeit sagen lässt, gibt und gab es sie für Syrien niemals. Vierhunderttausend Tote sind ein viel zu hoher Preis für eine erfolgreiche demokratische Revolution. Für eine erfolglose sind sie eine politische, ethische, menschliche Katastrophe.

75 In der Sache ist diese Bedingung ebenfalls ein Legitimationskriterium des Notstands: das der Eignung der eingesetzten Gewaltmittel. Sie wird aber regelmäßig auch von den Anhängern des Kriteriums der Verhältnismäßigkeit verlangt.

76 Diese These bejahen etwa Seymour Martin Lipset, The social requisites of democracy revisited, *American Sociological Review* 59 (1994), 1–22 (6); Christopher Clague / Suzanne Gleason / Steven Knack, Determinants of lasting democracy in poor countries: culture, development, and institutions, *Annals of the American Academy of Political and Social Sciences* 573 (Jan. 2001), 16–41 (24, 36); Vani K. Borooah / Martin Paldam, Why is the world short of democracy? A cross-country analysis of barriers to representative government, *European Journal of Political Economy* 23 (2007), 582–604; Niklas Potrafke, Islam and democracy, *Public Choice* 151 (2012), 185–192.

77 S. zu diesen Bedingungen etwa Lipset (Fn. 76), 6; Downes (Fn. 33), 29 ff.

Resümee

Das Assad-Regime war und ist ein Despotenregime, dem gravierende Menschenrechtsverletzungen vorzuwerfen sind, wiewohl es, beiläufig, nie vergleichbar finster war wie die Regime Saudi-Arabiens oder Katars, die plötzlich ihre Liebe zur Demokratie entdeckt haben (nur zu der in Syrien, versteht sich). Dieser Umstand berechtigte die Syrer zu jeder Art zivilen Ungehorsams gegen ihre Regierung. Er mag nach Beginn der Gewalthandlungen durch das Regime auch die direkte Gewalt gegen dessen Unterdrückungsapparat im Modus individuell terroristischer Akte legitimiert haben (obwohl ich insofern Zweifel habe). Weit entfernt von jeder Rechtfertigung war und ist aber das Entfesseln eines flächendeckenden Bürgerkriegs, der bisher – und vorher absehbar – über 400 000 Menschenleben gefordert hat.

Gewiss, gewaltsame Aufstände entwickeln sich im Modus der Eskalation, regelmäßig als Folge schwerer Verbrechen auf beiden Seiten. So war das auch in Syrien, wo offensichtlich zuerst das Regime massiv und unverhältnismäßig Gewalt angewendet hat. Gleichwohl war der sofortige Griff zu den Waffen seitens der Rebellen ebenfalls ein schweres moralisches Unrecht. Despotenregime wie das Assads sind eine Geißel ihrer Völker. Aber Bürgerkriege sind eine weitaus schlimmere. Die Vorstellung, es gebe ein fragloses Recht, mit diesen jene zu beseitigen, ist eine merkwürdige moralische Verirrung. Dass sie von manchen Völkerrechtlern geteilt wird, ändert daran nichts. Man wird ohne allzu große Respektlosigkeit darin wohl einen Ausdruck des Umstands sehen dürfen, dass die normative Beurteilung des Problems in Wahrheit jenseits (oder, je nachdem, diesseits) der genuinen Zuständigkeit des Völkerrechts liegt.

III.3 Die Unterstützung des illegitimen Aufstands

Aus dem Dargelegten folgt unmittelbar, dass die drei westlichen Vormächte, die USA, Großbritannien und Frankreich, die diesen Bürgerkrieg durch die Unterstützung des blutigen Aufstands in vielerlei Weise angeheizt haben, ebenfalls schwere moralische Schuld auf sich geladen haben. Das Völkerrecht bestätigt diesen Vorwurf. Es verbietet jede Parteinahme auf seiten bewaffneter Rebellen in einem fremdstaatlichen Bürgerkrieg als mittelbare Aggression im Sinne des Art. 2 Abs. 4 der UN-Ch.

Zweifel am faktischen Hintergrund

Aber hat es eine solche Parteinahme seitens demokratischer Staaten des Westens überhaupt gegeben? Wer die Entwicklung des bewaffneten Konflikts in Syrien nur in den Nachrichten der deutschen Medien verfolgt hat, mag zweifeln. Ein dort oft erhobener Vorwurf tadelte eher das Gegenteil: Statt den syrischen Aufständischen militärisch zu helfen, so hieß es, lasse man sie in ihrem Kampf gegen einen blutigen Diktator allein. Dieser Vorhalt ist, sofern man für Waffenlieferungen an Parteien eines Bürgerkriegs überhaupt den Euphemismus der „Hilfe" verwenden möchte, eindeutig und offensichtlich falsch.

Am 24. März 2012 erschien in der New York Times unter der Überschrift „Arms Airlift to Syria Rebels Expands, With Aid From C. I. A." ein Artikel, der mit den

Worten beginnt: „With help from the C.I.A., Arab governments and Turkey have sharply increased their military aid to Syria's opposition fighters in recent months, expanding a secret airlift of arms and equipment for the uprising against President Bashar al-Assad […].“ Der Bericht weist mehr als 160 Frachtflüge mit Kriegswaffen nach, die seit Anfang 2012 aus Saudi-Arabien, Katar und Jordanien regelmäßig am türkischen Flughafen Esenboga entladen und von dort über die Grenze nach Syrien geschafft worden waren – alle mit logistischer und vielfacher sonstiger Hilfe der CIA. Das zeige, konstatiert die Zeitung nüchtern, dass die Vereinigten Staaten entgegen regierungsamtlichen Bekundungen ihren arabischen Verbündeten nicht nur mit „nonlethal aid“, sondern sehr wohl „auch bei der Förderung der tödlichen Seite des Bürgerkriegs“ zur Hand gingen.[78]

Vier Tage vor dem Artikel der New York Times veröffentlichte „Human Rights Watch“ einen Report, der „schwere Menschenrechtsverletzungen“ auf seiten der Rebellen nachwies, namentlich Kidnapping, Folter und willkürliche Hinrichtungen von Soldaten der syrischen Armee und Kämpfern der mit ihr verbündeten Milizen, aber auch von Zivilisten.[79] Etwa zur selben Zeit arbeitete die britische Regierung an einem Geheimplan zur Ausstattung und Ausbildung einer 100000 Mann starken Rebellenarmee, die Assads Regime in einem ähnlichen Modus wie dem des „shock and awe“-Schlags von 2003 gegen den Irak beseitigen sollte.[80] Zu dieser Zeit war es für die zuständigen US-Nachrichtendienste freilich längst kein Geheimnis mehr, dass die offiziell stets gelobte, als Adressat „humanitär gebotener“ Hilfe bezeichnete „moderate Opposition“ gegen das Assad-Regime zur Chimäre geworden war, wenn sie je etwas anderes gewesen ist. Am 12. August 2012 ging ein Bericht des Pentagon-Geheimdiensts *Defense Intelligence Agency* (DIA) an das Verteidigungsministerium und von dort an das Außenministerium.[81] Auf S. 2 des Reports heißt es nüchtern: „A. Internally, events are taking a clear sectarian direction. / B. The Salafist, the Muslim Brotherhood, and AQI [= Al Qaida] are the major forces driving the insurgency in Syria. / C. The West, Gulf countries, and Turkey support the opposition; while Russia, China, and Iran support the regime.“

Und auf S. 5: „C. If the situation unravels there is the possibility of establishing a declared or undeclared Salafist Principality in Eastern Syria (Hasaka and Der Zor), and this is exactly what the supporting powers to the opposition want, in order to isolate the Syrian regime […] / D. The deterioration of the situation has dire consequences on the Iraqi situation and are as follows: 1. This creates the ideal atmosphere for AQI [d.i. Al Qaida] to return to its old pockets in Mossul and Ramadi, and will provide a renewed momentum under the presumption of unifying the Jihad among Sunni Iraq and Syria, and the rest of the Sunnis in the Arab world […].

78 http://www.nytimes.com/2013/03/25/world/middleeast/arms-airlift-to-syrian-rebels-expands-with-cia-aid.html.

79 https://www.hrw.org/news/2012/03/20/syria-armed-opposition-groups-committing-abuses. Dass zu dieser Zeit bereits zahlreiche Berichte über ähnliche Verbrechen auf seiten der syrischen Armee erschienen waren, sei betont. Die Quantifizierung des Unrechts beider Seiten in diesem Krieg ist freilich nicht Gegenstand meiner Überlegungen.

80 Nick Hopkins, Syria Conflict: UK Planned to Train and Equip 100,000 Rebels, *BBC Newsnight*, July 3, 2014; hier zit. nach Pattison (Fn. 35), 455.

81 Das als streng geheim klassifizierte Papier wurde im Mai 2015 von der konservativen amerikanischen Stiftung „Judicial Watch“ veröffentlicht, die seine Herausgabe zuvor gerichtlich von der DIA erzwungen hatte.

ISI could also declare an Islamic state through its union with other terrorist organizations in Iraq and Syria, which will create grave danger in regards to unifying Iraq and the protection of its territory."[82]

Zur normativen Beurteilung

Von dem bemerkenswerten Umstand abgesehen, dass die hier zum Ausdruck kommende Besorgnis offenbar nur dem amerikanischen Großprojekt der Stabilisierung des Irak und weniger der drohenden Katastrophe für die syrische Bevölkerung galt, ist das eine nüchterne Prognose des verheerenden Verlaufs, den die weiteren Begebenheiten im syrischen Krieg genommen haben. Implizit enthält es zugleich die Grundlage für ein hartes Verdikt über die gleichwohl fortgesetzte Politik der USA, einen mörderischen Bürgerkrieg weiter zu unterstützen, dessen ursprünglich deklariertes Ziel einer Demokratisierung des Landes ersichtlich hinter manifesten Machtinteressen ganz anderer Art und Provenienz im Aussichtslosen verschwunden war. Über die wirklichen Motive Washingtons, aber auch Londons und Paris' für die weitere Unterstützung von Rebellen, die hartnäckig und wider besseres Wissen „moderat" genannt wurden, will ich nicht räsonieren. Dass sie etwas mit der geostrategischen Lage zu tun haben, mit dem Charakter des syrischen Konflikts als eines „Stellvertreterkriegs" gegen die Expansion des iranischen Einflusses in der Region und mit der strategischen Allianz mit Saudi Arabien, einem Staat, der es im „Schurken"-Charakter mit dem syrischen Regime vor dem Ausbruch der Gewalt ohne weiteres aufnehmen kann und konnte, ist ohnehin offensichtlich. Ebenfalls nicht räsoniert werden soll hier über die Rolle der anderen Hintergrundakteure, vor allem Russlands, das dem Regime in Damaskus auf eine Weise beisprang, die zumindest unter dem Gesichtspunkt der politischen Ethik und in manchen Hinsichten wohl auch unter dem des Völkerrechts, ebenfalls problematisch war und ist.[83]

IV. Abschliessend: Gegen den Irrweg des demokratischen Interventionismus

Weder für die direkte Intervention in Libyen noch für die indirekte in Syrien lieferte das Ziel, ein despotisches Regime durch ein demokratisches zu ersetzen, einen legitimierenden Grund. Aus jeder normativen Perspektive, der des Rechts wie der der politischen Ethik, sind Idee und Praxis des demokratischen Interventionismus verfehlt und verwerflich.[84] Bekräftigt wird das von der praktischen Aussichtslosigkeit

82 S. https://www.judicialwatch.org/wp-content/uploads/2015/05/Pg.-291-Pgs.-287-293-JW-v-DOD-and-State-14-812-DOD-Release-2015-04-10-final-version11.pdf.

83 Zu den intrikaten völkerrechtlichen Fragen einer „Intervention by Invitation", die zwar grundsätzlich zulässig ist, aber zweifelhaft wird in Fällen, in denen (wie in Syrien) der „einladende" Staat systematisch gegen Humanitäres Völkerrecht verstößt, s. Gregory H. Fox, Intervention by invitation, in: The Oxford Handbook on the Use of Force in International Law, hg. von Marc Weller 2015, 816–840; monographisch Georg Nolte, *Eingreifen auf Einladung: Zur völkerrechtlichen Zulässigkeit des Einsatzes fremder Truppen im internen Konflikt auf Einladung der Regierung*, 1999.

84 Gegen jeden demokratischen Interventionismus auch Anna Stilz, Against democratic interventionism, *Ethics and International Affairs* 29 (2015), 259–268; s. auch David Wippman, Pro-democratic intervention, in: Weller (Fn. 83), 797–815, der allerdings vom Sicherheitsrat autorisierte

solcher Interventionen – täglich neu und so exemplarisch wie grauenhaft zu sehen im Irak. Den dortigen Intervenienten dürfte das historische Urteil sowohl des Völkerrechts als auch der Ethik über das Verwerfliche ihres Tuns sicher sein. Und ich glaube nicht, dass den Beteiligten an der mittelbaren Intervention in Syrien ein analoges Urteil erspart bleibt. Es träfe sie zu Recht. Der Westen sollte die objektiv zynische Idee einer Demokratisierung der Welt durch Krieg aufgeben und die darauf gegründete Gewaltpolitik der letzten Jahre beenden.

„demokratische Interventionen" für völkerrechtsgemäß erklärt. Dieser verbreitete Glaube an eine Art genuin rechtserzeugender Macht des Sicherheitsrats kann, wie oben gezeigt, weder rechtsphilosophisch noch politisch-ethisch überzeugen.

Mikhail Antonov (St. Petersburg)

Conservative Philosophy and the Doctrine of Sovereignty: A Necessary Connection?

Introduction

Under the presidency of Medvedev, the word "modernization" became one of the hobbyhorses of Russian politicians who insisted that Russian society, polity and economics would have to be modernized if Russia wanted to compete with the West.[1] At the same time there were no illusions amongst the Russian leadership that Russia would ever become a part of the European Union, enter NATO, or in any way accede to the political or military structures of Western civilization. This logically led to a sense of vulnerability; to the fear that the militarily and economically more powerful West would strip Russia of its territories and/or resources. A similar challenge was perceived during the time of Peter the Great at the turn of the 17th–18th centuries, and in the aftermath of Communist rule at the end of the 20th century. To accept the challenge "to change or to decay",[2] Russia nevertheless could not follow the adaptation scenario of other Eastern-European countries–to endorse Western standards and values and to transplant the Western institutions.[3] To avoid "decaying", the country had to change not only its political institutions, but also the philosophy underpinning them–the complicated combination of ideas, values, and conceptions which had been developed throughout its long history and which were, and still are, largely incompatible with the liberal philosophy on which Western political institutions are based.[4]

1 Joseph L. Black, *The Russian presidency of Dmitry Medvedev, 2008–12: the next step forward or merely a time-out?*, New York 2014, 98–107.

2 This metaphor was suggested in 2011 by Shevtsova and Wood: Lilia Shevtsova / Andrew Wood, *Change or Decay: Russia's Dilemma and the West's Response*, Washington 2012.

3 The modal verb "can/cannot" indicates here at orientation to legitimate political discourse, following the Habermasian idea that all communicative action (political one inclusively) is an orientation toward rational legitimation: "Inasmuch as communicative agents reciprocally raise validity claims with their speech acts, they are relying on the potential of assailable grounds" (Jürgen Habermas, *The Philosophical Discourse of Modernity: Twelve Lectures*, trans. Frederick Lawrence, Cambridge 1990, 322). The question of whether there had been historical opportunities for Russia at that time or another to make another choice refers to a set of utterly controversial questions and does not enter in the scope of our research here.

4 Surely, there have been and still are other trends and tendencies in Russian thought. See, e.g.: Mikhail Epstein, The Phoenix of Philosophy: On the Meaning and Significance of Contemporary Russian Thought, in: *Symposion. A Journal of Russian Thought* 1, ed. Charles Schlacks, Jr., Los Angeles 1996, 35–74. Here we cannot give an overview of all these tendencies, but instead would benchmark what Epstein considers as "the overall tendency, characteristic of the Russian mentality in general but aggravated in the early 1990s by increasing political instability" (ibid., 65). This tendency characterized by Epstein as "metaphysical radicalism", implies an intellectual attempt "to build a new ideocratic regime on a more [than in the Soviet ideology] firm, nationalistic, technological and/or religious foundation" (ibid.). On the intellectual traditions underpinning the Soviet ideology see: Isaiah Berlin, *The Soviet Mind: Russian Culture under Communism*, Washington 2004.

Will this lead to a loss of national identity? One conviction that is frequently repeated by many thinkers (both in Russia and abroad) is the idea that the biggest country in the world cannot survive without strong state and strict centralization[5] (we will return to this point). From this standpoint even slight decentralization might mean the loss of national identity and consequently the demise of Russian civilization that traditionally, since the Great Schism of the 11th century, constructed itself in contradistinction to the West.[6] By this logic, the modernization of Russia, if understood as Westernization or Globalization, would be a lethal threat to the national identity which is often understood as a religious or mental identity, and as a continuation of the spiritual opposition to the West.[7] For many this spiritual opposition also implies the incompatibility of social and political structures.

This style of exceptionalism unsurprisingly was, and is, combined with criticism of Western political institutions. As early as the 16th century Ivan the Terrible famously reproached Elisabeth I, saying that her rule was distorted because of the English parliament and insisted that absolute autocracy–the only correct political form–survived uniquely in Russia.[8] This logic has been repeated many times since then, and the Russian proponents of liberal democracy (usually considered as mediums of cosmopolitan or multiculturalism–ideas incompatible with the prevailing discourse about national identity[9]) had to struggle against this entrenched excep-

5 Vladimir Gelman, Leviathan's Return: The Policy of Recentralization in Contemporary Russia, in: *Federalism and Local Politics in Russia*, ed. Cameron Ross / Adrian Campbell, Abingdon 2009, 1–24. Also Shevtsova writes that "In Russia, the interests of the state traditionally took priority over those of the individual and centralization of power was always bolstered by territorial expansionism… This tradition of a centralized and arbitrarily governed state, quite alien to European principles, holds sway over the political thinking of Russia's ruling class" (Lilia Shevtsova, *Russia: Lost in Transition: The Yeltsin and Putin Legacies*, trans. Arch Tait, Washington 2007, 8).

6 It has been many times remarked that even though many enemies came to Russia from the East, it traditionally sought balances in the East that could protect from Western expansion, treating the West as its principal potential rival. Many Russian philosophers, from the Slavophiles to the Eurasionists, saw Russian identity as a bridge between the East and the West, without becoming either the former, or the latter. See interesting remarks on this issue: Wladimir Weidle, *Russia absent and present, trans.* Gordon Smith, London 1952; Angelika Nußberger, Rechtsgeschichte und Rechtskultur in Russland, in: *Einführung in das russische Recht*, ed. Angelika Nußberger, Munich 2010, 1–12.

7 Ilya Prizel, Nationalism in Postcommunist Russia: From Resignation to Anger, in *Between Past and Future: The Revolutions of 1989 and Their Aftermath*, ed. Sorin Antohi / Vladimir Tismaneanu, 2000, 332–356.

8 Ivan the Terrible wrote in 1570: "We had hoped that you were ruler in your Kingdom and that you yourself ruled, and that you yourself looked after your Kingdom's honour and your Kingdom's advantages and that is why we wanted to deal such matters with you. But it appears that other people rule for you. They are not just people, they are trading peasants and they do not care about our Ruler's heads and our honours and the advantages of our lands, instead seeking just their own trade advantages. And you are in your virginal state like some old unmarried female…"

9 For the general discussion see: Eamonn Callan, *Creating Citizens: Political Education and Liberal Democracy*, 1997. Some interesting sociological figures about attitude of Russian towards liberalism and conservatism are mentioned: Samuel A. Green / Graeme B. Robertson, *Identity, Nationalism, and the Limits of Liberalism in Russian Popular Politics*, 2014, http://www.ponarseurasia.org/sites/default/files/policy-memos-pdf/Pepm323_GreeneRobertson_June2014.pdf. The prevailing political discourses in Russia and their implications for societal interaction are mas-

tionalist tradition. This tradition has resulted in a more or less coherent ideological strategy, which can be referred to as "Russian political neo-conservatism."[10] In this article we consider the connection between this political trend and prevailing legal thinking, showing the implications of such an intellectual symbiosis for the development of Russian law. The cornerstone of this thinking is, as we demonstrate, the concept of sovereignty which traditionally serves in Russian legal education as the ideological, conceptual and philosophical background for understanding law, its substance and machinery. On the other hand, this concept has a certain affinity with the concept of autocracy which is sometimes described as inherent to Russian political thinking[11], and both have common roots in the philosophy of conservatism.

1. Russian legal order and the logic of human rights

After the overwhelming fascination with the Western way of life in the years of perestroika, there were clear signs of the Russian leadership's changing attitude towards Western liberal ideals and values, and even some harbingers of a new ideological curtain.[12] This happened long before the Ukrainian crisis, which only revealed the real extent to which Russian political elites[13] oppose the West; the construction of their political identities involves this antagonism.[14] At the same time, to compete with the West, Russia has to constantly modernize its military, economic, political and other technologies, which is impossible without the corresponding intellectual and cultural shifts. To cause such shifts the authorities ordered beards to be shaved off in the years of Peter the Great; but could they endeavour to go further, to trans-

terly described in: Michael E. Urban, *Cultures of power in post-Communist Russia: an analysis of elite political discourse*, 2010.

10 We use this term to label this set of ideas without targeting similar but conceptually different political philosophies of neo-conservatism in the US and other countries. The prefix "neo" indicates only the distance between the conservative social-philosophical conceptions in Russia at the turn of the 19–20th centuries (such as those elaborated by Nikolai Danilevsky or Konstantin Pobedonostsev).

11 Luke March endeavors to reconstruct an official ideological formula of the ruling regime in the nowadays Russia in the parallel with the famous formula of Count Uvarov, putting it in triadic form: "Autocracy, Sovereignty, Nationality" (Luke March, Nationalism for Export? The Domestic and Foreign-Policy Implications of the New 'Russian Idea', *Europe-Asia Studies* 3 (2012), 401–425). Endorsing this interesting analysis, we do not share the dubious conclusions of the author who finds that this synthesis is "schizophrenic" (ibid., 410) or that "official nationality is at times prone to Russocentrism" (ibid., 412).

12 Jutta Scherrer, The 'cultural/civilizational turn' in post-Soviet identity building, in: *Power and legitimacy: challenges from Russia*, ed. Per-Arne Bodin / Stefan Nedlund / Elena Namli, Abingdon 2013, 152–168; Edwin Bacon, Conceptualizing contemporary Russia, *Slavonic and East European Review* 2 (2003), 291–301.

13 In the following we will confine ourselves only to analysis of the discourses of so called Russian political elites, to wit the leadership which defines state policies and governs public administration. We will leave the question of public opinion and popular attitudes aside, as this would necessitate special sociological research and would therefore exceed the methodological and thematic limits of this paper.

14 Angelika Nußberger, Der "Russische Weg" – Widerstand gegen die Globalisierung des Rechts?, *Osteuropa-Recht* (2007), 371–385.

form the traditional political mentality which cherishes absolute autocracy? Such experiments undertaken in the first decades of the 20th century led to catastrophic consequences in 1917, and this reminiscence hung in the air in the years of perestroika when statehood was on the brink of extinction.

Dealing with the challenge "to change or to decay", political rulers in Russia therefore did not need to carry out the relevant political changes because of a fear of political unpredictability, this fear being shared both by the government and the masses. To reinforce and to legitimate its rule, the government needed to show that it had the country under control, that it could implement modernization and at the same time keep political forms intact. The task was substantially the same as in the imperial or the Soviet epochs, but it required a fundamentally renewed rhetoric.[15] The basic assertion of this new official rhetoric, explored below, resides in the negation of the universality of whatever humanitarian or political standards that claim to take precedence over positive rules of national law. Pretentions to universality are repudiated because they are considered to be irreconcilable with the nature of state organization as a sovereign entity and with the nature of law which is described as a product of the sovereign will (of the people or of their representatives). Surely, we are aware of similar trends in the West where the German PEGIDA, the French Front National or English UKIP represent examples of this fear of the Other, but we will leave aside comparative analysis in this paper.

We designate this style of rhetoric on human rights as conservative not only because of its affinity with other postulates of the conservative philosophy (which is the natural enemy of cosmopolitanism), but also because it promotes the values of tradition and ritual at the expense of autonomy and personal choice, and thereby makes collectivity triumph over individuality. Utilizing the term "conservatism", we admit that it can have different meanings and connotations depending on the philosophical or political context. Here, we use it in its focal meaning–as a set of ideas which are aimed at retaining traditional social institutions and at their legitimation. The combination of cultural and philosophical conservatism with exceptionalism in human rights issues already provides an intellectual stronghold against any criticism of the existing regime from inside or outside the country. The third element which reinforces this construction is the idea of sovereignty understood as absolute supremacy (*puissance absolue*, according to Jean Bodin) in policymaking and in lawmaking (the so-called Westphalian model).

From a legal perspective this isolationist rhetoric implies the dethronement of human rights which, in contemporary Western legal philosophy, are supposed to be universally valid and to concern every human being regardless of nationality or culture. In the words of the Universal Declaration of Human Rights 1948: "All human beings are born free and equal in dignity and rights". In this and in other declarations human beings are seen as autonomous individuals "endowed with reason and conscience", living free and pursuing their happiness independent of any state recognition or empowerment. The state has the responsibility to recognize and to protect these rights, and it has no choice. From this perspective individuality prevails over the collective–this foundation of liberal political philosophy has been

15 Caroline von Gall, Auf der Suche nach einer neuen "Ideologie" – Ein Beitrag zur russischen Verfassungstheorie, *Osteuropa-Recht* 3 (2010), 272–282.

attacked relentlessly by conservative thinkers from Plato to Hegel,[16] and also by a large number of influential Russian conservative legal or social philosophers of the first decades of the 20th century–Ivan Il'in, Nikolai Berdyaev, Lev Tikhomirov and many others who are enthusiastically cited today by Vladimir Putin and his government.

However, liberal philosophy doubtlessly inspired the 1993 Russian Constitution. The Constitution explicitly considers human rights and freedom as supreme values (Art. 2) which "determine the meaning, content and application of the laws, and the activities of the authorities" (Art. 18). Unfortunately, these liberal philosophical stances mostly remain "law in books" never becoming "law in action" insofar as this wording stumbled at the unpreparedness of most lawyers to accept that human rights may have a different source of validity than their creation or, at least, recognition by the state.[17] Acceptance of this liberal stance would mean that in the final reckoning it is not the state and its laws but some supra-state (transnational, international or other) rules or principles which must be observed and implemented by judges and other legal actors. This assertion is hardly compatible with the legal positivism (naturally, here we mean the "classical" positivism of John Austin or Karl Bergbohm–the positivism that is generally taught in Russian law schools) which considers the will of the sovereign (be it state, people, or nation) to be the supreme source of the validity of legal rules, and which rules out the idea of supremacy of the international law.[18]

This problem of the gap between the formal and the "living" Constitution[19] touches on a very contentious point–the relation between domestic and international law, and consequently, the place of *ius cogens* in the Russian legal order (first of all, of human rights). This issue has provoked and still provokes many virulent discussions between Russian lawyers.[20] Without going into details, we mention here the difference between the textual wording of the Russian Constitution (Art. 15, par. 4) which is based on the monist conception (i.e. it puts international rules and principles above state law) and real law-enforcement practices, which tend to the

16 Colin Bird, *The Myth of Liberal Individualism*, Cambridge 1999. About a possible reconciliation of these opposing trends see: Christian List/Kai Spiekermann, Methodological Individualism and Holism in Political Science: A Reconciliation, *American Political Science Review* 107 (2013), 629–642.

17 Robert Ahdieh, *Russia's Constitutional Revolution: Legal Consciousness and the Transition to Democracy, 1985–1996*, Pennsylvania 1997. Many interesting remarks are made by the authors who compared to which extent the text of the RF Constitution differs from the reality of its implementation: *Russland. Verfassung, Recht und Realität. Festschrift für Prof. Dr. Otto Luchterhandt aus Anlass seines 70. Geburtstags*, ed. Hans Janus, Berlin 2014.

18 Angelika Nußberger, Verfassungsgerichtsbarkeit als Krönung des Rechtsstaats oder als Feigenblatt autoritärer Regime?, in: *Rechtskultur in Russland: Tradition und Wandel*, ed. Otto Luchterhandt, Berlin 2011, 203–230; Bill Bowring, Positivism versus self-determination: the contradictions of Soviet international law, in: *International Law on the Left: Re-examining Marxist Legacies*, ed. Susan Marks, Cambridge 2008, 133–168; Anton Burkov, Das Russische Verfassungsgericht und das Völkerrecht: 1992 bis heute, *Osteuropa-Recht* 3 (2011), 248–252.

19 Referring to the term coined in the American constitutional doctrine (Howard Lee McBain, *Living Constitution*, New York 1927). This term quite is often used by Russian politicians and constitutional judges, although the official Russian legal parlance does not recognize this notion.

20 The most comprehensive, even if a bit outdated, research remains: Boris Zimnenko, *International Law and the Russian legal system*, Utrecht 2007.

dualist model (international rules and principles acquire validity for the state only after they have been explicitly incorporated into domestic law). This divergence was clearly demonstrated in the polemic of the Russian Constitutional Court against the ECtHR which several times tried to impose on Russia the obligation to change its laws or to provide a new interpretation which, in the opinion of the Strasbourg Court, would better match the ECHR.[21]

This discrepancy was present in the relations between the ECtHR and the Russian Constitutional Court long before the mentioned Markin-2 case.[22] About ten years ago the Chief Justice of latter court, Valerij Zor'kin, rejecting the ECtHR criticism, reiterated that there are certain "limits of concession", certain "red lines" which may not be crossed–these lines demarcate the stronghold of Russian sovereignty.[23] Any discussion which does not take into consideration these lines contradicts the rules of "practical discourse" which are accepted in the Russian legal order and which are necessary for its survival. In fact, this exceptionalism (which naturally can be found not only in Russia but also in other European countries) leads to deep mistrust of cosmopolitan liberal conceptions, such as the universality of human rights, and their absolute binding force.[24] On the other hand, the presupposition of the supremacy of human rights necessarily brings about the reconsideration of the absolute character of sovereignty which analytically cannot be thought of as absolute and has to give way to human rights. This approach introduces ideas of shared or multilevel sovereignty and questions the possibility of overriding state sovereignty when necessary to protect human rights ("the responsibility to protect" can be cited here as a telling example).[25] Reconsidering the limits of their sovereign rights (with the consequent shrinking of these limits) is not easy even for developed Western democratic states,[26] let alone the post-Soviet Russia with its institutional inclination to autocracy–a country for which this challenge seems to be one of the most central and existential problems of political development.

There is one more aspect to be examined in connection with the place of the conception of sovereignty in Russian legal education–that of the prevailing legal dogma. Basically, Russian legal science and legal education are rooted in the positivist conceptions of the 19th century. In these conceptions the syllogistic model of

21 The case of Konstantin Markin is symptomatic in this regard (so called "Markin-2 case"). After winning in 2010 his first case against Russia in the ECtHR, in 2013 he asked the Russian courts not to apply in his (reconsidered) case the domestic norms that had been held as contravening the ECHR. In its Ruling as of 6 December, 2013 the RF Constitutional Court reasoned that a judgment of the ECtHR cannot invalidate rules of domestic law and be a legal ground liberating the domestic courts from the obligation to obey the law. See a short analysis of this case: Ilya Levin / Michael Schwarz, *At a crossroads: Russia and the ECHR in the aftermath of Markin, VerfBlog*, 30 January 2015, http://www.verfassungsblog.de/crossroads-russia-echr-aftermath-markin/.

22 Caroline von Gall, Russland und der Europäische Gerichtshof für Menschenrechte – Wer hat das letzte Wort?, *Osteuropa-Recht* 1 (2012), 40–54.

23 For this discussion cf.: Valerii Zor'kin, Apologiia Vestfal'skoi sistemy (Apology of the Westphalian system), *Rossiiskaia gazeta*, 22 August 2006; id., Predel ustupchivosti (The limit of compromise), *Rossiiskaia gazeta*, 29 October 2010.

24 See a short but very thoughtful paper of Michael Dusche, Human Rights, Autonomy and National Sovereignty, *Ethical Perspectives* 7 (2000), 24–36.

25 In more detail: Mikhail Antonov, Conservatism in Russia and Sovereignty in Human Rights, *Review of Central and East European Law* 39 (2014), 1–40.

26 E. g., Lisbon Case, BVerfGE 123, 267–437.

legal reasoning dominates, which sees the judge as the interpreter of sovereign will encoded in the texts of statutes. This perspective did not considerably change after 1917 and the new regime continued to apply the legal theory of the previous regime with almost no modifications. This was quite understandable–law and state were conceived by Bolsheviks as tools for class oppression, so that in a classless socialist society they were expected to wither away[27] and there were no sound reasons to change them on the way to this bright future. As a result, Soviet jurisprudence had only the task of the exegesis of legal constructions and schemes in the light of Marxist-Leninist philosophy. There were no substantial contradictions with the pre-revolutionary legal dogma, as formal constructions of *Rechtswissenschaft* could be filled with any content at the will of sovereign; and the leaders of Soviet jurisprudence chose to keep these schemes intact.[28] It comes as no surprise that the Austinian conception of law as the set of the sovereign's commands remained in the foundation of these schemes. The idea that lawyers are here only to interpret the will of sovereign perfectly matched the authoritarian regime which had no incentive to change it, except in the reinterpretation of its philosophical underpinning in the Marxist terms. Before Perestroika began, there had been almost no diversity in Soviet legal theory and lawyers shared almost the same set of premises about law, diverging however in less significant details.[29] After the 1970s Marxist lawyers discussed the "narrow" and "wide" approaches to law. Even if this had been the most impressive theoretical discussion in the Soviet jurisprudence, it did not go beyond the philosophical premises of Marxism and of the first legal positivism[30].

In the early 1990s Russia faced a period of anarchy when state law was one of centripetal forces holding society together and opposing the centrifugal forces, these latter having the same conceptual basis as the ideas of soft or transnational law. The idea of legality in this context mostly designated fidelity to statutory law and had no connotations typical of the discussions about "statutory lawlessness and supra-statutory law" which followed the break-down of the Nazi-regime in Germany. The worst legal order is better than no legal order whatsoever–this Hobbesian axiom was the general conviction shared by most of the Russian population in

27 In 1917 in his "State and Revolution" Lenin stressed that the diction of Marx that law will wither away after the socialist revolution must be taken in its literal wording–one needs to wait until law withers away itself and therefore Bolsheviks shall not eliminate or cancel law intentionally.

28 To mention that before the First congress of the Soviet lawyers in 1937 which put the end to any diversity in thinking about law (and led to mass purges among legal theoreticians), there were various competing conceptions (Stuchka, Pashukanis, Reisner, et al.) which differently interpreted legal theory from the Marxist standpoint. However, these different conceptions have had almost no effect on the subsequent development of the Soviet jurisprudence given the heavy ideological pressure of Vyshinski and his team who coined the quasi-official "understanding of law" and averted Soviet lawyers from diverging from it, severely chastising those who, like Pashukanis, did not want to abandon their theoretical views.

29 See about this historical development in more details: Mikhail Antonov, Russian Legal Philosophy in the 20th Century, in: *A Treatise of Legal Philosophy and General Jurisprudence: Legal Philosophy in the Twentieth Century: The Civil Law World*, ed. Enrico Pattaro / Corrado Roversi, Berlin 2015.

30 By the "first positivism" we mean the legal doctrines based on the ideas and schemes of the 19th century (J. Bentham or J. Austin), prior to the great positivist conceptions of the 20th century (H. Kelsen or H. L. A. Hart). This term underscores the temporal relation and does not have any pejorative connotation.

general, and the legal profession in particular, during and after the troublesome years of Yeltsin's presidency. State law and the idea of sovereignty as its normative background were thereby legitimized, and at the same time ideas of legal pluralism or transnational law were discredited for years to come.[31]

One of the intersections where the centrifugal and centripetal forces met was the issue of federalism: the strong centralized model had been imposed since the first presidency of Putin and provoked malcontent from the partisans of the decentralized model. Both models were based on the idea of sovereignty, but in different interpretations: the former extolled Westphalian sovereignty, and the latter praised shared or multilevel sovereignty. For several years the Russian Constitutional Court has been engaged in these controversial debates, maintaining the integrity of the country with the reference to national and popular sovereignty and finally confirming the legitimacy of the Westphalian model and the necessity of protecting national identity.[32] According to this reasoning, the people as the supreme bearer of sovereignty entrust this sovereignty to the legislators to create laws, and any attempt to override national laws or to impose any supra-statutory criteria of validity for domestic laws would be an encroachment on popular sovereignty[33] which would be intolerable.

Popular sovereignty has, in Kelsenian terminology, the importance of a basic norm of the Russian legal order, especially as–according to the official constitutional doctrine–the validity of the 1993 Russian Constitution is derived not from previous Soviet constitutions (or the Basic Laws of the Russian Empire), but from the direct mandate of the people which was expressed in the referendum of 12 December 1993. Therefore, any criticism of Russian legislation can potentially be interpreted as undermining the authority and binding force of the Russian legal order.[34] If we extrapolate this logic to the field of human rights, they, as any other legal rules, principles, or values, derive their binding force from the sovereign will of the people (even if this will theoretically is doomed to remain a fiction in the Kelsenian sense). Human rights cannot legally bind this will, unless the very scheme of legal thinking is changed and the validity of legal rules should be derived from international law and its basic norm. Or, referring back to Kelsen, we have to postulate two basic

31 Mikhail Antonov, Unser schwerer Weg zum Recht: Grundprobleme der modernen theoretischen Rechtswissenschaft in Russland, *Rechtstheorie* 1 (2007), 1–12. Even if the idea of legal pluralism is not fallacious to the extent it removes the state out of the legal universe (see: Mikhail Antonov, In the Quest of Global Legal Pluralism, in: *Positivität, Normativität und Institutionalität des Rechts. Festschrift für Werner Krawietz zum 80. Geburtstag*, ed. Aulis Aarnio et al., Berlin 2013, 15–30).

32 Discourses about popular and national sovereignty usually serve as one of the most powerful sources to strengthen nationalism, and not only in Russia. See Bernard Yack, *Nationalism and the moral psychology of community*, Chicago 2012, 136–160. This author argues: "For wherever popular sovereignty leads, from the French Revolution in 1789 to the collapse of the Soviet Empire in 1989, nationalism seems quickly to follow" (ibid., 136).

33 Anja Honnefelder, *Staatliche Souveränität vs. Völkerrechtsoffenheit in der Russischen Föderation*, Frankfurt am Main 2012; Michael Geistlinger, Die verfassungsrechtliche Konsolidierung der territorialen Integrität und Souveränität Russlands, in: *Russland: Verfassung, Recht und Realität – Festschrift für Prof. Dr. Otto Luchterhandt aus Anlass seines 70. Geburtstages*, ed. Hans Janus, Berlin 2014, 19–34; Mikhail Antonov, Theoretical Issues of Sovereignty in Russia, *Review of Central and East European Law* 37 (2012), 95–113.

34 Bernd Wieser, Die Verfassung der Russländischen Föderation im Spiegel der russischen Kommentarliteratur, *Osteuropa-Recht* 1 (2014), 72–77.

norms, one for domestic and one for international law, and plead for a monistic conception[35] which is not acceptable for most Russian lawyers (see above).

In the logic of the dualist scheme largely adhered to by Russian officials, if human beings have some rights inherent from the moment their lives begin, it implies that, first, these rights are incorporated into the state legal order and only due to this fact are these rights legitimized and validated as *legal* rights. This concept of human rights matches both the Westphalian concept of sovereignty (as the state ultimately decides which rights its citizens may obtain) and the philosophy of conservatism (the idea that each state endorses only the rights it finds admissible, for its legal order repudiates the universalism of human rights and refutes the cosmopolitan idea of natural rights identical for all human beings).[36] If each country, each culture, and each civilization have their own standards of legality and legitimacy, they are endowed with the unlimited scope to decide to what extent they would or would not incorporate certain values and norms (which pretend to be universally recognized) into their legal orders. These conclusions, in their turn, seem to be rooted in a particular social philosophy which relies on a Hobbesian picture of society in *bellum omnium* contra omnes, where dispersed individuals can be tamed and peace can be secured only by an almighty Leviathan.[37] If the state falls apart, it will lead to destruction of the society.[38]

According to the classical doctrine of legal positivism which is largely shared by top Russian judges and politicians (the same can be said also about the majority of ordinary lawyers as the entire system of legal education is still based on the first positivism á *la* John Austin), there is nothing above the will of the sovereign. The cornerstone of this philosophy is the idea of sovereignty understood in accordance with the classical Westphalian model. According to the doctrine of the Russian Constitutional Court, sovereignty resides in popular will which therefore is a residuum of national values and the basis of statehood, so that abandoning sovereignty wholly or partly will lead to the degradation and destruction of the nation. This doctrine, bearing a strong resemblance to the Hegelian deification of statehood, is widely supported by key politicians, legislators and senior judges in Russia and, in turn, serves as an essential part of the emerging ideology described above.

35 Uta Bindreiter, *Why Grundnorm? A Treatise on the Implications of Kelsen's Doctrine*, Dordrecht 2002.

36 Thomas Finegan, Neither Dualism nor Monism: Holism and the Relationship between Municipal and International Human Rights Law, *Transnational Legal Theory* 4 (2011), 477–503.

37 John G. Ikenberry, *Liberal Leviathan: The Origins, Crisis, and Transformation of the American World Order*, Princeton 2012.

38 If we focus on this perspective, it does not mean that we rule out other perspectives. A particular attitude of Russians toward human rights can be explained by the heritage of Orthodoxy, by the specific cultural mindset, by the prevailing ethical convictions or by a specific rationality. E. g., Elena Namli writes about "the traditional reasoning of responsibility" which in Russia confronts and prevails over "liberal rationality of human rights" (Elena Namli, Powerful rationality or rationality of power? Reflections on Russian skepticism towards human rights, in: *Power and legitimacy: challenges from Russia*, ed. Per-Arne Bodin / Stefan Nedlund / Elena Namli, Abingdon 2013, 133–151).

2. Philosophical background

There are three main intellectual blocks which underpin this ideology, among them the concept of Westphalian sovereignty, the idea of the messianic role of the Russian people, and strong positivism in understanding what law is (strong in the sense of discarding any necessary connection between the validity of law and its justification). Here "messianic" does not have a solely religious connotation and designates also exceptionalism, cultural or historical exclusivity of national development.[39]

Historically, these elements were also assimilated and mixed into philosophical conceptions in other cultures and nations, so the Russian case is not unique from the comparativist point of view. But historically each context gives rise to different forms and facts, so that each historical phenomenon is inimitable and cannot be equated to any other phenomenon. That is why we will not try to draw any parallels between the contemporary Russia and Germany of the 1920s, even if one can find certain similarities in the respective situations.[40] Also we are aware that Western political philosophy was and still is abundant with various conservative conceptions (de Maistre, Burke, or Fukuyama) which have an affinity with Russian neo-conservatism and sometimes explicitly serve as a source of inspiration for Russian neo-conservatives.[41] Here an interesting comparative analysis can be made, but this is not goal of the present paper which is limited to the general characteristic of this ideological construction and its intrinsic connection with the prevailing legal mentality.

The rhetoric of Russian politicians and the court argumentation in some landmark cases (especially in those which provoked a sharp criticism of Russia in the West) gives us grounds to suppose that there are some important philosophical discrepancies between how law and its machinery are understood respectively in Russian and Western legal cultures.[42] Here we cannot go into the question of whether Russia is a part of this legal culture or is a separate culture–anyway, if Russia belongs to the Western culture, it does not belong wholly and entirely.[43] If generalisations in this regard are admissible, they are never able to encompass fully the multifaceted reality. But this does not exclude insights into concrete spheres where court practice can be interpreted with reference to some key aspects of the legal mentality. Particularly, we have analysed this rhetoric in several dimensions, including the court argumentation in cases connected with protection of religious feelings and with the execution of foreign legal decisions in Russia.[44]

39 Bill Bowring, *Law, Rights and Ideology in Russia: Landmarks in the Destiny of a Great Power,* Abingdon and New York 2014.

40 See Stephen E. Hanson / Jeffrey S. Kopstein, The Weimar/Russia Comparison, *Post Soviet Affairs* 3 (1997), 252–283. We cannot but agree with Ilya Prizel who insists that "the currently fashionable talk of "Weimar Russia" or "fascist Russia" is premature and potentially dangerous, as it could become a self-fulfilling prophecy" (Prizel (Fn. 7), 355).

41 Richard Pipes, *Russian Conservatism and Its Critics: A Study in Political Culture,* New Haven 2006.

42 Peter Truscott, *Russia First. Breaking with the West,* New York 1997.

43 Robert D. English, *Russia and the Idea of the West: Gorbachev, Intellectuals, and the End of the Cold War,* New York 2000.

44 Mikhail Antonov, Foreign Court Decisions, Arbitral Awards and Sovereignty in Russia, *Review of Central and East European Law* 38 (2013), 317–340; Mikhail Antonov / Ekaterina Samokhina, *The Reasoning of Russian Courts in Cases Connected with the Protection of Religious Feelings,* Review of Central and East European Law. 40 (2015), 229–284; Mikhail Antonov, Beyond formalism:

It is no coincidence that the government (which is to be understood not only as the bearers of power competences but also those who elaborate the ideological background for them[45]) on different occasions referred to and still are referring to a clearly defined set of ideas: sovereignty, national identity, traditions, law-and-order.[46] These ideas are conceptually interconnected in the sense that starting from any of them would easily lead to postulating three others. For example, if the people do not want to lose their identity, they must maintain their statehood, and for this, protect their traditions, otherwise the state will lose its sovereignty and the people will sink into anarchy. This logic in many parameters is congruent with the anti-globalist stances reiterated by some groups in Russia and in other countries; it is quite understandable why they both find their last intellectual foundation in the philosophy of conservatism. Generally, this philosophy maintains tradition, rejects universalism and does not believe that people can secure law-and-order without a strong state.[47]

For lawyers, this conceptual framework implies several important conclusions: there are no universal humanitarian or political standards which can serve as the basis for the evaluation and possible criticism of national legal orders; attempts to reassess domestic laws in the prism of any supranational criteria must be dismissed as devoid of legal effect (these attempts can be perceived of only as moral criticism without legal consequences). So, when Russian authorities are criticised by NGOs or by EU organisations for not observing proper purposes of human rights, for not "balancing rights and values" or for ignoring "universally accepted humanitarian standards", this criticism is simply dismissed as irrelevant, as dealing with morality or ethics but not with law which is foremost understood as "commands of the sovereign". Both sides persist on the validity of their basic premises and their reasoning and unfortunately do not perceive or do not want to perceive this fundamental difference between their starting hypotheses. The official Russian position can be described as a consequence of first positivism[48] which is based on the separation thesis–there is no universal morality and validity (binding force) of law which would dictate law's congruence with any moral standards or statements.

Such logic matches very well the positivist style of legal thinking according to which the state stands at the centre of the legal universe and decides which legal rules will exist and which will not. This positivism does not acknowledge any supra-statutory law (to refer to the famous Radbruch's article of 1946[49]) capable of superseding the will of the state. The combination of these elements allows the Russian authorities to keep argumentative coherence when dismissing Western mor-

sociological argumentation in the "Pussy Riot" case, *Revista Crítica de Derecho Canónico Pluriconfesional* 1 (2014), 15–25.

45 Michel Foucault, The Subject and Power, *Critical Inquiry* 4 (1982), 777–795.

46 Bill Bowring, *The Resurgence of Radical Conservatism in Russia*, 23 November 2010, http://ssrn.com/abstract=1845424.

47 Douglas Blum, *Russia and Globalization: Identity, Security, and Society in an Era of Change*, Washington 2008.

48 That is not a surprise as Putin, Medvedev and many high-ranked officials from their team learnt the command theory of law from their professors at Law Faculty of Saint Petersburg (Leningrad) State University.

49 Gustav Radbruch, Statutory lawlessness and supra-statutory law, *Oxford Journal of Legal Studies 26* (2006), 1–11 (first published in 1946).

alising about democracy and human rights. This logic can be reduced to the following statement: We recognize only the formal rules we have created or approved, and we do not consider ourselves to be bound by any extra-legal (non-positive) values to which we have not conceded our sovereign will. Seemingly, there are debates between Russian and Western politicians and lawyers, but in reality there is only a misunderstanding, as they think about humanitarian law (human rights) in different modalities. This "conceptual" dimension of the Russian conservatism turns out to be completely congruent with other dimensions: "cultural" conservatism seeking to protect traditional values against new practices; "religious" conservatism fostering traditional beliefs and denominations and banning new cults and creeds; "political" conservatism which dismisses idealist policies and favours *Realpolitik*. All this serves to create a particular image of Russia in opposition to the West and its liberal values.[50]

The Russian political elite do not see themselves as continuators of Brezhnev or Stalin; they do not revert to the concepts of communist ideology or to the methods of the planned economy, and at the same time they want to act in the style of *Realpolitik* and of the idealizing nationalism. Their pathos is about Russia's people, its history, its traditions, religion and values (attacked by decaying Western culture), and on the other hand about the true (international) law which is trampled on by double standards and flexible policies of the West. This pathos substantially is close to the traditional philosophy of Slavophiles.[51]

The notorious "Russian national idea" often referred to by Putin and his circle (to be noted *en passant* that this circle is not homogeneous and includes several competing ideological groups) and similar ideologies do not necessarily have the objective of establishing a world empire (nor was it the case for Vladimir Soloviev, Nikolai Berdyaev and other prominent Russian philosophers who wrote on this issue) but stand rather for pluralistic world order with several centres of gravity (political, economical, ideological, etc.) which exclude the very idea of an empire. This aspect of the emerging ideology of the Russian leadership (to wit, the reference to a "national idea" to justify national unity) has been thoroughly examined in various publications in Russia and abroad.[52] Another aspect has so far attracted considerably less attention, although it is a peculiar trait of this ideology which makes it stand out against other ideologies which appeal to similar metaphysical entities. Along with these references, the ideology in question represents an attempt to formulate a new legal philosophy which is based on classical positivist legal science and which is opposed to "post-positivist" or "non-positivist" legal philosophies–roughly, those which claim that there is a supreme law having primacy over the positive law, that some human rights stand above the command of the sovereign and thereby restrain the sovereign (as compared to the national-socialist ideology, this latter was based on sociological or natural-law doctrines and negated the positivist doctrine as imbued with the spirit of liberalism).

50 Stephen White / Valentina Fekluynina, *Identities and Foreign Policies in Russia, Ukraine and Belarus: The Other Europes*, London 2014.

51 Susanna Rabow-Edling, *Slavophile Thought and the Politics of Cultural Nationalism*, New York 2006.

52 Peter J. S. Duncan, *Russian Messianism: Third Rome, Revolution, Communism and After*, London 2005, 133 ff.

One important aspect here is what can be characterized as the "ambiguity" of Russian cultural attitudes. By "ambiguity" we mean the constant tension between domestic and European values, on one hand, and between messianism and universalism, on the other. This tension systematically re-emerges in Russian intellectual history. On the one hand, the Russian intelligentsia from the time of Peter the Great (or even earlier) wanted their country to be treated as an equal by Western countries, but at the same time they did not want Russia to subscribe to Western cultural, religious, legal or political values. The idea of the protection of Orthodoxy, or the excellence of the tsarist autocracy, or the superiority of Russian culture (the Slavophiles cherishing various forms of communitarism: *Obshchina*, *Mir*, *Vseedinstvo*), which clearly appeared in the famous triad "Orthodoxy, Autocracy, National Spirit" in the 19th century, had no chance of finding its place in the framework of Western liberalism. On the other hand, the intelligentsia glorified the Russian people whose historical mission was on a worldwide scale (e. g. to protect the true Orthodox Christianity or true family values), but nonetheless they rejected cultural universalism or religious ecumenism, praising national specificity and parochialism.

Intellectuals of the grandeur of Vladimir Soloviev–who called for a union of the Russian tsar and the Pope of Rome–usually were not properly understood by their contemporaries. Typically, one of the main Russian Westernizers, the philosopher of the first half of the 19th century, Piotr Chaadaev, was held to be insane because of his lack of patriotism, and his great admiration for the West. He regained the favour of the authorities only after publishing "An Apology of a Madman" (1837) where recognized his "grave errors" and explained that Russian autocracy and Orthodox Christianity are of superior value to the Western political structures and religious denominations. In Russian intellectual history no claims to world (political or other) supremacy have ever been formulated (although not properly Russian, the Soviet Marxist-Leninism might be considered an as exception here). However, is it possible for Russia to be on a par with the West without sharing Western values? This question remains one of the basic paradoxes and has incited numerous discussions among Russian intellectuals. It served as a dividing line in debates between the Slavophiles and Westernizers in the 19th century, and today in Russia this question is still a stumbling block in deliberations about the national identity of Russians.

This ambiguity is reinforced through references to sovereignty. Because of this connection, national specificity does not remain a solely philosophical construct with a religious connotation but gains political legitimacy. Any universalism from this perspective thereby becomes an illegal pretention which not only contradicts reality (where there are only particular states, peoples and cultures), but also encroaches on the sovereign rights of the people. Such a conceptual link can serve as a mighty counterweight to liberal ideology and it is no great surprise that partisans of conservatism in Russia reiterate it. This link can be expressed by the following syllogism: Russia shall uphold its traditions and beware of universal values because the state exists insofar as it does not fall under dominance of other states. As a nation cannot exist without a state (conceptually, a nation is understood as a people grown to statehood), the acceptance of universal values implies the end of sovereignty and the perishing of a nation. This philosophical scheme is only one of many possible ways to use the sovereignty argument. We cannot rule out the logic of power relations, the individual pragmatic strategies of political actors, or even the specificity of the cultural mindset of Russians. Nonetheless, this scheme is more apt for an explanation of the Russia-West conflict which today centred around Ukraine. One may persist in explaining this conflict by the malicious intent of the Russian leadership, or by the cultural backwardness of Russians,[53] or by other similar reasons–this might be true to a certain extent but such explanations would grow in evident exaggerations. Even accepting these reasons, a philosophical background is be needed to comprehend how they can be entwined into a coherent conception.

Conclusion

We have endeavoured to explain the philosophical sources of contemporary Russian conservative philosophy which is blended with exceptionalism, the Westphalian conception of sovereignty, and which is based on the positivist precepts of prevailing legal thinking in Russia. Inevitably, it is not a purely analytical question, but also a value question which displays a practical (in the Kantian sense, ethical) dimension. Some twenty years ago Russia reopened itself to the West showing good promise for cooperation or, at least, for peaceful coexistence. Today the country has fallen back to the logic of the iron curtain and pushes Western civilization to dangerous confrontation. This is not for the first time in Russian history. Along with the communist experiment of the 20th century in Russia, there was the Slavophile philosophy of national messianism in the 19th century and even the medieval concept "Moscow as the Third Rome" ("Two Romes have fallen. The Third stands. And there will be no Fourth") which asserted that Russia was the only true protector of Christianity. Surely, some other European nations also have had similar messianic discourses (for example the German idea of *Reich*), but these discourses for them are mostly in the past (even if some would suggest that the EU is a realization of the fourth *Reich*). But for Russia this discourse is still real. Given its long history, it is unlikely to quickly disappear.

Pretending to protect Russian national identity in eastern Ukraine and elsewhere, the Russian leadership is just continuing a conservative trend which has already become manifest in recent years in their maintaining statehood and sovereignty against transnational and supranational standards, in debates with the ECtHR about the "limits of concession" in regard to human rights issues, in protecting national courts from "unfair competition" with Western jurisdictions, in defending traditional religious denominations from the 'rootless paganism' of liberal religious freedoms. This conservative ideology is only relatively new, as similar conceptions were developed in Russian intellectual history long ago. The fact that the messianic ideology of Marxism found fertile ground in the Russian mentality was not a coincidence but the result of the close similarity with the ideological postulates sown in the Russian mentality from the Middle Ages. In this sense, Marxist legal philosophy in 20th century Russia can be characterized as a smooth transition from the religious philosophies of Imperial Russia. The same transition can puta-

53 Manfred Hildermeier, Das Privileg der Rückständigkeit: Anmerkungen zum Wandel einer Interpretationsfigur der neueren russischen Geschichte, *Historische Zeitschrift* 244 (1987), 557–603.

tively also be found in today's polemic of Russian authorities against Western *mission civilisatrice*.

The image of the decaying West picturesquely portrayed by Soviet propaganda was not its own invention–it has already been widely used by the Slavophiles, and similar images of the West have been pictured by Russian intellectuals even since the Great Schism. When Putin and his team invoke Russia's mission to protect international law and traditional values, they rehash the same old discourse and find an audience ready to support it and to legitimise the authorities. It comes as no surprise that the authorities use this rhetoric to reinforce their legitimacy. According to the Weberian classification of legitimacy types, it can be qualified as traditional legitimacy. But an important point is that this traditionalism adjoins rational legitimacy which promotes respect toward law and rationality, these latter conceived of differently than in the West.

Hauke Brunkhorst (Flensburg)

Recht und Revolution

Der *Kantian constitutional mindset* als normative Schranke evolutionärer Anpassung

Das Paper hat drei Teile. Eine Bemerkung zum Take-Off der sozialen Evolution (1), eine zur Differenzierung von Evolution und Revolution (2) und eine zur verfassungsgebenden Gewalt (3).

1. Take-Off

In der *sozialen* Evolution tritt, so Parsons, das Symbol an die Stelle des Gens.[1] Kommunikative Variation substituiert genetische Variation, abweichendes Verhalten (Durkheim) verdrängt die phänotypische Variation in die organische Peripherie der Gesellschaft.

Auch das *Wachstum der Produktivkräfte*, von dem Marx ausgeht, ist nur deshalb eine Quelle von Variation und Veränderung, weil es ein durch kooperative Arbeit, Sprache und Geist symbolisch vermitteltes Geschehen ist. Marx kennt jedoch noch eine zweite Quelle der Variation, ist ihm doch „alle Geschichte" die „Geschichte von Klassenkämpfen".[2] Wie vor allem seine historischen Arbeiten und die dazu sehr gut passenden von Max Weber zeigen, ist *Klassenkampf* ein durch *materielle Interessen* bewegter und durch *ideelle*, also verallgemeinerbare *Interessen* gerichteter Konflikt, in dem es nicht nur um die Aneignung eines möglichst großen Kuchenstücks, sondern auch um die gerechten Bedingungen seiner Erzeugung und Verteilung geht.[3] Die historische Variationsquelle der Klassenkämpfe ist der in den unterdrückten und ausgebeuteten Klassen angestaute *sense of injustice*. Klassenkampf ist immer auch ein Kampf ums Recht. Ausgelöst werden Klassenkämpfe durch verschiedene Ursachen. Die wichtigsten sind technisches Komplexitätswachstum (Produktivkräfte), Urbanisierung (Zentrumsbildung), soziale und funktionale Differenzierung. Im *Kapital* entwickelt Marx die dazu passende These eines inneren Zusammenhangs von funk-

1 Talcott Parsons, Evolutionary Universals in Society, *American Sociological Review* 29 (1964), 339–357, 341.

2 Karl Marx / Friedrich Engels, *Das Manifest der kommunistischen Partei*, Stuttgart 1997, 19. Zur Unterscheidung zweier Antriebsmechanismen der Evolution bei Marx: Klaus Eder, Collective Learning Processes and Social Evolution: Towards a Theory of Class Conflict in Modern Society, *Tidskrift för Rätssociologi* (1983), 23.

3 Hauke Brunkhorst, *Kommentar zu: Karl Marx, Der 18. Brumaire des Louis Bonaparte*, Frankfurt am Main 2007; Volkan Cidam, *Geschichtserzählung im Kapital*, Baden-Baden 2012; vgl. auch Rainer Forst, *Transnational justice and democracy. Overcoming three dogmas of political theory*, unveröffentlichtes Manuskript, vorgelegt für eine Podiumsdiskussion auf der Constellations 20th Anniversary Conference der New School for Social Research am 26. April 2014.

tionaler Differenzierung (des Wirtschaftssystems) und sozialer, erwerbsabhängiger Klassenbildung.[4]

Marx neigt jedoch dazu, den grundlegenden Unterschied zwischen dem Wachstum der Produktivkräfte und dem Kampf sozialer Klassen ums Recht zu verwischen und den Klassenkampf auf die rein instrumentelle Rolle eines revolutionären Geburtshelfers kräftig wachsender Produktivkräfte zu reduzieren. Er erklärt sich deshalb den Take-Off der sozialen Evolution allein durch *Arbeit* und *kooperative Lernprozesse*. Instrumentelles und strategisches Handeln (*Produktion*) werden durch soziale Interaktion (*Verkehr, Recht, Politik*) gelernt, wie Marx und Engels in der *Deutschen Ideologie* ausführen. Aber genau das können *in nuce*, wenn wir (*for sake of the argument*) den (heute auch schon wieder als spezieszentrisch kritisierten) Studien Michael Tomasellos folgen, die großen Affen auch, zumindest in Interaktion mit Tieren, die gewohnt sind, kooperativ zu handeln. Sie teilen „mit Menschen die Fähigkeit [...], instrumentelle Handlungen von anderen sozial zu lernen".[5] Das aber dürfte auch mit kooperativer Hilfestellung kaum ausreichen, um die soziale Evolution zum Abheben zu motivieren.[6]

Große Affen können zwar, ganz so wie der *homo oeconomicus* oder der Spieler der *rational choice*-Theorien, instrumentell oder strategisch kommunizieren und lernen. Aber sie können den *normativen Symbolgebrauch* nicht verstehen, keiner Norm folgen und ihr privates Wissen auch nicht an die nächste Generation weitergeben. Sie sind, marxistisch gesprochen, unfähig zum Klassenkampf. Der Variationspool der sozialen Evolution bleibt leer, weil weder eine Aussage noch eine Norm oder ein Recht je *bestritten* werden kann. Das ist erst dann möglich, wenn die in der Gestenkommunikation der Primaten implizit bleibende, bedeutungsidentische Verwendung von Symbolen sprachlich *explizit* gemacht und der propositionale Gehalt der Kommunikation *ausdifferenziert* worden ist.[7] Erst dadurch wird die Evolution reziprok bindender *Normen* möglich, die das *Streitpotential* kommunikativ handelnder Tiere mit einem Schlag hochschnellen lässt. Damit beginnt, was Hegel als der „Ernst, der

4 Karl Marx, *Das Kapital I*, Berlin 1969, Kapitel 4. Diese Analyse ist mit der Systemtheorie von Parsons und Luhmann ganz in Übereinstimmung. Marx analysiert die Ausdifferenzierung des Wirtschaftssystems als dessen selbstreferentielle Schließung durch den sich selbst verwertenden Wert (vor allem im zweiten Band des Kapital, s. die Neuedition: Karl Marx, *Das Kapital*, Bd. 2, MEGA II/11, 2008; II/12, 2005; II/13, 2008). Im Unterschied zu Luhmann ist für Marx die Entstehung neuer Klassenverhältnisse *infolge* funktionaler Differenzierung der Grundwiderspruch des kapitalistischen Systems, der dieses zu normativen Lernprozessen nötigt und dadurch über sich hinaustreibt. Diese Analyse trifft aber, und das hat Marx nicht gesehen und Mitte des 19. Jahrhunderts kaum sehen können, auch auf andere Funktionssysteme wie die Politik, das Recht und heute vielleicht das Erziehungs- und Wissenschaftssystem zu, die andere Arten von ‚Klassenkonflikten' erzeugen, die sich mit denen der Wirtschaft nur teilweise überlappen, aber auch mit Ihnen kollidieren. Vgl. Hauke Brunkhorst, *Legitimationskrisen. Verfassungsprobleme der Weltgesellschaft*, 2012, Kapitel 1, 21–43.

5 Vgl. Michael Tomasello, *Origins of Human Communication*, Cambridge, Massachusetts 2008, 229, s. auch 195 ff.

6 Tomasello, aaO, 213; vgl. auch ders., *Why We Cooperate*, Cambridge, Massachusetts 2009, 23, 25 f., 33 f. Weitere Forschungsergebnisse: Ian C. Gilby, Meat sharing among the Gombe chimpanzees, *Animal Behaviour* 71 (4/2006), 953; ders. et al., Ecological and social influences on the hunting behaviour of wild chimpanzees, *Animal Behaviour* 72 (7/2006), 169.

7 Jürgen Habermas, *Some Comments on M. Tomasello, A Natural History of Human Thinking*, 2014, 7 f.

Schmerz, die Geduld und Arbeit des Negativen" galt und für Nietzsche der Anfang vom Elend des Menschengeschlechts ist: die Genealogie der Moral.[8] Noch die aggressivsten Schimpansen haben eine weit bessere Menschenrechts-Bilanz als ihre gerechtigkeitsbesessenen Verwandten.[9] Glückliche Affen.

Nur weil wir (leider) nicht umhin können, uns wechselseitig an Normen zu binden, füllt sich der *Variationspool* der Evolution mit kommunikativen Negationsleistungen abweichenden Verhaltens oder expliziten Widerspruchs, und es kommt schließlich zum Take-Off der *sozialen* Evolution. *Variation* kommt in menschlichen Gesellschaften, so Luhmann, nur durch *nein-Stellungnahmen* zustande:[10] nämlich „durch eine Kommunikationsinhalte ablehnende Kommunikation. (...). Die Ablehnung *widerspricht* der Annahmeerwartung oder auch einfach einer unterstellten Kontinuität des ‚so wie immer'. Alle Variation tritt mithin als Widerspruch auf – nicht im logischen, aber im ursprünglicheren dialogischen Sinn."[11]. Deshalb kann das Zustandekommen sozialer Evolution nicht, wie im Marxismus, durch *Arbeit*, auch nicht, wie bei Tomasello, durch *helping intention* und das kooperative Wesen des Menschen erklärt werden, sondern nur durch *Streit erzeugende Kommunikation.*

Durch kommunikative Negation werden jedoch nicht nur *faktische Erwartungen* enttäuscht (Luhmann), sondern auch *normative Geltungsansprüche* mit guten oder schlechten *Gründen* bestritten (Habermas).[12] Deshalb können Klassenkämpfe oder gar der revolutionäre Streit, in dem es in der Tat um Macht geht und in dem (mit Marx) *Recht gegen Recht* steht, auch nicht allein, wie Marx annahm, durch „Gewalt" „entschieden" werden. Gewalt mag bisweilen der Geburtshelfer *normativer Einsicht* sein, die sich der Einbettung aller großen Revolutionen ins „große Rauschen des Diskurses" (Foucault) verdankt. In diesem Rauschen ist aber nicht nur das „Donnerrollen der Schlacht" (Foucault) vernehmbar, sondern auch der *Wahrheits- und Gerechtigkeitsanspruch* kämpfender Parteien.[13] Würde der Streit zwischen stehendem und entgegenstehendem Recht *nur* durch Macht und Gewalt entschieden, wäre der Diskurs *nur* die Fortsetzung des Kriegs mit anderen Mitteln, käme die Evolution mangels Negationszufuhr rasch zum Stillstand. Nicht zuletzt daran ist der bürokratische Sozialismus gescheitert.[14]

2. Revolution und Evolution

Alles ist Evolution, auch die Revolution. Die Differenz von Revolution und Evolution, die in der Verfassungstheorie als Differenz herrschaftsbegründender (‚revolu-

8 Georg Wilhelm Friedrich Hegel, *Phänomenologie des Geistes*, Hamburg, : Meiner 1955, 24.

9 Lutz Wingert, Die elementaren Strukturen menschlicher Sozialität, *Deutsche Zeitschrift für Philosophie* 59 (2011), 158, 162.

10 Ernst Tugendhat, *Vorlesungen zur Einführung in die sprachanalytische Philosophie*, 1976; Jürgen Habermas, *Theorie des kommunikativen Handelns*, 1981.

11 Niklas Luhmann, *Die Gesellschaft der Gesellschaft*, 1997, 461. Luhmann ist hier (scheinbar) ganz in Übereinstimmung mit eher rationalistischen Philosophen wie Tugendhat, Theunissen, Habermas oder Apel.

12 Karl-Otto Apel, *Paradigmen der Ersten Philosophie*, 2011.

13 Marx, *Das Kapital I* (Fn. 5), 249. Das Zitat ist aus: Michel Foucault, Überwachen und Strafen. Die Geburt des Gefängnisses, Frankfurt : Suhrkamp 1977, 396.

14 Eder (Fn. 2).

tionärer') und herrschaftsbegrenzender (‚evolutionärer') Verfassungen geläufig ist, ist also eine interne Differenzierung der Evolution selbst, im Jargon der Systemtheorie eine reiterative Kopie der Differenz von Revolution und Evolution in die Evolution (re-entry).

Schon Darwin glaubte, dass *natural selection* zwar der wichtigste, höchst wahrscheinlich aber *nicht der einzige* Mechanismus evolutionären Wandels sei. Neben die Theorie der graduellen Anpassung durch umweltspezifische Kumulation von Selektionsvorteilen (‚Evolution') sind mittlerweile zahlreiche Theorien *plötzlichen, katalytischen* und *revolutionären* Wandels (‚Revolution') getreten, die in den Gesellschaftswissenschaften schon immer Konjunktur hatten.[15] Selbst der nicht ganz zu Recht als konservativ geltende Soziologe Talcott Parsons lässt die moderne Gesellschaft gleich aus vier Revolutionen hervorgehen, eine für jede Box des AGIL-Schemas.

Revolutionen können nicht durch schrittweise Anpassung erklärt werden. Dafür fehlt Schnecken, die durch das Absenken des Meeresspiegels plötzlich von ihrer Mehrheitspopulation getrennt werden, ebenso die Zeit wie politischen Revolutionären, für die das Fenster, die Ständeversammlung zur Nationalversammlung zu erklären, nur wenige Stunden geöffnet ist.[16] So wie der Genfluss der Tochter- zur Mutterpopulation unterbrochen ist, so stockt der Kommunikationsfluss der exilierten Revolutionäre zur Mehrheitsgesellschaft. Aber in kleinen, isolierten Schneckenpopulationen können sich Mutationen besser und schneller verbreiten als in der großen Schar ihrer Brüder und Schwestern jenseits des trennenden Riffs. In der Isolation der revolutionären Gemeinschaft, die vom Rest der Welt abgeschnitten ist, verbreiten sich nicht nur Gerüchte, sondern auch neue Ideen wie Lauffeuer.[17] In isolierten Schneckenpopulationen und Rechtsrevolutionen schnellt der Selektionsdruck mit einem Tempo empor, an das sich niemand mehr anpassen kann. Stattdessen entschließen sich Schnecken und Revolutionäre – und, glaubt man Luhmann, mittlerweile die ganze, zur Revolution in Permanenz gewordene, moderne Gesellschaft – zu Experimenten „mit immer gewagteren Unangepasstheiten".[18] Die meisten Experimente scheitern. Die meisten Tochterpopulationen sterben aus. Die meisten Aufstände und Revolutionen werden im Blut der Aufständischen ertränkt. Zwar sind die erfolgreichen Revolutionen angepasst, sonst würden sie nicht überleben. Aber die europäischen Monarchien waren Ende des 18. Jahrhunderts weit besser angepasst als die Französische Republik. Schließlich haben der Zar und der König von Preußen Napoleon und die Jakobiner gefressen – und nicht umgekehrt. Aber die Revolution hat trotzdem gesiegt, weil sich ihre Idee bereits in der Geschichte verkörpert hatte, so dass sie – wie Kant etwas zu optimistisch sagt – „sich nicht mehr

15 Zu der revolutionären und – wie wir in Kap. III, 3 noch sehen werden – vermeintlich restaurativen, in jedem Falle aber auch als Reaktion revolutionär konstituierten Gesellschaftstheorie und Soziologie vgl. Herbert Marcuse, *Vernunft und Revolution: Hegel und die Entstehung der Gesellschaftstheorie*, 1989. Das rechtshegelianische Komplement ist: Robert Spaemann, *Der Ursprung der Soziologie aus dem Geist der Restauration*, Stuttgart : Klett-Cotta 1998.

16 Karl Marx, *Der 18. Brumaire des Louis Bonaparte*, MEGA I/11, 1985, 96, 101.

17 Vgl. nur Arlette Farge, *Lauffeuer durch Paris. Die Stimme des Volkes im 18. Jahrhundert*, Stuttgart : Klett-Cotta 1993.

18 Luhmann (Fn. 12), 433, 446. Ähnlich schon John Dewey, vgl. Hauke Brunkhorst, Hg.: *Demokratischer Experimentalismus. Politik in der komplexen Gesellschaft*, 1998.

vergisst". Verfassungsgebung war 1814 unvermeidlich zum *normativen Constraint* der nachfolgenden Evolution geworden.[19]

3. Normative Constraints

Was spontane Mutation und Emergenz für Schnecken, Biologen und Systemtheoretiker, ist für Verfassungstheoretiker vom Schlage Hannah Arendts oder Carl Schmitts der „Abgrund der Freiheit", die „Schöpfung aus dem Nichts" (Arendt), der „Urgrund aller Formen", das „formlos Formende" (Schmitt).[20] Aber die *verfassungsgebende Gewalt*, gewiss ein Experiment mit hoch riskanter Unangepasstheit, kommt nicht aus dem Nichts. Zwar „bestimmen" die als verfassungsgebende Gewalt handelnden „Menschen Art und Form ihrer eigenen politischen Existenz kraft einer bewussten Entscheidung selbst"[21]. Aber sie tun das weder auf der grünen Wiese des Naturzustands noch im rechtsfreien Raum, sondern können ‚Art und Form ihrer eigenen politischen Existenz' immer nur *innerhalb* des geschichtlichen Kontinuums von positivem Recht und schlüssiger Argumentation ‚bewusst' ‚selbst' ‚bestimmen'. Gerade die freie, an nichts Vorgegebenes gebundene Entscheidung ist nur möglich, indem sie das Vorgegebene *im* Vorgegebenen *verändert.* Um im evolutionär anschlussfähigen Bild Schmitts zu bleiben, können die Menschen „neue Formen und Organisationen" nur *im Fluss* der Diskurse des objektiven Geistes „aus sich herausstellen", ohne aus dem Kontinuum der Rechtsevolution je ausbrechen und an die ohnehin fiktive, vorrechtliche „*Quelle*" seiner „Kraft" je zurückkehren zu können.[22] ‚Bewusst' sind ‚Entscheidungen', das Bestehende aufzulösen und neu zu (be-)gründen dann und nur dann, wenn sie an das Bestehende in Akten reflexiver Negation an*schließen* können.

Die verfassungsgebende Gewalt kann nur deshalb so radikal mit der Vergangenheit brechen, dass sie selbst als formlos Formendes und das Geformte wie eine Schöpfung aus dem Nichts erscheint, *weil* sie rational motiviert ist. Nur sofern sie rational motiviert ist, bildet sie mit allen früheren Formen rationaler Motivierung, ja mit allen wirklichen und möglichen Schlussfolgerungen, ja allen symbolischen *Formen* im Netzwerk unseres kommunikativen Sprachgebrauchs ein in sich differenziertes *Kontinuum.* „Alles Vernünftige ist ein Schluss", sagt Hegel, und er hätte es gleich über das Gesamtwerk Robert Brandoms schreiben können.[23] Die auf den ersten Blick paradox anmutende Behauptung eines inneren Zusammenhangs von radikalem Bruch und Neuanfang auf der einen Seite – die Verfassung als Ausdruck

19 Volker Sellin, *Die geraubte Revolution. Der Sturz Napoleons und die Restauration in Europa*, 2001.

20 Hannah Arendt, *Vom Leben des Geistes 2: Das Wollen*, München 1979, 197 ff.; Carl Schmitt, *Verfassungslehre*, Berlin : Duncker & Humblot 1989 (1928), 79 f., s. auch 77 f., 92.

21 Schmitt, aaO, 78.

22 Schmitt, aaO, 79 (Hervorhebung d. Verf.). Schon beim geologischen Fluss ist die eine, alles erzeugende Quelle Fiktion substanzieller Souveränität, speist er sich doch ganz demokratisch aus endlos vielen Quellen, die ihn vom Anfang bis zur Mündung begleiten, am Laufen halten und immer mächtiger werden lassen.

23 Georg Wilhelm Friedrich Hegel, *Philosophie des Rechts. Die Vorlesung von 1819/20 in einer Nachschrift*, hg. von Dieter Henrich, Frankfurt : Suhrkamp 1983, 61; vgl. a. ders., *Wissenschaft der Logik II*, 308 f.; Robert Brandom, *Making It Explicit: Reasoning, Representing & Discursive Commitment*, 1994.

einer neuen Gesellschaftsformation – mit einem Kontinuum rationaler Argumentation und Motivierung auf der andern Seite, erklärt sich ganz einfach aus der *negativen Kraft der Kritik*. Sie lässt alles „Stehende und Ständische" „verdampfen", ohne doch je das inferentielle Kontinuum der „ständisch" „stehenden" (Marx) und aller früheren und späteren Gestalten der Vernunft zu verlassen. Im Medium der Kritik bleibt die Kontinuität schlüssiger oder unschlüssiger Argumentation, zutreffender oder unzutreffender Begründung, passender oder unpassender Bedeutung (von Ausdrücken wie Freiheit, Gleichheit usw.) auch dann bestehen und Maßstab der Kritik, wenn sie alle bisherigen Vorstellungen richtigen Lebens über den Haufen wirft. Nur im Kontinuum von Argumentation, Negation und Kritik lässt sich überhaupt von einem radikalen *politischen* Neuanfang der *Freiheit* sprechen. Wäre das revolutionäre Freiheitsverständnis durch einen Abgrund von allen bisherigen Verständnissen politischer Freiheit getrennt, der auch noch das Kontinuum schlüssiger Kritik reißen lässt, könnte man überhaupt nicht mehr von einem *neuen* Freiheitsverständnis (und auch nicht von neuen Formen des Schließens) sprechen – sondern nur noch von blinder Faktizität – wenn man nicht gleich auf „Wunder" (Arendt), das ganz Andere oder den plumpen Fetischismus der Gewalt (Carl Schmitt), und sei es der göttlich waltenden (Walter Benjamin), setzen will. Der Sinnzusammenhang schlüssiger Überlegungen, der die eine Revolution mit der anderen, das Ancien Régime mit der neuen Gesellschaft vergleichbar macht, wäre gerissen und der Neuanfang keiner mehr, den man noch als solchen identifizieren könnte.

Die Kritik aber, nichts weiter als eine von vielen Formen der Negation, ist selbst Teil der sozialen Evolution. Die geschichtlichen Gestalten der Vernunft, die sie kritisiert, sind selbst nur institutionelle, zu „eingefleischter Gewohnheit" „verhärtete" (Peirce) Negationsleistungen, deren quantitatives Wachstum die soziale Evolution hervorgebracht hat und auf ständig erweiterter Stufenleiter solange reproduziert, bis sich ihre Spur wieder im Getriebe der Evolution verläuft. Hegel nennt eingefleischte Gewohnheiten dieser Art objektiven Geist, und ihr Paradigma ist das Recht. Zumindest das moderne Recht ist aber nicht nur eingefleischte, meist schlechte Gewohnheit, sondern auch positives, also änderbares und deshalb *kritisierbares* Recht, das – spätestens seit der Päpstlichen Rechtsrevolution des 11. Jahrhunderts – für seine Bestimmung als Medium egalitärer Emanzipation offen ist. Das bringen Formeln wie die vom Recht als *Dasein der Freiheit* (Hegel) dann auf den Begriff. Bei aller Affinität zur Freiheit aber bleibt das Recht auch und zuerst *Dasein*[24]: Faktizität und Klassenjustiz.

Ich will versuchen, die Dialektik von revolutionärem Neubeginn und Rationalitätskontinuum an einem berühmten, auch von Carl Schmitt diskutierten Beispiel aus der Geschichte der großen Rechtsrevolutionen zu erläutern. Als Emmanuel Joseph Sieyès am 17. Juni 1789 für die Umwandlung der Ständeversammlung in die erste Nationalversammlung plädierte, die Mehrheit der Versammelten auf seine Seite zog und sich und die kleine Gruppe der anwesenden Ständevertreter (der Adel war nicht in ausreichender Zahl erschienen) damit von aller bisherigen Geschichte verabschiedete, stand er inmitten eines dichten, mehr oder weniger schlüssigen, ununterbrochenen Kommunikationsflusses. Dieser, latent revolutionäre, Kommunika-

24 So zu Recht: Christoph Möllers, *Die Möglichkeit der Normen. Über eine Praxis jenseits von Kausalität und Moralität*, im Erscheinen.

tionsfluss war dem transatlantischen Diskurs des ganzen 18. Jahrhunderts (unter wie immer selektiver Einbeziehung der damals bekannten Textmasse der Vergangenheit) entsprungen. Ohne ihn wäre der Schlüsseltext der Revolution, die von Sieyès im kalten Januar 1789 verfasste Flugschrift ‚*Was ist der Dritte Stand?*' ein bedeutungsloser Fetzen Papier geblieben, wahrscheinlich gar nicht entstanden. Ohne den endlosen Strom der Beschwerdehefte, die Gerüchte auf den Straßen von Paris und die Zeitungsvorleser in den Caféhäusern, ohne die heftige, öffentliche Debatte über das Thema und die Flugschrift, die im Vorfeld der Ständeversammlung immer lauter und hysterischer wurde, kurz: ohne das große Rauschen des Diskurses und das Hin und Her der Argumente, wäre der 17. Juni 1789 nicht zum ersten Tag der Revolution geworden.[25]

Der Erfolg des unangepassten revolutionären Akts erklärt sich aber nicht nur aus dem keineswegs formlosen Rauschen des Diskurses und der Bindungskraft seiner Argumente. Er erklärt sich auch aus der Kontinuität *institutionell bereits verkörperter Vernunft*. Die *Gesetzeskraft*, die den (guten oder schlechten) Argumenten des Emmanuel Josef Sieyès und seiner Genossen schließlich zuwächst, *kommt nicht aus dem institutionellen Nichts*. Die revolutionäre Gesetzeskraft, die Mutation der königlichen Souveränität zur Souveränität des Volkes, konnte nur *in* der Verfassungsinstitution des alten, monarchischen Regimes, der Ständeversammlung, *oder eines funktionalen Äquivalents konstitutioneller Art*, erzeugt werden. Der revolutionäre Akt der Aufhebung und Neugründung hatte den ‚Dritten Stand' *als* Rechtsbegriff der alten, ständischen Verfassung ebenso zur Voraussetzung wie das Abstimmungsverfahren der alten Versammlung, in dem der Klerus sich in ständisch getrennter Abstimmung zwei Tage später, am 19. Juni, dem Dritten Stand anschloss. Der Dritte Stand seinerseits konnte sich nur *in* der Ständeversammlung zur Vertretung der Nation erklären und die Ständeversammlung konnte sich nur *als* Ständeverfassung *in* der Ständeversammlung und nach Verfahrensnormen, die deren Satzung vorschrieb, also durch deren eigenes, formelles Verfahrensrecht, aufheben. Erst nach diesem derogativen Rechtsakt der *Ständeversammlung – ultra vires* zwar, aber immer noch ein *keineswegs vorbildloser* Rechtsakt des *Ancien Régime*, also ein ausbrechender Rechtsakt *innerhalb* des *alten* Rechtscodes – konnte sich die *vorbildlos neue* Versammlung (kontrafaktisch) auf den Willen der Nation berufen und die Nationalversammlung konstituieren.[26]

25 S. nur Farge (Fn. 17).

26 Die Erklärung der Ständeversammlung zur Nationalversammlung lag durchaus in der Logik der Verdoppelung der Vertreter des Dritten Standes (600 statt 300 Vertreter von 98 % der Bevölkerung), die aber verfassungsrechtlich nur eine Scheindemokratisierung war, denn nach wie vor stimmten die Stände nach altem Wahlmodus getrennt ab, so dass sich das Gewicht des Dritten Standes im Ergebnis der Abstimmung nicht änderte. Außerdem war der Wahlmodus von vornherein strittig und der Streit zog sich durch alle Stände und Verfassungsinstitutionen des Ancien Régime. Die Ständeversammlung hatte zwar ‚nur' beratende Funktion, aber die *musste* der Fürst in der Regel angemessen zur Geltung kommen lassen. Absolut (verfassungsfrei) war seine Herrschaft nie, auch nicht in den 175 Jahren ohne Ständeversammlung. Weit über die beratende Funktion hinaus hatte das Parlament von Paris der Ständeversammlung schon zwei Jahre zuvor die alleinige Kompetenz zugeschrieben, neue Steuern zu erheben. Da der König den ausbrechenden Rechtsakt (ultra vires) schließlich – nachdem er zuvor versucht hatte, ihn aufzuheben (23. Juni), sich aber in der Thronsitzung nicht durchsetzen konnte – akzeptierte (27. Juni), wurde der Ausbruch noch innerhalb der monarchistischen Verfassung geheilt und der Weg zur Verfassungsgebenden Nationalversammlung (9. Juli) und damit auch zur (schrittweisen) Aufhebung

In einer ganz ähnlichen rechtlichen Prozedur hatte sich schon die Amerikanische Unabhängigkeitserklärung von 1776 der Leiter der monarchistischen Tyrannenanklage gegen den König bedient und bedienen *müssen*, um den Eingang zur Republik zu erklimmen und die Leiter dann fortzuwerfen.

Kurz: Ohne die Waffe der Kritik, die sich des Kontinuums frei fließender Argumentationströme (großes Rauchen des Diskurses) ebenso bedient wie der institutionellen Verhärtung und Verkörperung mehr oder minder vernünftiger Argumente (objektiver Geist), keine Revolution, auch wenn die Waffe der Kritik nur in seltenen Glücksfällen der Geschichte die umstürzende Kritik der Waffen (wohl aber den Fetischismus der Gewalt) überflüssig macht.

Formlos, an der Quelle sitzend, im Urgrund grabend, auf der Straße schreiend, am Abgrund verzweifelnd, zum Sprung entschlossen oder im Parkgelände des Naturzustands deliberierend, wären die revolutionären Akte von Paris und Philadelphia unmöglich gewesen. Ein *institutionelles Moment der Kontinuität* ist im radikalen Umbruch der Revolution, die das Kontinuum sprengt, offenbar genauso notwendig wie das *Kontinuum des argumentativen Diskurses*, der den zufallsabhängigen, diffusen und richtungslosen, aber *nicht unschlüssigen* Fluss kommunikativer Variation speist, indem er sich beständig selbst kritisiert.

Das formlos Formende, die spontane Mutation, der Abgrund der Freiheit und die plötzliche Emergenz entsprechen zwar der partizipativen *Erfahrung* revolutionären Wandels, aber sie können nicht *erklären*, wie und wodurch neue organische oder gesellschaftliche Formationen entstehen, denen die Zeit für Reformen und graduelle Anpassung fehlt. In der Revolution muß deshalb die *extrinsische* Motivierung durch externe Selektionsmechanismen der je spezifischen Umwelt – Piagets Assimilation (Darwins *natural selection*) – von *intrinsischer* Motivierung durch „interne Bedingungen" und „Eigengesetzlichkeiten", die organische oder soziale Verhaltensweisen regeln – Piagets Akkommodation (Goulds *constraints*) –, ergänzt werden.[27] So setzt der *Bauplan* (Gould) einer Tierart, setzt der Chitinpanzer von Insekten der Anpassung durch Größenwachstum ebenso enge Grenzen (*constraints*) wie eine Formation des moralischen Bewusstseins, beispielsweise der moderne Kult des Individuums (Durkheim), der symbolischen Stratifizierung durch strikte Kleiderordnungen, ständische Tischsitten und der ständigen Überwachung des privaten Lebens, wie sie für antike Klassengesellschaften typisch war, normative Constraints (Schranken) auferlegt.[28]

der Monarchie *von innen* geöffnet. Das war dann wirklich ein Jahrtausendereignis und erzeugte am 17. Juni praktisch über Nacht ein völlig neues politisches System, das auf einer historisch vorbildlosen, vom König unabhängigen Gewalt der Nationalversammlung als direkter Volksrepräsentation gegründet war. Es war als Ereignis ein „Abgrund der Freiheit". Aber es war kein Akt ir- oder auch nur a-rationaler Freiheit. Ganz im Gegenteil, wie wir gesehen haben. Zur Ereignisgeschichte knapp: Albert Soboul, *Die Große Französische Revolution*, Frankfurt : Athenäum 1988, 106 ff., Francois Furet / Denis Richet, *Die Französische Revolution*, Frankfurt: Fischer 1987, 89 ff.; Horst Dreier, „Revolution und Recht", in: ZÖR 69/ 2014, 805–853.

27 Detlef Weinich, ‚Constraints' im Zivilisationsprozess. Das Konzept der Eigengesetzlichkeit bei Norbert Elias im Lichte neuerer evolutionsbiologischer, insbesondere systemtheoretischer Konzepte, in: *Soziale Evolution* (2003), hg. von Tamas Meleghy / Heinz-Jürgen Niedenzu, 2003, 218–266, 223.

28 Zur Überwachung des privaten Lebens in der antiken Klassengesellschaft s. nur: Paul Veyne, „Das Römische Reich", in: *Geschichte des privaten Lebens*, hg. von dems., 1989, 170 f.; Virginia J. Hunter, *Policing Athens*, 1994, 70 ff., 89 ff.

Nicht jedes Organ eignet sich als interner *constraint*, besonders deutlich treten Anpassungsbeschränkungen an Erfindungen wie denen der Wirbelsäule und der Lunge hervor, während das Auge, zumal im Verbund der übrigen Sinnesorgane, nahezu jede gewünschte Anpassungsleistung vollbringen kann.[29] Ähnliches dürfte für den Unterschied zwischen subjektiven Rechten und der Straßenverkehrsordnung (oder für den zwischen „hard cases" und „soft cases") gelten.[30]

Die internen Bedingungen, die in bestimmten Fällen revolutionären Wandel erklären können, sind vielfältig und erstrecken sich von vornormativen Verhaltensweisen tierischer Organismen über ein weites Feld normativer Verhaltensweisen sozialer Gruppen. Sie schließen das moralische Bewusstsein ebenso ein wie abstrakte und systemisch verfestigte Rechts- und Verfassungsformationen.[31] Ein Beispiel intrinsisch motivierender, normativer Constraints sind die im Alltagsleben etablierten, nach dem Muster ‚wer A sagt, muss auch B sagen' normativ bindenden, logischen Schlussverfahren.[32] Ein Beispiel ganz anderer Art ist die innere Bindung der heutigen Weltgesellschaft an die Semantik der Menschenrechte und der Menschenwürde.[33] Durch diese Semantik werden Anpassungsverbesserungen durch Experimente mit Konzentrationslagern, Eugenetik, Euthanasie, Massenvernichtung und rassistischer Selektion normativ limitiert. Die internationalrechtliche Semantik von Menschenwürde und Menschenrechten dürfte auch zur Universalisierung der ursprünglich strikt auf den Nationalstaat beschränkten, normativen Exklusion von Ungleichheit in der zweiten Hälfte des 20. Jahrhunderts beigetragen haben.[34]

Die Zivilisationstheorie von Norbert Elias ist ein klassisches Beispiel aus der historischen Sozialforschung, in der es um *interne Bedingungen* oder *Eigengesetzlichkeiten* geht, die den Effekt normativer Constraints haben. Elias zeigt, dass die darwinistischen „Außenfaktoren" natürlicher und sozialer Selektion nur in dem *vorab eingegrenzten Rahmen* von „Institutionen" (Landwegenetz, Rechtssicherheit, Fernhandel, Urbanisierung, Geldwirtschaft, Korporationsfreiheit) und sozialpsychologischen „Mechanismen der Affektkontrolle" (Tischsitten, Gewaltschranken) zur Geltung kommen können, die graduellem Wandel durch Anpassung enge, normative Grenzen ziehen und die Evolution dadurch in eine bestimmte Richtung (Zentralisierung, Zivilisierung, nationale und supranationale Staatsbildung) lenken.[35]

Das Beispiel ist auch deshalb so interessant, weil die internen, normativen Constraints, die den Königen des sogenannten Mittelalters den Weg in den modernen Staat erschlossen haben, selbst das ganz und gar unbeabsichtigte Resultat eines (von

29 Vgl. Axel Lange, *Darwins Erbe im Umbau. Die Säulen der erweiterten Synthese in der Evolutionstheorie*, 2012, 54 ff.

30 Ronald Dworkin, *Bürgerrechte ernstgenommen*, Frankfurt : Suhrkamp, 1984.

31 Zum weiten Feld: Möllers (Fn. 24).

32 Wilhelm Kamlah / Paul Lorenzen, *Logische Propädeutik. Vorschule vernünftigen Redens*, 1967; Brandom (Fn. 23).

33 Zu den zwei Arten der Normativität logischen Schließens und moralischer Urteile: Jürgen Habermas, *Wahrheit und Rechtfertigung*, 2004; zur Semantik vgl. auch Niklas Luhmann, *Das Recht der Gesellschaft*, 1995, letztes Kapitel.

34 Vgl. Chris Thornhill, *A Sociology of International Human Rights Law*, 2014. Zur Exklusion von Ungleichheit im Nationalstaat Rudolf Stichweh, *Die Weltgesellschaft*, 2000, 52.

35 Norbert Elias, Über den Prozeß der Zivilisation, 2 Bde., 1976; vgl. auch Weinich (Fn. 28).

Elias nicht mehr in Rechnung gestellten) *normativen Lernprozesses* sind.[36] Dieser Lernprozess hat in den einsamen, von undurchdringlichen Wäldern umgebenen, nur mühselig über verfallene Römerstraßen erreichbaren Klöstern die Mutation der Ideenevolution immens beschleunigt und Revolutionäre gezüchtet. Er hat erst die Päpstliche Revolution des 11. Jahrhunderts mit der *fundamentalistischen Schubkraft moralischer Motive* versorgt, dann den ersten modernen Rechtsstaat in Gestalt der kosmopolitischen Universalkirche möglich gemacht und ein akademisch professionalisiertes Rechtssystems – mit der unmittelbare Folge funktionaler Differenzierung (selbstreferentielle Schließung) – hervorgebracht.

Die frommen Mönche, die zunächst das wiederentdeckte römische und das zerstreute kanonische Recht um seiner Heiligkeit willen gesammelt, studiert und logisch, nach syllogistischen und dialektischen Prinzipien geordnet und systematisiert hatten, *wollten* aber weder ein funktional differenziertes Rechtssystem in die Welt setzen noch die ihnen verhasste, weltliche Herrschaft durch rationales Recht stabilisieren. Was ihre Zustimmung fand und in ihrem Vorstellungshorizont Platz hatte, war lediglich die Bereitstellung des neu geschaffenen und systematisierten Rechtskorpus (Corpus Juris Canonici, Corpus Juris Civilis) für praktische Zwecke, für die Verrechtlichung der Kirche, die Gründung von Gerichten und Universitäten, die Einrichtung von Instanzenzügen. Die Gründungsakte gehen aufs Konto der Akteure. Sie wollten die ganze Welt, das ganze, noch mit Fabelwesen, unsterblichen Seelen, Engeln, Himmel, Hölle und Vorhölle bevölkerte Universum in eine einzige, große Rechtsgenossenschaft verwandeln. Sie wollten die postmortale Existenz des Menschen bis ins Jüngste Gericht verrechtlichen und in viele Instanzen zergliedern. Sie wollten die diesseitige Welt durch Recht verbessern, reformieren und das Reich Gottes schon hier auf Erden ein Stück weit verwirklichen. Die frommen, gelehrten und juristisch versierten Mönche haben den von ihnen geschaffenen Korpus des gelehrten Rechts als Teil des makroskopischen Corpus Christi verstanden und den Corpus Christi als eine einzige, große Rechtskörperschaft. Sie haben die Inkarnation Gottes im Elend der Welt nicht mehr nur konkret als *personale*, sondern auch als *gesellschaftliche* Verkörperung im abstrakten Recht verstanden. Die gewaltige intellektuelle Abstraktionsleistung, die das möglich gemacht hat, geht allein auf ihr Konto.

Dieses Recht war – zumindest in der weströmischen Weltprovinz – das erste professionelle Recht, das nicht mehr nur Koordinationsrecht der herrschenden Klassen, also Zivilrecht, war, sondern zugleich einen egalitären Erlösungs- und Befreiungssinn hatte: die erste Gestalt des Rechts als Dasein der Freiheit. Damit wurde der *Kantian constitutional mindset* (Koskenniemi) lange vor Kant zur normativen Schranke erblindeter Selbsterhaltung: der Anpassung um jeden Preis, die heute zum täglichen Morgensegen der neoliberalen Propaganda geworden ist. Mit der – im 12. Jahrhundert noch buchstäblich verstandenen – Inkarnation des *Kantian mindset* wird der existierende Begriff des modernen Rechts zu dessen „daseiendem Widerspruch" (Hegel). Einmal im Recht verkörpert, kann der *Kantian mindset* „be halted or inhibited. But it cannot be eliminated".[37]

36 Dazu und zum Folgenden: Hauke Brunkhorst, *Critical Theory of Legal Revolutions – Evolutionary Perspectives*, 2014, 90ff.

37 Alexander Somek, *Europe: From emancipation to empowerment*, 2013, 8.

Die Mönche und Kleriker wollten ein Recht der Freiheit, zumindest eines, das die Freiheit der Kirche verwirklicht. Die von vornherein juristisch verstandene, gleichzeitig jedermann verständliche *Libertas Ecclesiae*, wurde zur Parole der Revolution. Aber die Mönche und Kleriker wollten ein widerspruchsfreies Recht. Dieses Recht sollte sich der Dialektik methodisch bedienen, um die bestehenden Widersprüche in den Quellen zu beseitigen: *Concordantia discordantium canonum* war Gratians Wahlspruch, noch weit entfernt von Hegels dialektischer Verschärfung zum daseienden Widerspruch. Was aber *niemand* im 12., 13. und 14. Jahrhundert *gewollt* oder *gebilligt* hatte oder auch nur *verstehen* konnte, war die erst sehr viel später entdeckte *soziale Tatsache*, dass ausgerechnet die planmäßig betriebenen, von Erlösungshoffnungen beschleunigten Gründungen, dass ausgerechnet die akademische Professionalisierung des Rechts den gewaltigen Prozess *funktionaler Differenzierung* ausgelöst hat, der die moderne Gesellschaft bis heute prägt. Mit der gewollten Akademisierung war *gleichzeitig* die von niemandem gewollte *Realabstraktion* des Rechts zum Funktionssystem vollzogen worden, dem bald die Realabstraktionen der Macht und des Geldes folgen sollten. Kein Wunder, dass Recht dann auch bald als tiefgreifende Entfremdung wahrgenommen und die Parole „Juristen, schlechte Christen" (Luther) zum Schlachtruf einer weiteren Rechtsrevolution wurde, die die Entfremdung nicht beseitigt, sondern vertieft, aber auch neue Freiheitsperspektiven erschlossen hat.[38]

Damit komme ich zum Schluss. Erst die intrinsisch motivierenden *Eigengesetzlichkeiten* (organischer Bauplan, Chitinpanzer, Rückgrat, moralisches Bewusstsein, argumentative Verbindlichkeiten, Rechtsformationen) können *erklären*, wie es in der Evolution zu sprunghaftem, revolutionärem Wandel überhaupt kommen kann. Sie geben der fortlaufenden Evolution eine *bestimmte Richtung*, aber kein Telos vor: *„Historical and structural constraints* [are] channelling directions of evolutionary change".[39] Die eigengesetzlichen *constraints* „setzen der Formbarkeit durch natürliche Auslese eine *Grenze*", die aus *„internen Faktoren der Evolution*, also [den] evolutionsgestaltenden Kräfte[n]" der „sich entwickelnden Einheit" erklärt werden muss.[40]

Aber erst die Produktion solcher Eigengesetzlichkeiten durch *normative* Lernprozesse erklärt, warum in der *sozialen* Evolution revolutionärer Wandel ohne Anpassung und Selektionsvorteil als zweiter Mechanismus neben graduellen Wandel durch Anpassung und Selektionsvorteil treten konnte. Die normativen Lernprozesse versorgen, um es zu wiederholen, die großen Rechtsrevolutionen mit der *Schubkraft moralischer Motive*. Deshalb gilt mit Luhmann gegen Luhmann: Nicht die Gerechtigkeitsvorstellungen folgen der Anpassung, sondern die Anpassung ist ihrerseits der Gerechtigkeit unterworfen.

38 Vgl. Brunkhorst (Fn. 37), 147 ff.

39 Steven Jay Gould, *The Structure of Evolutionary Theory*, 2002, 26 (Hervorhebung d. Verf.); ders., A Developmental Constraint in Cerion, with Comments of the Definition and Interpretation of Constraint in Evolution, *Evolution* 43 (1989), 516, 517; s. auch Marc Amstutz, *Evolutorisches Wirtschaftsrecht*, 2001, 268–270.

40 Amstutz, aaO, 267, 269.

Gunther Teubner (Frankfurt am Main)

Paradoxien transnationaler Verfassungen

I. Vier merkwürdige Phänomene

Ich möchte eine Verbindung herstellen zwischen vier auffälligen, aber voneinander weit entfernten Phänomenen, über deren Interpretation weitgehend Unsicherheit besteht. Das erste auffällige Phänomen ist die dramatische Expansion des Richterrechts gerade in transnationalen Kontexten. Schon im Nationalstaat war es anstößig genug. Doch nun behaupten Völkerrechtler und Verfassungssoziologen, dass sich in transnationalen Regimes dieser Trend ungebremst fortsetzt und sogar beschleunigt. Ja, Christopher Thornhill, der zur Zeit führende Verfassungssoziologe, bricht mit der traditionellen Vorstellung, dass es sich bei dem pouvoir constituant um ein vorrechtliches Phänomen handelt, das die politische Ordnung transnationaler Regimes legitimiert. Der transnationale pouvoir constituant liege heute bei nationalen Verfassungsgerichten, nationalen Gerichten, internationalen Gerichten, transnationalen Schiedsgerichten.[1]

Auffallend ist zum anderen eine zu beobachtende neuerliche Wiederkehr des Naturrechts. Während Philosophen, Historiker und Rechtstheoretiker den Tod des Naturrechts diagnostizieren, feiern rechtsphilosophische Autoren progressiver ebenso wie konservativer Provenienz, aber auch Richter in ihrer Entscheidungspraxis, die Auferstehung naturrechtlich fundierter Argumente.[2] Und das nicht nur im Dauerboom von Grund- und Menschenrechten.

Ein drittes auffälliges Phänomen ist eine Richtungsänderung der Protestbewegungen, in der sich nach Meinung einiger Beobachter eine neue politische Qualität verwirklicht.[3] Brent Spar, World Social Forum, Gorleben, animal-rights-Proteste gegen Universitäten, companynamesucks, Stuttgart 21, Wikileaks, indegnados, Occupy Wall Street, … – ihnen ist gemeinsam, dass sich zivilgesellschaftliche Proteste zunehmend nicht (nur) gegen den Staat richten, sondern selektiv und zielbewußt gegen die organisiert-professionellen Instanzen der Wirtschaft und anderer Funktionssysteme, die für gravierende Fehlentwicklung verantwortlich gemacht werden.

Auffällig ist schließlich – viertens – der höchst unterschiedliche Status von verschiedenen Verfassungstypen – Staatsverfassungen, Wirtschaftsverfassungen, Wissenschaftsverfassungen. Deutlich ist die Dominanz, wenn nicht gar das Monopol,

1 Chris Thornhill, A Sociology of Constituent Power: The Political Code of Transnational Societal Constitutions, *Indiana Journal of Global Legal Studies* 20 (2013), 551–603; Yuval Shany, No longer a Weak Department of Power? Reflections on the Emergence of a New International Judiciary, *The European Journal of International Law* 20 (2009), 81–91.

2 Einen Überblick über neuere Naturrechtstheorien bietet Kenneth Einar Himma, *Natural Law in der Internet Encyclopedia of Philosophy*, http://www.iep.utm.edu/natlaw/. Besonders starke Wirkung haben naturrechtliche Konzepte im Bereich der Menschenrechte, z. B. Otfried Höffe, *Demokratie im Zeitalter der Globalisierung*, 2002; Matthias Mahlmann, Varieties of Transnational Law and the Universalistic Stance, *German Law Journal* 10 (2009), 1325–1336.

3 Robert O'Brien et al., *Contesting Global Governance: Multilateral Economic Institutions and Global Social Movements*, 2002, 2.

von Staatsverfassungen in der Praxis wie in der Theorie. Schon prekärer ist der Status von Wirtschaftsverfassungen. [4] Die Existenz einer Wissenschaftsverfassung wiederum wird eigentlich nur im metaphorischen Sinne behauptet. [5] Warum dieser unterschiedliche Verfassungsstatus der gesellschaftliche Teilsysteme?

Meine These ist: Der Witz, der diese drei entfernten Phänomene miteinander verbindet, liegt im schwierigen Umgang mit den Gründungsparadoxien der Verfassungen – und zwar nicht nur der Staatsverfassung, sondern gerade auch der Verfassungen anderer Sozialsysteme.[6] Mein Ausgangspunkt ist Luhmanns Argument (II.), dass das Recht mithilfeder Staatsverfassung seine Gründungsparadoxie in die Politik externalisiert und die Politik die ihre in das Recht. Darüber hinausgehend muss man die Frage aufwerfen (III.), ob – und wenn ja wie – das Recht auch gegenüber anderen gesellschaftlichen Teilsystemen eine ähnliche De-Paradoxierung verfolgt. In der Gegenrichtung stellt sich die gleiche Frage (IV.), ob auch andere Sozialsysteme ihre Paradoxien wie die Politik mithilfe einer Verfassung in das Recht externalisieren oder ob sie mit alternativen De-Paradoxierungen arbeiten.

II. Wechselseitige Paradoxieexternalisierung in Recht und Politik

Ausgangspunkt ist Niklas Luhmanns Theorie der Staatsverfassung, in welcher der Umgang mit den Gründungsparadoxien des Rechts und der Politik eine zentrale Rolle spielt.[7] Wenn das Recht sich auf die binäre Codierung Recht/Unrecht gründet, verstrickt es sich bei der unvermeidlichen Anwendung des Codes auf sich selbst in die Paradoxien der Selbstreferenz. Letztlich erwies sich nur die eine Strategie der Entparadoxierung als historisch erfolgreich, nämlich mithilfe der Staatsverfassung das Rechtsparadox in die Politik zu externalisieren. Umgekehrt hatte die Politik mit einem intern unlösbaren Paradox zu kämpfen – der Bindung nichtgebundener Souveränität. Erleichterung schaffte erst dessen Externalisierung in das Recht, was wieder die Staatsverfassung bewerkstelligt. Die Verfassung bindet die ungebundene Souveränität an die Verfahren des Rechts. Die Staatsverfassung als strukturelle Kopplung von Recht und Politik ist also dadurch gekennzeichnet, dass eine *reziproke Externalisierung der Gründungsparadoxien von Politik und Recht* stattfindet.

Ist diese Theorie der politischen Verfassung generalisierbar? Externalisieren auch andere Sozialsysteme ihre Paradoxien in das Recht und umgekehrt dergestalt, dass

4 Etwa David Schneiderman, *Constitutionalizing Economic Globalization: Investment Rules and Democracy's Promise*, 2008.

5 Weitergehend, jedoch mit gebührender Vorsicht Ino Augsberg, Wissenschaftsverfassungsrecht, in: *Der Eigenwert des Verfassungsrechts: Was bleibt von der Verfassung nach der Globalisierung?*, hg. von Thomas Vesting/Stefan Korioth, 2011, 203–223, 223.

6 Zur aktuellen Debatte um gesellschaftliche Teilverfassungen, besonders im transnationalen Raum Poul F. Kjaer, *Constitutionalism in the Global Realm: A Sociological Approach*, 2014; Grahame Thompson, The Constitutionalisation of Everyday Life, in: *The Evolution of Intermediary Institutions in Europe: From Corporatism to Governance*, hg. von Poul Kjaer/Eva Hartmann, 2015; Gunther Teubner/Anna Beckers (Hg.), *Transnational Societal Constitutionalism*, 2013.

7 Niklas Luhmann, Verfassung als evolutionäre Errungenschaft, *Rechtshistorisches Journal* 9 (1990), 176–220; ders., Zwei Seiten des Rechtsstaates, in: *Conflict and Integration: Comparative Law in the World Today*, hg. von The Institute of Comparative Law in Japan, 1989, 493–506; ders., Politische Verfassungen im Kontext des Gesellschaftssystems, *Der Staat* 12 (1973), 1–22, 165–182.

neben der Staatsverfassung auch andere Teilsystemverfassungen – Wirtschaftsverfassung, Medienverfassung, Religionsverfassung – als Instrumente der Paradoxiebewältigung fungieren?

III. De-Paradoxierungen des Rechts

1. Staatsverfassung

Die Rechtsparadoxie in das politische System des Nationalstaats zu externalisieren, war historisch ein solcher Erfolg, dass dies – trotz gelegentlicher Zweifel – bis Ende des 20. Jahrhunderts nicht nur im Verfassungsrecht, sondern flächendeckend in allen Rechtsgebieten durchgesetzt wurde.[8]

Dass diese Totalexternalisierung der Rechtsparadoxien in das politische System sowohl das Recht als auch die Politik letztlich überfordern musste, wurde schon im Nationalstaat deutlich. Die dadurch ausgelöste (Über-)Politisierung des Rechts zeigte ihre desintegrierenden Wirkungen.[9] Als wirklich funktionsuntüchtig erweist sich jedoch die Externalisierung erst in den Rechtsbildungen transnationaler Regimes. Die massenhaft außerhalb des Völkerrechts auftretenden globalen Normbildungsprozesse reißen die Paradoxieprobleme des Rechts, die im Nationalstaat erfolgreich an die Politik abgegeben wurden, erneut auf.[10]

2. Sozialverfassungen

Auf der Suche nach alternativen Entparadoxierungen scheint das Recht so zu reagieren, dass es seine Binnendifferenzierung so wählt, dass deren Rechtsnormproduktion nicht an das politische System, sondern an andere Sozialsysteme angelehnt werden kann. Im Nationalstaat bilden sich verstärkt semi-autonome Teilrechtsbereiche wie Wirtschaftsrecht, Arbeitsrecht, Sozialrecht, Medizinrecht, Medienrecht, Wissenschaftsrecht heraus.[11] Zwar behalten diese Sonderrechtsordnungen offiziell die Externalisierung des Rechtsparadoxes an die Politik bei, aber unter der Hand reduzieren sie diese immer mehr und verlagern die Normbildungsparadoxie in die geregelten Sozialsysteme selbst hinein.

Noch radikaler wird die Binnendifferenzierung des Rechts im transnationalen Raum vorangetrieben. Es bilden sich hochspezialisierte bereichsspezifische Rechtsregimes heraus, die sich weitgehend vom Völkerrecht abkoppeln und nun eng an die

8 Zur Konstitutionalisierung der gesamten Rechtsordnung Hans C. Röhl, Verfassungsrecht als wissenschaftliche Strategie?, in: *Allgemeines Verwaltungsrecht – zur Tragfähigkeit eines Konzepts*, hg. von Hans-Heinrich Trute et al., 2008, 821–836.

9 Z.B. Matthias Ruffert, *Vorrang der Verfassung und Eigenständigkeit des Privatrechts: Eine verfassungsrechtliche Untersuchung zur Privatrechtswirkung des Grundgesetzes*, 2001, 223 m.w.N.

10 Im Einzelnen Gunther Teubner, Des Königs viele Leiber: Die Selbstdekonstruktion der Hierarchie des Rechts, in: *Globalisierung und Demokratie: Wirtschaft, Recht, Medien*, hg. von Hauke Brunkhorst/Matthias Kettner, 2000, 240–273.

11 Zur neueren Diskussion Tanja Domej (Hg.), *Einheit des Privatrechts, komplexe Welt: Herausforderungen durch fortschreitende Spezialisierung und Interdisziplinarität. Jahrbuch Junger Zivilrechtswissenschaftler*, 2008.

geregelten Sozialbereiche ankoppeln.[12] Es werden die Gründungsparadoxien dieser transnationalen Rechtsordnungen in die Sozialbereiche, mit denen sie eine enge Symbiose eingegangen haben, hineinverlagert.

Die Anwendung des Rechtscodes auf sich selbst wirft nicht nur die abstrakte Frage nach der Legitimation des Rechts auf, die jetzt nicht mehr mit dem „Willen des Gesetzgebers" beantwortet wird, sondern eher mit der „Natur der Sache", also mit dem Eigensinn gesellschaftlicher Teilsysteme. Vielmehr hat dies handfeste praktische Konsequenzen. Im Wandel des Rechtsparadoxes schieben sich andere Normbildungsprozesse in den Vordergrund und materielle Rechtsnormen anderer Art treten in Kraft. Der früher alles dominierende Gesetzgebungsprozess, der politische Kollektiventscheidungen in Rechtsnormen übersetzt, wird nun weitgehend von gesellschaftlichen Normierungen, die in geltendes Recht transformiert werden, ersetzt.[13] Der Vertragsmechanismus, die formale Organisation und die Standardisierung sind die drei großen Normbildungsprozesse, in denen das selbstgeschaffene Recht der Wirtschaft, aber auch das der Wissenschaft, der Erziehung, der Medien, des Gesundheitswesens, in Geltung gesetzt werden.[14]

3. Protestbewegungen

Hier findet sich nun die Erklärung, warum Protestbewegungen, wie eingangs beschrieben, wirtschaftliche Organisationen oder andere gesellschaftliche Institutionen zu den bevorzugten Adressaten ihres Protestes machen. Immer dann, wenn das Rechtssystem seine Paradoxieprobleme dadurch löst, dass es die Gesetzgebung nur noch als formale Legitimationsinstanz bemüht und sich inhaltlich auf die Normbildung des Vertragsmechanismus, der formalen Organisation und der Standardisierung stützt, ändern Protestbewegungen ihre Angriffsrichtung. Protestbewegungen verstärken Potentiale für Rechtsbildungsprozesse, die nicht mehr im politischen System konzentriert sind, sondern in verschiedenen gesellschaftlichen Teilsektoren zu verorten sind.[15]

„Constitutionalism from below" – unter diesem Schlagwort wird heute der spezifische Verfassungsbeitrag der Protestbewegungen vermehrt diskutiert. Eine Reihe von Autoren – James Tully, Antonio Negri, Gavin Anderson – beobachten, dass der transnationale pouvoir constituant aus den politischen Institutionen auswandert und sich nun in sozialen Bewegungen, in der Multitudo, in verschiedenen Protest-

12 Dazu Martti Koskenniemi, Hegemonic Regimes, in: *Regime Interaction in International Law: Facing Fragmentation*, hg. von Margaret Young, 2012, 305–324; Andreas Fischer-Lescano / Gunther Teubner, *Regime-Kollisionen: Zur Fragmentierung des globalen Rechts*, 2006.

13 S. etwa Richard Nobles / David Schiff, Using Systems Theory to Study Legal Pluralism: What Could Be Gained?, *Law & Society Review* 46 (2012), 265–295; Leon E. Trakman, A Plural Account of the Transnational Law Merchant, *Transnational Legal Theory* 2 (2011), 309–345.

14 Umfassend zu den neuartigen Formen eines transnationalen Rechts: Lars Viellechner, *Transnationalisierung des Rechts*, 2013, 145 ff. Zum transnationalen Rechtspluralismus Stefan Machura / Klaus Röhl, 100 Jahre Rechtssoziologie: Eugen Ehrlichs Rechtspluralismus heute, *Juristenzeitung* 23 (2013), 1117–1168, 1124 ff.

15 S. Gavin W. Anderson, Corporate Constitutionalism: From Above and Below (but mostly below), *The Constitutionalization of the Global Corporate Sphere? Paper presented at Copenhagen Business School, Copenhagen, September 17–18* (2009), 1–14.

bewegungen, in NGOs und in transnationalen Teilöffentlichkeiten manifestiert.[16] Wenn das Recht die Externalisierung seiner Paradoxie ändert und an die Stelle der Politik gesellschaftliche Teilsektoren setzt, dann verändert sich auch zwangsläufig die Qualität des pouvoir constituant.[17] Dann sucht das Recht seine Legitimation nicht mehr primär über die politische Verfassung, sondern über gesellschaftliche Teilverfassungen. Diese bilden sich aus den kommunikativen Potentialen, die sich um die verschiedenen spezialisierten Kommunikationsmedien der Gesellschaft herumgruppieren.

4. Richterrecht

Hier zeigt sich nun auch, wie Richterrecht und Paradoxieexternalisierung zusammenhängen. Das Richterrecht übernimmt jetzt eine historisch neuartige Rolle, die ihm von der andersartigen Paradoxieexternalisierung aufgedrängt wird. Das Richterrecht konzentriert sich auf die rechtliche Rezeption sozialer Normproduktion aus Vertrag, Organisation und Standardisierung und bezieht daraus seine andersartige Legitimation. Die neue Qualität ist, dass die Rechtsprechung in Funktionen einer genuinen Verfassungsgerichtsbarkeit eintritt, die ihre Normen jedoch nicht etwa aus der Staatsverfassung bezieht, sondern aus den Verfassungen gesellschaftlicher Teilsysteme, die ihrerseits ihre partielle Rationalität gesamtgesellschaftlich zu legitimieren suchen.[18]

Am deutlichsten wird dies in der Rechtskontrolle der Allgemeinen Geschäftsbedingungen.[19] Unter dem Deckmantel des Vertrages haben sich autoritative private Regulierungen von Märkten herausgebildet, die nicht mehr einzelne Vertragsverhältnisse regeln, sondern alle Kennzeichen einer allgemeinen Gesetzgebung aufweisen. Auf diesen privaten Normoktroi hat das Richterrecht reagiert, indem es eine doppelte verfassungsrechtliche Rolle übernahm. Einerseits legitimiert es diese nach klassischer Vertragstheorie illegitime Form einseitiger machtgestützter, gesetzesgleicher Normsetzung und normiert sie zugleich über bestimmte Verfahrensvorschriften, reguliert also private Normierung durch sekundäre Normierung. Andererseits

16 James Tully, The Imperialism of Modern Constitutional Democracy, in: *The Paradox of Constitutionalism: Constituent Power and Constitutional Form*, hg. von Neil Walker / Martin Loughlin, 2007, 315–338, 319, 323 ff.; Michael Hardt / Antonio Negri, *Commonwealth: Das Ende des Eigentums*, 2009, insb. 179 ff., 377 ff.; Gavin W. Anderson, Societal Constitutionalism, Social Movements and Constitutionalism from Below, *Indiana Journal of Global Legal Studies* 20 (2013), 881–906.

17 Gunther Teubner, *Verfassungsfragmente: Gesellschaftlicher Konstitutionalismus in der Globalisierung*, 2012, 100 ff. Eingehend zu den Konsequenzen für ein an Verteilungsgerechtigkeit orientiertem Völkerrecht: Isabel Feichtner, Verteilung in Völkerrecht und Völkerrechtswissenschaft, in: Sigrid Boysen et al., *Verfassung und Verteilung* (im Erscheinen).

18 Zur Eigenverfassung transnationaler Regelungsarrangements und der zentralen Rolle von Schiedsgerichten: Viellechner (Fn. 14), 253 ff.; Moritz Renner, *Zwingendes transnationales Recht: Zur Struktur der Wirtschaftsverfassung jenseits des Staates*, 2011, 274 ff. Zu den demokratietheoretischen Implikationen eines gesellschaftlichen Konstitutionalismus Pablo Holmes, The Politics of Law and the Law of Politics: The Political Paradoxes of Transnational Constitutionalism, *Indiana Journal of Global Legal Studies* 21 (2014), 553–583, 569 ff.

19 Dazu die vorzügliche Analyse von Pasquale Femia, Desire for Text: Bridling the Divisional Strategy of Contract, *Law and Contemporary Problems* 76 (2013), 150–168.

interveniert die Rechtsprechung massiv mit gerichtlichen Kontrollen in das selbstgeschaffene Recht der Wirtschaft, deren Intensität den verfassungsgerichtlichen Kontrollen politischer Gesetzgebung in nichts nachstehen. Hier ist durch Richterrecht eine neue verfassungstypische Kontrollhierarchie aufgebaut worden, in der die niedrigrangigen Normen der Allgemeinen Geschäftsbedingungen durch höherrangige verfassungsrechtliche Normen kontrolliert werden. Es sind aber nicht die Prinzipien der politischen Verfassung, sondern die der Wirtschaftsverfassung, die solche höherrangigen Normen produzieren.

Eine ähnliche Rolle übernimmt das Richterrecht in anderen Sozialbereichen, wenn es die innerorganisatorischen Normbildungen in verschiedensten privatrechtlich verfassten gesellschaftlichen Organisationen – Krankenhäusern, Universitäten, Gewerkschaften, Berufsverbänden, Medienunternehmen, neuerdings, wie im Google-Urteil des Bundesgerichtshofs, auch in den Intermediären des Internet – einer strengen Rechtsprüfung unterzieht. Und auch hier ist es nicht die Staatsverfassung, sondern die jeweilige Teilbereichsverfassung – des Gesundheitswesens, des Erziehungssystems, der Informationsmedien, des Internet – welche die Maßstäbe für deren Überprüfung liefert.

Im globalen Raum wird noch deutlicher, dass die Externalisierung in die Politik nur in äußerst engen Grenzen möglich ist. Stattdessen sind es die Eigenverfassungen der verschiedenen transnationalen Regimes, welche die Gründungsparadoxien der Regime-Rechte zum Verschwinden bringen, indem sie sie ins einschlägige Sozialsystem verlagern. Paradigmatisch ist hier die lex mercatoria, die „contrats sans loi", also freischwebende Verträge ohne außervertragliche Grundlagen, in Geltung setzt. Diese offenkundige Gründungsparadoxie läst sich nicht mehr im Recht des Staates unterbringen. Sie ist in einer merkwürdigen Zirkularität darauf angewiesen, mithilfe ihrer selbstgeschaffenen Schiedsgerichte höherrangige Normen zu produzieren.

5. Naturrecht

An all diesen Stellen wird nun auch der Zusammenhang der alternativen Paradoxieexternalisierungen mit dem längst tot geglaubten Naturrecht deutlich, das heute in den Sonderbereichsrechten und in den transnationalen Rechtsregimes seine Wiederauferstehung feiert. Wenn das Richterrecht höherrangige Verfassungsnormen in Geltung setzt, dann bezieht es seine Maßstäbe aus der „Natur der Sache", also aus den Rationalitätsprinzipien gesellschaftlicher Teilsysteme. Effizienz als Rechtsprinzip, Funktionsfähigkeit gesellschaftllicher Organisationen, die Eigendefinition der Kunst, Neutralität und Objektivität der Wissenschaft, der Bildungsauftrag des Erziehungssystems, Netzwerkadäquität der Internetnormen – solche quasi-naturrechtlichen Formeln fließen aus den unterschiedlichen Sozialsystemen ständig ein und werden durch das Richterrecht zu Rechtsprinzipien umgeformt.[20]

Die Verfassung des sozialen Teilsystems wird als materielle Verfassung verstanden, weil sie nicht nur formale Verfahrensnormierungen der Normproduktion enthält, sondern zugleich auch materielle Normen und Prinzipien. Deren hochproble-

20 Zur Rückbindung des Rechts an soziale Standards Thomas Vesting, *Rechtstheorie: Ein Studienbuch*, 2007, 95 ff.

matischer „naturrechtlicher" Charakter ist heute nur so zu erklären, dass das soziale System in langen Konflikten der Reflexionspolitik über bestimmte Grundprinzipien entschieden hat, die dann das Verfassungsrecht juridisch rekonstruiert, dabei aber für Rechtszwecke drastisch verändert. Nicht nur die Politik, sondern auch andere gesellschaftliche Teilsysteme entwickeln in ihren Reflexionsprozessen Grundprinzipien, die das Recht der Wirtschaftsverfassung, der Wissenschaftsverfassung etc. rekonstruiert und als Maßstäbe zur Normenkontrolle benutzt.[21]

Stets ist das Naturrecht dazu benutzt worden, die Selbstreferenzparadoxien des Rechtscodes zum Verschwinden zu bringen.[22] Im Unterschied zum Naturrecht religiösen, rationalistischen oder politischen Ursprungs wird man heute von einem „soziologischen Naturrecht" sprechen können, weil es über strukturelle Kopplungen der Gesellschaftsverfassungen die Rationalitäten gesellschaftlicher Teilsysteme im Rechtssystem rekonstruiert und verbindlich macht.

IV. De-Paradoxierung in anderen Sozialsysteme

Kommt es auch in den anderen Sozialbereichen zu einer reziproken Externalisierung, so dass diese ihre Gründungsparadoxien ihrerseits an das Recht abgeben?

1. Staatsverfassung

Wenn sich seit der Renaissance die Politik autonomisiert, sie sich von religiösen Bindungen emanzipiert, schließlich zur Souveränität wird und sich als legibus absoluta erklärt, dann tritt das Souveränitätsparadox, das Paradox der ungebundenen Selbstbindung, in aller Schärfe hervor.[23] Erst die rechtliche Verfassung der Politik ermöglicht es, das Paradox nach außen zu verlagern. Dem Recht wird die Aufgabe übertragen, die Bindung der ungebundenen Souveränität durch Rechtsverfahren der Machtteilung durch Organisation als innere Binding und durch Grundrechte zur Willkürbindung nach außen abzustützen.

2. Wirtschaftsverfassung

Welche Rolle spielt das Recht, wenn die Wirtschaft die Probleme des Knappheitsparadoxes zu bewältigen hat? Die Autonomie wirtschaftlichen Handelns wird durch das Paradox in der Weise blockiert, dass der Zugriff auf endliche Güter Knappheit beseitigt und uno actu Knappheit erzeugt. Historisch konnte die Blockierung erst dadurch überwunden werden, dass die scharfgeschnittene binäre Codierung von Eigentum/Nichteigentum an die Stelle des Knappheitsparadoxes gesetzt wurde. Das aber setzt voraus, dass die wirtschaftlichen Zugriffsakte mit ausreichender Härte diffus verstandene Positionen des Habens und des Nichthabens in dauerhafte Posi-

21 Dazu im Detail Teubner (Fn. 17), 172 ff.

22 Niklas Luhmann, The Third Question: The Creative Use of Paradoxes in Law and Legal History, *Journal of Law and Society* 15 (1988), 153–165.

23 Luhmann (Fn. 7).

tionen des Eigentums/Nichteigentums „kondensieren". Nach Luhmann spielt diese Kondensation für die Autonomisierung der Wirtschaft eine Schlüsselrolle.[24]

Diese Kondensierung sozialer Positionen zu verbindlichen Sicherheiten aber kann von wirtschaftlichen Zugriffsakten allein nicht erbracht werden. Diese können allenfalls diffuse soziale Erwartungen in diese Richtung erzeugen, aber sie nicht mit ausreichender Rigidität ausformen, um die prekäre Entparadoxierung zu bewerkstelligen. Zeitlich müssen die Erwartungen auf weite Strecken mit strenger Bindung ausgestattet werden, sozial müssen sie die eindeutige Inklusion/Exklusion der betroffenen Personenkreises festlegen, was besonders bei kollektiven Eigentumsformen große Schwierigkeiten bereitet; und sachlich müssen sie klar definierte Erwartungsbündel von Nutzungsrechten, Ausschlussrechten, Fruchtziehungsrechten und Veräußerungsrechten und ihrer jeweiligen Grenzen herstellen. Offensichtlich sind dies Leistungen, die nur ein hoch entwickeltes Rechtssystem erbringen kann. Und so ist es die Eigentumsverfassung, die eine enge strukturelle Kopplung von Wirtschaft und Recht herstellt und die Bewältigung des Knappheitsparadoxes in das Recht der Eigentumsordnung externalisiert.

Sobald sich eine hochentwickelte Geldwirtschaft herausbildet, insbesondere sobald auf Kredit spezialisierte Banken entstehen, tritt die Wirtschaftsverfassung in eine zweite Phase ein, in der das Knappheitsparadox eine gänzlich andere Form annimmt. Entsprechend verläuft die Entparadoxierung dann auf anderen Pfaden. Und auch hier stellt sich heraus, dass die Wirtschaft die andersartige Paradoxie, welche die Zahlungsvorgänge zu paralysieren droht, wieder an das Recht externalisiert. Im Bankensektor wird zugleich Zahlungsfähigkeit und Zahlungsunfähigkeit generiert. Das Bankensystem beruht auf der Paradoxie der Selbstreferenz, auf der Einheit von Zahlungsfähigkeit und Zahlungsunfähigkeit.[25] Diese Paradoxie lässt sich innerhalb der Wirtschaft dadurch teilweise entschärfen, dass Zahlungsoperationen reflexiv werden, also dass Geldmengenoperationen auf Geldoperationen angewendet werden. Diese Reflexivität der Wirtschaftsoperationen wiederum ist solange in sich instabil, bis sie nicht durch eine innere Hierarchisierung des Bankensektors stabilisiert wird. Die Bankenhierarchie, besonders die Institutionalisierung der Zentralbank, kann aber nicht mehr ausschließlich wirtschaftsintern institutionalisiert werden. Sie muss von außen über harte Normierungen des Rechts, welche die Sonderstellung der Zentralbanken verbindlich regeln, gestützt werden. Die Parallelen zur Hierarchisierung des politischen Systems und zur Rolle der Staatsverfassung sind offensichtlich. Auch die Wirtschaft bewältigt ihre monetäre Paradoxie nur mithilfe des Rechts, das mit elaborierten Normen der Finanzverfassung, d.h. Verfahrens-, Kompetenz- und Organisationsnormen, die Einrichtung und Wirkungsweise der Zentralbanken gegenüber den Geschäftsbanken regelt. Als wirtschaftliches Seitenstück zu Exekutive, Legislative und Judikative fungiert nun die von der Wirtschaftsverfassung eingerichtete Monetative der Zentralbanken.[26]

Die Parallelen von Staatsverfassung und Wirtschaftsverfassung sind einigermaßen frappierend. Und doch – die Unterschiede stechen ins Auge. Eine perfekte

24 Niklas Luhmann, *Die Wirtschaft der Gesellschaft*, 1988, 188.

25 AaO, 145.

26 Dazu im Einzelnen Gunther Teubner, Verfasssungen ohne Staat? Zur Konstitutionalisierung transnationaler Regimes, in: *Recht ohne Staat: Zur Normativität nichtstaatlicher Rechtsetzung*, hg. von Klaus Günther/Stefan Kadelbach, 2011, 49–100, 67ff.

rechtliche Zweitcodierung, welche das Rechtsstaatsprinzip der Staatsverfassung für die Machtakte der Politik erzwingt, dürfte bei den Zahlungsakten der Wirtschaft nicht zu beobachten sein. Sicherlich werden wirtschaftliche Transaktionen in ihren Voraussetzungen und Folgen rechtlich normiert, aber die Identifikation von Machtakt und Rechtsakt findet in ähnlicher Weise bei wirtschaftlichen Transaktionen gerade nicht statt. Zwar ist auch eine ökonomische Transaktion nur unter bestimmten vertragsrechtlichen Voraussetzungen wirksam, ist aber in der Sache das ganze Gegenteil des Vollzugs bereits bestehender Normen. Außerdem wäre die in der Politik intendierte kollektive Bindung der Entscheidungen durch ihre Juridifizierung noch verstärkt, wäre eine kollektive Bindung durch wirtschaftliche Transaktionen oder gar ihre juristische Verbindlichkeit für das gesamte Wirtschaftsgeschehen schlicht kontraproduktiv. Die wirtschaftlich intendierte und rechtsförmig garantierte Bindung von Transaktionen darf nur auf der Mikroebene der Vertragsordnungen und der gesellschaftsrechtlich formierten Wirtschaftsorganisationen eintreten. Das juristische Axiom der Relativität der Schuldverhältnisse, ebenso wie das privity principle des common law, verbietet die Ausweitung der Verbindlichkeit auf Dritte, von ihrer Ausweitung auf die gesamte Wirtschaftsordnung ganz zu schweigen. Die Wirtschaft kann also, wenn sie nicht die Integrität ihrer Eigenstrukturen verletzen sollte, ihre rechtliche Konstitutionalisierung nur begrenzt betreiben.

3. Wissenschaftsverfassung

In der Wissenschaftsverfassung ist die Asymmetrie der Externalisierungen noch stärker ausgeprägt. Freilich kennt auch die Wissenschaft ihr Paradox der Selbstgründung. Nur wissenschaftliche Operationen können reflexiv festlegen, was Wissenschaft ist. Das Kreter-Paradox, das aus Anwendung von Wissensaussagen auf Wissensaussagen entsteht, bildet den wohl bekanntesten Fall der Selbstreferenzparadoxien. Aber anders als in der Politik und der Wirtschaft, ist die Externalisierung des Wissenschaftsparadoxes weitgehend ausgeschlossen. Irreversible normative Festlegungen wie das Recht oder gar das Verfassungsrecht sie gibt, sind für die Wissenschaft selbstdestruktiv. Erkenntnisakte als Normenvollzug zu verstehen, wäre geradezu absurd. Freilich kennt auch die sich als voraussetzungsfrei und undogmatisch gebende Wissenschaft Normierungen weitgehender Art. Methoden sind verbindlich, Theorien immunisieren sich normativ gegen einen Paradigmawechsel, Neutralität, Objektivität und Interessenungebundenheit sind wirksame professionelle Normen. Doch würde die Juridifizierung solcher sozialer Normen eine Paralyse erzeugen, die mit dem kognitiven Stil unvereinbar ist.

Im Unterschied zu Politik und Wirtschaft kann die Wissenschaft ihr Paradox nicht an das Recht abgeben, sondern muss nach anderen Entparadoxierungen suchen.[27] Und sie findet diese weitgehend in wissenschaftsinternen Prozessen. Temporalisierung des Paradoxes, Hierarchisierung von Analyse-Ebenen, das jedenfalls temporäre Aushalten von Widersprüchen, Antinomien und Inkompatibilitäten, hohe Toleranz gegenüber Unbestimmtheit, der konsequente Verzicht auf Entscheidungszwang, konstruktivistische Weltsicht als Selbstbegründung ohne Außenhalt –

27 Niklas Luhmann, *Die Wissenschaft der Gesellschaft*, 1990, 172 ff.

das sind einige der Mittel der Wissenschaft, mit denen sie ihre Paradoxien erträglich zu machen sucht.

Das heißt nicht, dass es keine Wissenschaftsverfassung, in der wissenschaftliche und rechtliche Reflexion in struktureller Kopplung stehen, gäbe.[28] Nur ist die innere Asymmetrie ihrer Kopplung extrem stark ausgebildet. Nur der äußere Rahmen soll von rechtlichen Normierungen abgestützt sein. Wissenschaftsfreiheit als Offenhalten des Erkenntnisprozesses wird zur einzigen Norm der Wissenschaftsverfassung.

4. Unterschiedliche Intensität der Konstitutionalisierung

Insgesamt also bieten die Sozialverfassungen, wie es hier am Beispiel von Politik, Wirtschaft und Wissenschaft gezeigt wurde, das Bild eines Verfassungspluralismus, der aber nicht gleichförmig ist, sondern der in sich unterschiedliche Intensitätsgrade der Konstitutionalisierung aufweist. Es hängt von der Affinität ihrer Eigenstrukturen zu der spezifischen Normativität, wie sie das Rechtssystem ausgebildet hat, ab, ob sie den Weg der Voll-Externalisierung in das Recht, wie sie die Politik mit der rechtlichen Zweitcodierung ihrer Operationen gewählt hat, gehen, oder ob sie wie die Wirtschaft nur eine Teilexternalisierung in das Recht vollziehen oder ob sie wie die Wissenschaft eine Juridifizierung ihrer Operationen ausschließen und andere Möglichkeiten der Entparadoxierung verwirklichen.

Damit wird deutlich, warum die Staatsverfassung eine Sonderstellung unter den Sozialverfassungen einnimmt. Die Sonderstellung liegt sicher nicht im exklusiven Verfassungsmonopol des Staates, wie es staatszentrierte Verfassungsrechtler gern glauben. Denn andere Disziplinen – Geschichtswissenschaft, Ökonomie, Soziologie und internationale Beziehungen – haben längst überzeugende Analysen nicht-staatlicher Verfassungen vorgelegt.[29] Vielmehr ist die Sonderstellung der Staatsverfassungen in der vollen Symmetrie der reziproken Paradoxieexternalisierung von Politik und Recht begründet. Man missversteht strukturelle Kopplungen im Allgemeinen und Sozialverfassungen im Besonderen, wenn man behauptet, dass strukturelle Kopplungen nur als Gegenseitigkeitsverhältnisse existieren. Es ist wie in der Liebe, die häufig nur einseitig ist und nur in wenigen Glücksfällen vom Geliebten tatsächlich erwidert wird.

28 Ino Augsberg, Subjektive und objektive Dimensionen der Wissenschaftsfreiheit, in: *Freiheit der Wissenschaft. Beiträge zu ihrer Bedeutung, Normativität und Funktion*, hg. von Friedemann Voigt, 2012, 65–89, 82.

29 Geschichtswissenschaft: Reinhart Koselleck, Begriffsgeschichtliche Probleme der Verfassungsgeschichtsschreibung, in: *Begriffsgeschichten: Studien zur Semantik und Pragmatik der politischen und sozialen Sprache*, hg. von Reinhart Koselleck, 2006, 365–401; Ökonomie: James M. Buchanan, *Constitutional Economics*, 1991; Thornhill (Fn. 1); Internationale Beziehungen: Joel P. Trachtman, The Constitutions of the WTO, *European Journal of International Law* 17 (2006), 623–646; Politikwissenschaft: Thompson (Fn. 6).

Sabine Müller-Mall (Dresden)

Rechtsraum als Begriff

Zur Beschreibung transnationalen und globalen Rechts[1]

I. Einleitung

Rechtliche Transnationalisierung und Globalisierung rufen die Wissenschaft vom Recht seit geraumer Zeit zu begrifflichen und damit perspektivischen Neuorientierungen auf. Jenseits der normativ wie deskriptiv operierenden Debatten um Pluralismen und Konstitutionalismen[2] fällt auf, dass ein bestimmter Beschreibungsbegriff für transnationale und globale Rechtskonstellationen in der Literatur einige Konjunktur erfährt, die einer gewissen Pointe nicht entbehrt – gerade wenn es um entterritorialisierte und entstaatlichte[3] Rechtsphänomene geht, werden dieselben über einen Begriff beschrieben, der rechtstheoretisch (ebenso wie der Begriff des Staates) lange Zeit an Territorien gebunden war:[4] über den Begriff des Raumes nämlich als *Rechtsräume*. Rechtsräume tauchen in der rechtswissenschaftlichen Literatur ubiquitär, allerdings durchaus in verschiedenen Versionen, auf – es ist die Rede von ‚Rechtsräumen'[5], von ‚normativen Räumen'[6], vom ‚constitutional space'[7], von ‚transnationalen Rechtsräumen'[8] oder vom ‚postnationalen Rechtsraum'[9]; der Ausdruck findet sich auch in Rechtstexten – der ‚Europäische Raum der Freiheit, der Sicherheit und des Rechts' ist nur das bekannteste Beispiel. Allerdings, und darin liegt eine gewisse Beiläufigkeit des Sprachgebrauchs, korreliert die große Bandbreite der Verwendungs-

1 Für anregende Diskussionen und wertvolle Hinweise zu diesem Text danke ich Jan-Philipp Kruse, Florian Meinel, Ralf Seinecke und Tim Wihl.

2 S. dazu in diesem Band Kadelbach,. S. 97 ff.

3 Dass es sich hier um einen Veränderungsprozess handelt, legen diverse Analysen nahe. Etwa Peer Zumbansen, Comparative, global and transnational constitutionalism: The emergence of a transnational legal-pluralist order, *Global Constitutionalism I* (2012), 16–52 oder Petra Dobner, More Law, Less Democracy? Democracy and Transnational Constitutionalism, in: *The Twilight of Constitutionalism?*, hg. von Petra Dobner / Martin Loughlin, 2010, 141–161, insb. 141 ff.

4 Zum begrifflich-historischen Zusammenhang von Staat und Territorium s. Ulrich K. Preuss, Disconnecting Constitutions from Statehood: Is Global Constitutionalism a Viable Concept?, in: Dobner/Loughlin (Fn. 3), 23–46, insb. 26 ff.

5 S. z. B. Armin von Bogdandy / Stephan Hinghofer-Szalkay, Das etwas Unheimliche Ius Publicum Europaeum. Begriffsgeschichtliche Analysen im Spannungsfeld von Europäischem Rechtsraum, Droit Public de l'Europe und Carl Schmitt, *Zeitschrift für Ausländisches Öffentliches Recht und Völkerrecht* 73 (2013), 209–244.

6 S. z. B. die Ausgabe Spaces of Normativity, *European Journal of Legal Studies*, 2/1 (2008).

7 S. z. B. Andrea Simoncini, The European Union as a ‚3-D' Constitutional Space, *Maastricht Journal of European and Comparative Law (MJ)* 21, no. 2 (2014), 243–65; G. Alan Tarr, Explaining Sub-National Constitutional Space, *Penn St. L. Rev.* 115 (2010), 1133–1149.

8 Von transnationalen Rechtsräumen wird in der internationalen Literatur mit großer Selbstverständlichkeit gesprochen, vgl. z. B. Kim Lane Scheppele, The Migration of Anti-Constitutional Ideas: The Post-9/11 Globalization of Public Law and the International State of Emergency, in: *The Migration of Constitutional Ideas*, hg. von Sujit Choudhry, 2011, 347–373.

9 S. z. B. Nico Krisch, Who Is Afraid of Radical Pluralism? Legal Order and Political Stability in the Postnational Space, *Ratio Juris* 24, no. 4 (2011), 386–412.

weisen gerade nicht mit einer tiefenscharfen Konturierung – der Ausdruck ‚Rechtsraum' mag zunächst eher auf eine Leerstelle als auf einen Begriff verweisen.

Mein vorliegendes Unternehmen besteht nun in dem Versuch, dem Raum als rechtswissenschaftlichem Begriff ‚auf die Schliche' zu kommen, sein rechtwissenschaftliches Potential zu erschließen oder jedenfalls einen Vorschlag zu machen, wie man ihn produktiv verstehen könnte. Anlass dafür bieten zwei Vermutungen: Zum einen könnte es durchaus sein, dass diese spezifische Häufung der Begriffsverwendung keine bloße Koinzidenz darstellt, sondern eng verknüpft ist mit Entwicklungen, die auch im Zentrum dieses Bandes stehen – globale Rechtsentwicklung und Entgrenzung von Souveränität bzw. Staatlichkeit. Zum anderen, darin liegt meine zweite Vermutung, könnte der Begriff des Raumes mehr sein als nur ein Platzhalter für einzelne Gegenstände dieser Entgrenzungsphänomene, die den sie beschreibenden Begriffen gewissermaßen entkommen sind: Rechts*system* oder Rechts*ordnung* etwa wären solche für die jeweils gemeinten Zusammenhänge ungenau gewordenen Begriffe. Diese zweite Vermutung wird durch die recht anspruchsvolle Entwicklung, die der Begriff des Raumes in anderen Disziplinen genommen hat, verstärkt: Zu denken ist an Philosophie und Mathematik, an Physik, Soziologie und Humangeographie.[10]

Von diesen Annahmen ausgehend stellt sich die Frage: Was könnte es bedeuten, den Begriff des Raumes rechtswissenschaftlich ernst zu nehmen? Und es geht mir dabei vor allem um die Rolle dieses Begriffs für die Möglichkeit, Betrachtungsperspektiven auf das Recht zu bilden – also um eine Art rechtstheoretische Vorstufe der rechtswissenschaftlichen Analyse, Strukturierung und Bewertung des Rechts.[11] Die aktuelle globale Rechtsentwicklung birgt für solche Perspektivenbildung zunächst einmal eine größere Schwierigkeit: Überkommene begriffliche Unterscheidungen erscheinen nicht mehr ganz passgenau, sondern erfordern eine Justierung.

Wenn man von transnationalem und globalisiertem Recht spricht, dann lässt sich dieses Recht beispielsweise nicht eindeutig in der Unterscheidung von nationalen Rechtsordnungen und internationaler Rechtsordnung fassen. Nico Krisch beschreibt die aktuelle Rechtswelt deswegen als *postnationales* Recht in einer pluralen Struktur. „The classical distinction between the domestic and international spheres that had sustained them is increasingly blurred, with a multitude of formal and informal connections taking the place of what once were relatively clear rules and categories. In this sense, law has become ‚postnational' – the national sphere retains importance, but it is no longer the paradigmatic anchor of the whole order".[12] Damit wird auch eine *andere* perspektivenbildende Unterscheidung nicht obsolet, aber problematisch – jene von interner und externer Rechtsbetrachtung. Denn ‚Außen' und ‚Innen' einer Rechtsordnung lassen sich nur bestimmen, wenn dieselbe eine gewisse Geschlossenheit aufweist, die sie als Ordnung erst konstituiert.[13] Im globalisierten und transnationalisierten Recht sind die Rechtsschichten miteinander verwo-

10 Einen Überblick bietet folgender Sammelband: Jörg Dünne / Stephan Günzel, *Raumtheorie: Grundlagentexte aus Philosophie und Kulturwissenschaften*, 2006.

11 Es handelt sich damit um ein im engeren Sinne rechtstheoretisches Vorgehen: Einen Begriff des Rechts auszuloten, theoretisch zu erschließen.

12 Nico Krisch, *Beyond Constitutionalism: The Pluralist Structure of Postnational Law*, 2010, 4.

13 Insofern konstatiert etwa U.K. Preuss zutreffend: „The inside/outside distinction of what is usually called the Westphalian system (…) is (…) blurring." Preuss (Fn. 4), 38.

ben, überlagern sich und interagieren miteinander, einzelne Rechtsordnungen sind nicht als vollkommen diskrete Gebilde herauszufiltern.[14] Deswegen liegt es nahe, zu seiner Beschreibung Begriffe heranzuziehen, die diese Verflechtungen und Überlagerungen gleichzeitig erfassen und sichtbar machen können, ohne normative Ordnungsmuster, hierarchische Strukturierung bereits im Ausgang begrifflich mitzudenken.

Und inwiefern der Begriff des Raumes, der bereits in so vielen Versionen herangezogen wird, um Transnationalisierungskonstellationen zu *benennen*, in dieser Hinsicht konzeptionelle Produktivität für die anstehende Justierung des Blickes, für eine Veränderung der Perspektivenbildung entfalten könnte, das möchte ich im Folgenden andeuten.

Mein Unternehmen wird sich in drei Schritten abspielen: In einem ersten kurzen Abriss werden jene Phänomene, mit denen der Begriff des Rechtsraumes, so meine Annahme, in einem produktiven Zusammenhang steht, grob begrifflich eingehegt: Transnationalisierung und Globalisierung des Rechts. In einem zweiten Schritt werde ich davon ausgehend, aber auch unter Bezugnahme auf zentrale Aspekte aus der reichhaltigen und interdisziplinären Geschichte des Raumbegriffs, denselben für eine mögliche, durchaus im Ansatz bereits bestehende, rechtswissenschaftliche Verwendung auch theoretisch erschließen. Drittens dann will ich diese Erschließung an einem kleinen Beispiel illustrieren – an verfassungsgerichtlichen Verweisen auf jeweils fremdes Verfassungsrecht.

II. Begriffliche Annäherung an das Phänomen

Um den Begriff des Raumes als Beschreibungskonzept auf Phänomene rechtlicher Transnationalisierung und Globalisierung anzuwenden, braucht es zunächst perspektivische Anknüpfungspunkte – d.h. eine rahmende Charakterisierung der zu beschreibenden Phänomene, die nicht selbst schon eine Beobachtungsperspektive erzeugt, gleichwohl aber Anschlusspunkte für eine solche liefert. Kurz gesagt, es gilt Aspekte herauszufiltern, die ein (in Krischs Formulierung) plural strukturiertes postnationales Recht[15] auszeichnen, um daran anknüpfend dann eine Betrachtungsperspektive zu konstruieren, die es erlaubt, eine solche Rechtskonstellation produktiv als Rechtsraum zu betrachten. Nun ließen sich für ein transnationales und globales Recht zahlreiche Aspekte anführen, um es in dieser Weise zu charakterisieren.[16] Ich werde es – und hier handelt es sich um eine durchaus vom Ziel der räumlichen Perspektivenbildung abhängige Auswahl – mit dreien versuchen, die zum einen die Struktur dieses Rechts relativ gut erfassen können. Zum anderen eignen sich diese

14 Einen guten Überblick über die verschiedenen Perspektivierungen dieser Phänomene bietet etwa: Kaarlo Tuori, Transnational Law. On Legal Hybrids and Perspectivism, in: *Transnational Law: Rethinking European Law and Legal Thinking*, hg. von Miguel Maduro / Kaarlo Tuori / Suvi Sankari, 2014, 11–58.

15 S.o. Fn. 9.

16 Einen guten Überblick über Beschreibungen und normative Qualifikationen diverser Konstellationen bietet etwa Daniel Halberstam, Local, Global and Plural Constitutionalism: Europe Meets the World, in: *The Worlds of European Constitutionalism* , hg. von Gráinne de Búrca / J. H. H. Weiler, 2011, 150–202.

drei sogleich zu betrachtenden Aspekte auch deswegen besonders gut zur Perspektivenbildung, weil sie keine starken normativen Voraussetzungen machen – angesichts dessen, dass es keinen umfassenden, abrufbaren normativen Rahmen für dieses plurale, postnationale Recht gibt, eine besonders wichtige Bedingung. Denn wenn bereits die Charakterisierung des Gegenstandes von bestimmten normativen Ordnungsvorstellungen geformt wird, lassen sich diese aus der späteren Betrachtungsperspektive kaum mehr ‚herausrechnen'. Bei den drei hier gewählten Aspekten handelt es sich um die *Hybridität, Relationalität und Dynamik*[17] des transnationalisierten und globalisierten Rechts.

(a) Hybridität

Der Begriff der Hybridität[18], botanischen Ursprungs, bezieht sich auf eine spezifisch gleichzeitige Beobachtbarkeit diverser Rechtsschichten, -traditionen, -diskurse und auch dogmatischer Systembildungen. Er dient weniger dazu, die bloße Koexistenz oder die bloße Überschneidung solcher Rechtsstränge zu betonen. Vielmehr beschreibt Hybridität „in a somewhat generic way, situations in which laws overlap without fully supplanting each other".[19] Betrachtet man transnationalisiertes Recht nun als hybrides Recht, so gewinnt man eine Perspektive, die eines unmöglich macht: Einzelne Elemente dieses Rechts vollkommen unabhängig von anderen zu betrachten – sie als diskret zu verstehen. Insofern lässt sich mit dieser Brille der Hybridität etwa keine nationale Rechtsordnung so betrachten, als wäre sie völlig unbeeinflusst von anderen Rechtsschichten, gewissermaßen ‚allein auf der Welt'. Umgekehrt, und dieses Momentum stellt das Spezifische der hybriden Gleichzeitigkeit dar, verbietet der Begriff der Hybridität auch, das Produkt eines generischen Prozesses, das postnationale Recht, als völlig unabhängig von den es bildenden Faktoren, von den einzelnen Rechtsschichten, zu betrachten. Der Begriff dient also dazu, die Spannungslage des Rechts als Gebilde aus Schichten unterschiedlichen Ursprungs, die aber miteinander verwoben sind und interagieren, zu erfassen, ohne sie aufzulösen und ohne sie im Vorhinein normativ einzufangen.

(b) Relationalität

Relationalität wiederum ist ein Begriff, der die Verknüpfungen zwischen einzelnen Elementen des Rechts auf eine recht allgemeine, neutrale Weise beschreiben kann. Er ergänzt den Begriff der Hybridität insofern, als er gerade an jener Stelle eingreift, die Hybridität vom Begriff der Hierarchie trennt: Während Hierarchie im Recht die Möglichkeit von Ableitungszusammenhängen einzelner Normen und auch ganzer Rechtsnormen voraussetzt, schließt hybrides Recht normative Ableitungszusammenhänge zwar nicht aus, aber eben auch die Möglichkeit ein, dass Verknüpfungen zwischen Rechtselementen auf anderen Wegen entstehen, beispielsweise durch

17 Vgl. zur Auswahl der Begriffe ausführlicher Sabine Müller-Mall, *Legal Spaces – Towards a Topological Thinking of Law,* 2013, 12 ff.

18 Zum Begriff auch Tuori (Fn. 14).

19 Ralf Michaels, Global Legal Pluralism, *Annual Review of Law & Social Science* 5 (2009), auch verfügbar unter: http://papers.ssrn.com/sol3/papers.cfm?abstract_id=1430395 (zuletzt aufgerufen am 8.1.2015), 19.

diskursive Rezeption eigentlich ‚fremder' Konzepte – ich komme darauf im Beispiel der Verfassungsrechtsprechung, die sich auf fremdes Verfassungsrecht bezieht, noch einmal zurück.[20]

Verknüpfungen zwischen Rechtselementen möchte ich auf allgemeine Weise als *Relationen* fassen – es sind solche Relationen, die einzelne Rechtselemente (Rechtsnormen, Entscheidungen etwa) in einen Zusammenhang versetzen. Relationen lassen sich als Bezüge, etwa Sinnbezüge oder Ableitungsbezüge zwischen Elementen des Rechts verstehen, aber auch als Bezug*nahmen* von Rechtsakten auf andere Rechtsakte. Um Entwicklungen wie die Globalisierung und die Transnationalisierung des Rechts zu beschreiben, scheint diese zweite Version, Relationen im Recht zu denken, besser geeignet, weil die Entwicklung wesentlich von solchen Bezugnahmen ausgeht und nicht etwa von einheitlichen Systementwürfen.[21]

Solche Bezugnahmen, solche Relationen nun, lassen sich als Rezeptionen, als *normative Wahrnehmungsakte* fassen: Damit meine ich, dass Rechtshandlungen, Gerichtsurteile, Gesetzgebungen, Verwaltungsakte mindestens einen, in der Regel aber eine ganze Reihe von anderen Rechtsakten als rechtsnormativ wahrnehmen, rezipieren, und diese Wahrnehmung gleichzeitig mit einer normativen Aussage versehen: Etwa, im Falle einer Verfassungsbeschwerde, dass ein bestimmter Rechtsakt (das wäre eine Rezeption) ein Grundrecht (das wäre eine weitere Rezeption) verletzt und deshalb verfassungswidrig ist (das wären die normativen Aussagen). Außerdem lassen sich die Objekte dieser normativen Wahrnehmungsakte wiederum als Resultate anderer, vorgängiger, normativer Wahrnehmungsakte begreifen. Diese Rezeptionen können somit einerseits als Vorgänge der Bezugnahme verstanden werden, andererseits und gleichzeitig aber auch als Objekte weiterer, *anderer* Rezeptionen. Insofern lässt sich Recht als eine Art *Rezeptionsgeflecht*[22] denken und man kann es durch einen so gefassten Begriff der Relationalität beschreiben.

Betrachtet man Recht als in diesem Sinne relational, so ändert sich der Blick auf dasselbe in radikaler Weise – er verschiebt sich nämlich von der Vorstellung, dass seine Elemente das Recht bilden, hin zur Vorstellung, dass es die Relationen zwischen den Elementen sind, die das Recht bilden. Noch deutlicher gesagt: Die Relationen sind konstitutiv für das Recht, denn umgekehrt lassen sich Rechtstexte, die keiner einzigen Bezugnahme unterliegen, niemals angewendet werden, auch nicht als rechtsnormativ beschreiben. Der Blick wendet sich also weg von Elementen, Quellen, kurz: Rechts*texten* hin zu den Rezeptionen dieser Rechtexte durch Rechtsakte.[23]

20 S. u. IV.

21 Z. B. gut veranschaulichen können diese These, dass die Entwicklung der Rechtswelt in Richtung einer Transnationalisierung und Globalisierung über bezugnehmende Rechtsakte verläuft, der Begriff und die Beobachtung von ‚Judicialization', s. dazu etwa die Arbeiten von Ran Hirschl: Ran Hirschl, The New Constitutionalism and the Judicialization of Pure Politics Worldwide, *Fordham Law Review* 75, no. 2 (2006), 721–54; Ran Hirschl, The Judicialization of Mega-Politics and the Rise of Political Courts, *Annual Review of Political Science* 11, no. 1 (June 2008), 93–118.

22 Der Ausdruck ‚Geflecht' verweist hier auf einen texttheoretischen Hintergrund: „Die Menge der Codes stellt, sobald sie sich bei der Arbeit, im Gang der Lektüre befinden, ein Geflecht dar (*Text, Gewebe und Geflecht*, das ist dasselbe)", Roland Barthes, *S/Z*, 1976, 160.

23 Diese Überlegungen beruhen auf einem Modell performativer Rechtserzeugung, das Rechtsnormativität als durch entsprechende Bezugnahmen konstituiert denkt, s. dazu ausführlicher Sabine Müller-Mall, *Performative Rechtserzeugung. Eine theoretische Annäherung*, 2012.

(c) Dynamik

Der dritte Aspekt, den ich zur Charakterisierung eines plural strukturierten postnationalen Rechts heranziehe, sei hier nur der Vollständigkeit halber erwähnt: Dass die Relationalität des hybriden Rechts in dieser Betrachtung dynamisch, also in der Zeit veränderlich sein muss, wird von der Definition der konstitutiven Rechtsrelationen als *Akten* der Bezugnahme schon vorausgesetzt. Denn wenn die Relationen durch Akte normativer Wahrnehmung gebildet werden, die wiederum als Ereignisse zu denken sind, dann ist der Zeitbezug offensichtlich. Weil es bei einer auf den Raumbegriff abzielenden Perspektivenbildung aber nicht darum gehen kann, (etwa temporale) Differenzen zu betonen, sondern gerade Zusammenhänge, die sich, das Differentielle vorausgesetzt, erkennen lassen, beschreibbar gemacht werden sollen,[24] wird der Aspekt der Dynamik für das Folgende im Hintergrund verweilen.

Über diese Aspekte lässt sich nun eine Perspektive auf das Recht gewinnen, die seine innere Strukturierung durch normative Wahrnehmungsakte in den Blick bekommt, aber nicht etwa auf ein Hierarchiemuster oder einen Einheitlichkeit voraussetzenden klassischen Systembegriff angewiesen ist. Vielmehr lässt sich die Betrachtung des Rezeptionsgeflechts, das gewissermaßen empirisch anhand der Rezeptionen beobachtbar ist, von einer anderen Ebene der Betrachtung trennen: Von der Ebene der unterschiedlichen Ordnungsvorstellungen und Ordnungsmuster, die jeweils mit Ausschnitten des Rezeptionsgeflechts – etwa einer nationalen Rechtsordnung – verbunden sind. Während etwa in einer an der Ableitung von Normen orientierten Rechtstheorie der Ableitungszusammenhang sämtlicher Elemente des Rechts mit der zugrunde gelegten Ordnungsvorstellung – einer hierarchisch strukturierten Normenpyramide – identisch sein muss, erlaubt der zurückhaltende Begriff der Relationalität, beide Ebenen erst einmal getrennt voneinander zu betrachten. Und hier kommt nun für jene Ebene, die sich als durch hybride Relationen dynamisch konstituiert beschreiben lässt, der Begriff des Raumes ins Spiel.

III. Begriffserschliessung: Raum

Damit komme ich zu meinem zweiten Abschnitt, der sich mit dem Begriff des Raumes beschäftigen wird. Jeder dieser normativen Wahrnehmungsakte, jede neue Relation des Rechts, kann wiederum als eine Art Erweiterung des Rezeptionsgeflechts begriffen werden – und solche Erweiterungen, solche *Ausdehnungen*, werden durch den Begriff des Raumes *denk*- und *vorstell*bar – denn der Begriff des

24 Als paradigmatisch für diesen Ansatz, Aspekte herauszuarbeiten, die, Transformationen vorausgesetzt, unverändert bleiben, kann die frühe Formulierung des Programms mathematischer Topologie durch Felix Klein betrachtet werden: „Es gibt nun räumliche Transformationen, welche die geometrischen Eigenschaften räumlicher Gebilde überhaupt ungeändert lassen. Geometrische Eigenschaften sind nämlich ihrem Begriffe nach unabhängig von der Lage, die das zu untersuchende Gebilde im Raume einnimmt, von seiner absoluten Größe, endlich auch von dem Sinne, in welchem seine Theile geordnet sind. Die Eigenschaften eines räumlichen Gebildes bleiben also ungeändert durch alle Bewegungen des Raumes, durch seine Ähnlichkeitstransformationen, durch den Process seiner Spiegelung, sowie durch alle Transformationen, die sich aus diesen zusammensetzen." Felix Klein, *Vergleichende Betrachtungen über neuere geometrische Forschungen*, 1872, 6.

Raumes beschreibt erst einmal nur eine Vorstellung von Ausdehnung. Insofern besteht mein Versuch darin, eine Perspektive auf das Recht, die seine Hybridität, Relationalität und Dynamik erfassen und sichtbar machen kann, über den Begriff des Raumes zu entwickeln.

Es wird mir dabei allerdings nicht um die Vorstellung eines dreidimensionalen Leerraumes gehen, der sich in Länge, Höhe und Breite vermessen lässt, und innerhalb dessen sich dann etwas *befinden* kann. Eine solche ‚Container'-Vorstellung von Raum entspricht zwar dem alltagssprachlichen Verständnis des Begriffs.[25] Sie hat gleichzeitig nur wenig mit einer Entwicklung zu tun, die der Begriff des Raumes jedenfalls in den letzten 150 Jahren in Mathematik, Physik, vor allem aber auch den Sozial- und Kulturwissenschaften genommen hat. Ich kann diese Entwicklung hier nicht im Einzelnen nachzeichnen,[26] möchte aber insbesondere festhalten, dass ‚Raum' in den Sozial- und Kulturwissenschaften seit Durkheim durchgängig als etwas sozial Produziertes verstanden wird.[27] Paradigmatisch für diese Abkehr von klassischen geographischen, physischen Konzepten des Raumes, mag Henri Lefebvre sein, der in seinem Buch ‚La production de l'espace' von 1974 die These, dass Raum ein soziales Produkt sei, ausarbeitete.[28]

Raum ist danach also nicht eine *Box*, in der irgendetwas passiert, sondern *dadurch, dass gehandelt wird*, entstehen Räume. In diesem Sinne beschreibt der Raumbegriff eine Ausdehnungsvorstellung, die wesentlich durch Handlungen, durch Akte konstituiert ist – ganz ähnlich, wie meine Beschreibung der hybriden, dynamischen Relationalität des Rechts von Rechts*akten* ausgeht. Ich will versuchen, diese Vorstellung des Raumes noch einmal mit Textstellen von *Michel de Certeau* zu erläutern. *De Certeau* zählt spätestens mit seiner Schrift „L'invention du quotidien: 1. Arts de faire."[29] ebenfalls zu jenen Theoretikern, die den sog. *spatial turn* in den Sozial- und Kulturwissenschaften eingeleitet haben.[30] Er denkt den Raum aus einer Theorie des

25 In Philosophie und Naturwissenschaft ist die Vorstellung relativer und relationaler Räume gleichwohl nicht neu – s. beispielsweise Gottfried W. Leibniz, De analysi situs, 1693, in: ders., *Mathematische Schriften*, hg. von Carl Immanuel Gerhardt, 1858, Hildesheim, 178–183; Samuel Clarke, *A collection of papers which passed between the late learned Mr. Leibniz and Dr. Clarke in the years 1715/1716 relating to the principles of natural philosophy and religion*, 1717; Albert Einstein, *Raum, Äther und Feld in der Physik. Forum Philosophicum I*, 1930, 173–180.

26 Einen guten Überblick bieten die Bände Stephan Günzel, *Raum. Ein interdisziplinäres Handbuch*, 2010, und Dünne/Günzel (Fn. 10).

27 Émile S. Durkheim, Note sur la morphologie sociale, in: *Journal sociologique*, hg. von Durkheim, 1969, orig. 1897, 181–182.

28 Henri Lefebvre, *La Production de l'Espace*, 1974; englische Ausgabe: Henri Lefebvre, *The Production of Space*, 2011, orig. 1991. Diese Schrift beeinflusste mit der Hauptthese „that (social) space is a (social) product" (ibid., 30) zahlreiche humangeographische Studien (etwa Edward Soja, *Postmodern Geographies. The Reassertion of Space in Critical Social Theory*, 1989; ders., *Thirdspace. Journeys to Los Angeles and other Real-and-Imagined Places*, 1996; David Harvey, *The Condition to Postmodernity*, 1989), die sich zu einem ‚spatial turn' in den Kultur- und Sozialwissenschaften verdichteten: s. dazu etwa Phil Hubbard / Rob Kitchin (Hg.), *Key Thinkers on Space and Place*, 2. Aufl., 2011; Mike Crang / Nigel Thrift (Hg.), *Thinking Space*, 2000; Barney Ward / Santa Arias (Hg.), *The Spatial Turn: Interdisciplinary Perspectives*, 2008.

29 Michel de Certeau, *L'invention du quotidien. 1. Arts de faire*, 1980. Die hier verwendete englische Ausgabe lautet: Michel de Certeau, *The Practice of Everyday Life*, 1984.

30 Mike S. Crang / Michel de Certeau, in: Hubbard/Kitchin (Fn. 28), 106–112.

Performativen heraus[31] und unterscheidet begrifflich zwischen *Raum* als aus relationalen Bezügen praktiziertem Gebilde und *Ort* als Punkt in einem konventionellen Ordnungssystem.[32] „In short, *space is a practiced place.*" – schreibt *de Certeau* – *„Thus the street geometrically defined by urban planning is transformed into a space by walkers. In the same way, an act of reading is the space produced by the practice of a particular place: a written text, i. e., a place constituted by a system of signs.*"[33] – Dieses ‚Praktizieren', der Raum als ‚praktizierter Ort', stellt die performative Komponente dar. Raum ist danach erst einmal zu verstehen als „composed of intersections of mobile elements. It is in a sense actuated by the ensemble of movements deployed within it."[34] Auf die Unterscheidung von Raum und Ort komme ich später noch einmal zurück. Der Ausdruck ‚composed of intersections of mobile elements', der Raum verstanden also als ein Geflecht beweglicher Elemente, zeigt an, dass auch der Raum in diesem Sinne als hybrid, relational und dynamisch zu begreifen ist, als durch die Bezüge, de Certeau sagt: *„Bewegungen"* zwischen seinen Elementen konstituiert. Aufgrund dieser Nähe der Vorstellungen von Recht und Raum, die beide über *Handlungen*, die relationale Bezüge herstellen, als konstituiert gedacht werden können, glaube ich, dass es durchaus sinnvoll sein könnte, Recht als Raum (in diesem Sinne) zu denken.

Aber noch einmal eine Illustration zu diesem Raumbegriff: Nach dieser von de Certeau gezeichneten Vorstellung würde sich eine Veranstaltung wie die IVR-Tagung in Passau, deren Vorträge die Grundlage dieses Bandes bilden, als eine Art Raum denken lassen: Alle Anwesenden bewegen sich in einem Raum, der aber nicht identisch ist mit dem *Saal*, in dem sie sich befinden, sondern dieser Raum der IVR entsteht durch die Vorträge, die Diskussionen, vielleicht auch die Kaffeepausengespräche. Es sind die Bewegungen, in diesem Fall die Kommunikationsprozesse, die den Raum der IVR-Tagung konstituieren. Dieser Raum ergibt sich nicht daraus, dass man alle einzelnen dort getätigten Aussagen aufsummiert oder aneinanderreiht, sondern er ergibt sich gerade durch die Bezugnahmen dieser Aussagen aufeinander.

Mit Blick auf diese Aspekte, mit denen ich ja nicht ganz zufällig auch schon das transnationalisierte und globalisierte Recht charakterisiert habe, dürfte deutlich sein, wie man von einer solchen Raumvorstellung zu den Rechtsräumen kommt. – Es geht mir also nicht um die Vorstellung eines Naturraums, die dann metaphorisch aufs Recht übertragen würde.

Ein Raum als Naturraum, als Container, vom Territorium aus gedacht, ist zwar ganz häufig Gegenstand rechtlicher Regelungen, aber er taugt nicht als Beschreibungsbegriff *für* das Recht und wird auch nicht in dieser Weise verwendet. Das ist für nationale Rechtsordnungen unmittelbar einsichtig – denn in ihrer Bindung an das Territorium setzen sie einen Begriff des Naturraums gerade voraus. Interessant erscheint mir nun, dass im Falle der Entgrenzung nationaler Rechtsordnungen im Rahmen von Transnationalisierungs- und Globalisierungsentwicklungen, die ja gewissermaßen das Recht von dieser Bindung an den Naturraum entkoppeln, dass gerade in Bezug auf diese Phänomene der Begriff des Raumes als Beschreibungsbegriff für Recht auftaucht – wie in der Rede von den Rechtsräumen. Und insofern, weil diese Rede von transnationalen oder globalen Rechtsräumen gerade das Recht

31 Dazu Jörg Dünne, Einleitung, in: Dünne/Günzel (Fn. 10), 289–302, 299.

32 Ibid., 300.

33 De Certeau (Fn. 29), 117.

34 De Certeau (Fn. 29), 117.

von einem begrenzten Naturraum entkoppelt, muss sie auf jene andere Vorstellung von Raum, die ich gerade skizziert habe, verweisen.

Die Frage drängt sich an dieser Stelle auf: Was ist damit eigentlich gewonnen? Rechtswissenschaftstheoretisch gibt es ja mindestens zwei große Probleme, die mit dem Recht, nicht nur, aber insbesondere mit dem globalisierten und transnationalisierten Recht, einhergehen: Zum einen das Problem seiner grundsätzlichen Beschreibung, für die ein allgemeingültiger normativer Rahmen fehlt. Und zum anderen das Problem, konkrete Rechtsfragen und ihre Lösung zu erfassen, man könnte auch formulieren, um einen räumlichen Ausdruck zu verwenden, konkrete Rechtslagen zu bestimmen. Und beide Probleme sind nicht nur aufgrund der Komplexität des globalisierten Rechts besonders schwierig, sondern auch wegen der erkenntnistheoretisch vertrackten Lage, in der sich die Rechtswissenschaft ständig befindet: Sein und Sollen sind einerseits zu unterscheiden, andererseits besteht das Recht in einer Praxis mit dem Normativen, die ihrerseits als Praxis, als ein Sein beschreibbar, aber normativ strukturiert ist. Zwar kann man das ganz unproblematisch eine ‚normative Praxis' nennen, das täuscht aber darüber hinweg, dass zwei unterschiedliche Beschreibungsarten relevant sind: Eine empirische, die beispielsweise Muster in dieser normativen Praxis zu erkennen sucht – wie etwa die vielfältige Verwendung des Verhältnismäßigkeitsprinzips in ganz unterschiedlichen Rechtszusammenhängen.[35] Und anderseits eine normative, die unter ganz bestimmten Annahmen, etwa des Grundgesetzes, Fragen stellt wie zum Beispiel, ob ein bestimmter Eingriff in die Versammlungsfreiheit verhältnismäßig ist.

Diese doppelte Betrachtungsebene rechtlicher Vorgänge als faktisch und normativ mag vielleicht zunächst trivial erscheinen, an ihr hängt aber eines der zentralen Beschreibungsprobleme des Rechts: Die Schwierigkeit nämlich, diese beiden Seiten des Rechts *gleichzeitig* in den Blick zu nehmen und gleichwohl die Ebenen *unterscheidbar* zu halten. Diese Schwierigkeit ist wiederum gerade in Bezug auf Globalisierungstendenzen und Transnationalisierungstendenzen des Rechts besonders virulent, weil hier normative Ordnungsvorstellungen und tatsächlich hergestellte Relationen zwischen Rechtsschichten auseinanderfallen, oder anders gesagt: Weil kein einheitlicher normativer Rahmen für globalisiertes und transnationalisiertes Recht besteht.

Ich glaube nun, dass der Begriff des Raumes und die damit zusammenhängenden topologischen Betrachtungsweisen genau bei diesem Problem weiterhelfen: Nicht, dass sie es auflösen; aber sie können dazu dienen, die jeweilige Untersuchungsperspektive genauer beschreibbar zu machen. Dabei handelt es sich gerade nicht um eine Nebensächlichkeit, sondern um eine notwendige theoretische Voraussetzung rechtswissenschaftlicher Untersuchungen des globalisierten und transnationalisierten Rechts. Hier könnte die Unterscheidung von Raum und Ort (auf Englisch noch wohlklingender: space and place), wie sie de Certeau in die Philosophie des Raumes eingebracht hat, mit dazu beitragen, den jeweiligen Blickwinkel, von dem aus das Recht untersucht wird, besser beschreiben zu können.

Im Folgenden will ich nun versuchen, das an einem kleinen Beispiel zu illustrieren und zu erläutern.

35 Vgl. dazu etwa Alec Stone Sweet and Jud Mathews, Proportionality Balancing and Global Constitutionalism, *Columbia Journal of Transnational Law* 47 (2008), 73–165.

IV. Exemplarische Betrachtung: Zitation fremden Verfassungsrechts durch Verfassungsgerichte

In diesem Abschnitt geht es also um ein Phänomen, das die Entgrenzung herkömmlicher Rechtsordnungsvorstellungen im Rahmen einer rechtlichen Globalisierung abbildet. Es stammt aus dem Verfassungsrecht und wird in Deutschland unter dem Stichwort ‚Rechtsvergleichung (Verfassungsvergleichung) durch Verfassungsgerichte' diskutiert,[36] im internationalen Diskurs vor allem unter „Constitutional Comparativism",[37] auch wenn nicht immer echte Rechtsvergleichung im Vordergrund steht.

Knapp umrissen geht es darum, dass Verfassungsgerichte ihre Urteile hin und wieder nicht allein unter Bezugnahme auf das in ihrem Nationalstaat geltende Verfassungsrecht begründen, sondern auch mithilfe von ausländischem Verfassungsrecht. Das ist kein ganz neues Phänomen,[38] aber die Literatur macht insofern eine deutlich verstärkte und sich weiter verstärkende Tendenz aus.[39]

Das Bundesverfassungsgericht, im Vergleich zu anderen Verfassungsgerichten noch relativ zurückhaltend mit solcher Praxis, nimmt beispielsweise in der sog. FRAPORT-Entscheidung[40] Bezug auf ausländische Rechtsprechung: Der Schutzbereich der Versammlungsfreiheit wird in diesem Urteil auch dann auf öffentliche Kommunikationsräume erstreckt, wenn sie auf privatrechtlicher Grundlage eingerichtet sind.[41] Kriterium für die Beurteilung der Frage, ob ein solcher ‚öffentlicher Kommunikationsraum' vorliege, sei das „Leitbild des öffentlichen Forums" – ein Konzept, das aus dem kanadischen und amerikanischen Recht stammt (Public Forum Doctrine)[42] und auch unter Verweis auf diese Herkunft in der Urteilsbegründung herangezogen wird.[43] Obwohl die zitierte US-amerikanische Entscheidung einen

36 Vgl. etwa Christoph Schönberger, Verfassungsvergleichung heute: der schwierige Abschied vom ptolemäischen Weltbild, *VRÜ* 2010/1, 6–27; Anna-Bettina Kaiser, Verfassungsvergleichung durch das Bundesverfassungsgericht, *Journal für Rechtspolitik* 18 (2010), 203–206; Mattias Wendel, Richterliche Rechtsvergleichung als Dialogform: Die Integrationsrechtsprechung nationaler Verfassungsgerichte in gemeineuropäischer Perspektive, *Der Staat* 52/3 (2013), 339–370.

37 Vgl. dazu Jeremy Waldron, *„Partly Laws Common to All Mankind": Foreign Law in American Courts*, 2012; Tania Groppi / Marie-Claire Ponthoreau (Hg.), *The Use of Foreign Precedents by Constitutional Judges*, 2014; Sujit Choudhry, *The Migration of Constitutional Ideas*, 2006.

38 S. zur geschichtlichen Perspektive auf Verfassungsrechtsvergleichung Ran Hirschl, *Comparative Matters: The Renaissance of Comparative Constitutional Law*, 2014, insb. 77 ff. und 112 ff.

39 Eine umfassende empirische Studie zu dieser These bietet der Band: Groppi/Ponthoreau (Fn. 37).

40 BVerfGE 128, 226–278. (frei abrufbar unter: http://www.bundesverfassungsgericht.de/SharedDocs/Entscheidungen/DE/2011/02/rs20110222_1bvr069906.html).

41 BVerfGE 128, 226, 250 ff.

42 Zur Entwicklung in der Rechtsprechung des US-Supreme Courts s. etwa Keith Werhan, The Supreme Court's Public Forum Doctrine and the Return of Formalism, *Cardozo L. Rev.* 7 (1985), 335–437, insb. 343–409; zur Rechsprechung des Kanadischen Suprem Courts s. etwa Richard Moon, The Supreme Court of Canada on the Structure of Freedom of Expression Adjudication, *University of Toronto Law Journal*, 1995, 419–70, insb. 439 ff.

43 „Zum anderen beantwortet sich die Frage, ob ein solcher außerhalb öffentlicher Straßen, Wege und Plätze liegender Ort als ein öffentlicher Kommunikationsraum zu beurteilen ist, nach dem Leitbild des öffentlichen Forums (vgl. zu ähnlichen Kriterien: Supreme Court of Canada, Committee for the Commonwealth of Canada v. Canada, <1991>1 S.C.R. 139; Supreme Court

Flughafen gerade *nicht* als öffentliches Forum behandelt,[44] übernimmt das Gericht das amerikanische Kriterium für die Abgrenzung von öffentlichen und nicht-öffentlichen Foren: die Funktion des Ortes.[45]

Solches Vorgehen lässt sich rechtswissenschaftlich auf verschiedenen Wegen befragen. Es lässt sich etwa fragen, ob diese Schutzbereichserstreckung im Ergebnis richtig ist – im Sinne des Grundgesetzes. Oder es lässt sich fragen, ob das Bundesverfassungsgericht *legitimiert* urteilt, wenn es ein ‚Leitbild eines öffentlichen Forums' zum Kriterium erhebt, dabei aber ausschließlich auf amerikanische und kanadische Präzedenzfälle verweist. Man könnte auch fragen, ob die Art und Weise der Rezeption der Public-Forum-Doktrin des Gerichts der Entwicklung des Konzepts durch den U.S. Supreme Court entspricht. Oder auch: Ob Rechtsvergleichung eine zulässige Auslegungsmethode ist.

Solche Fragen, die rechtswissenschaftlich mit Blick auf die FRAPORT-Entscheidung, aber auch allgemeiner auf die Bezugnahme von Verfassungsgerichten auf fremdes Verfassungsrecht immer wieder diskutiert werden,[46] haben ganz unterschiedliche Anknüpfungspunkte, die in den Diskussionen häufig gleichzeitig auftauchen und zu einer gewissen Unübersichtlichkeit führen. Der Begriff des Raumes könnte hier helfen, die Perspektiven zu differenzieren. Am Beispiel der Frage nach der Legitimation solcher Bezugnahmen lässt sich verdeutlichen, wie diese Differenzierung vorgenommen werden kann:
Versteht man unter einem Rechtsraum, hier vielleicht spezifischer einem Verfassungsrechtsraum, erst einmal ein Rezeptionsgeflecht, wie ich es oben beschrieben habe,[47] dann stellt die Bezugnahme auf fremdes Verfassungsrecht durch ein nationales Verfassungsgericht zunächst lediglich eine weitere Relation in diesem Geflecht dar, das von allen denkbaren verfassungsrechtlichen Rezeptionen konstituiert wird. Eine bestimmte Ordnung, eine bestimmte normative Struktur, enthält der Begriff des Raumes nicht. Sie kann allerdings an einzelne Stellen dieses Raumes angelegt werden – und hier komme ich auf die Unterscheidung von Raum und Ort zurück: Ich hatte – de Certeau folgend – Raum als durch den praktischen Umgang mit Orten entstehend definiert.[48] Ein Raum ist also nicht einfach die Summe verschiedener Orte, sondern Raum und Ort sind zunächst ganz verschiedene Kategorien, die allerdings durch eine Praxis miteinander verbunden sind. Orte bedürfen, anders als Räume, für ihre Lokalisation eines Bezugssystems; ich muss, wenn ich einen Ort beschreiben will, Koordinaten angeben können, die diesen Ort definieren. Im Falle des Rechts lassen sich solche Orte über normative Grundannahmen definieren.

Auf dem Boden des Grundgesetzes etwa, und damit nehme ich mit dieser Frage einen bestimmten Ort ein, um auf die FRAPORT-Entscheidung zu sehen, stellt sich das Problem, dass die Richter nach Art. 20 Abs. 3 GG an „Recht und Gesetz" gebunden sind, sich gleichzeitig aber keine Regelung findet, die die Berücksichtigung

of the United States, International Society for Krishna Consciousness <ISKCON> v. Lee, 505 U.S. 672 <1992>"; BVerfGE 128, 226, 253.

44 S. 505 U.S. 672 (1992), 683.

45 S. dazu eingehend Matthew D. McGill, Unleashing the Limited Public Forum: A Modest Revision to a Dysfunctional Doctrine, *Stanford Law Review*, 2000, 929–57.

46 S. etwa oben Fn. 37 u. 38.

47 S. oben II. (b).

48 S. oben III.

fremden Verfassungsrechts erlaubt oder gar gebietet. (Die häufig diskutierte Frage, ob die rechtsvergleichende Auslegungsmethode eine zulässige (legitime) Methode sei, verlagert das Legitimationsproblem lediglich, löst es aber nicht auf und auch nicht aus der grundgesetzlichen Rahmung heraus.)

Nimmt man nun keine Ortsperspektive in der normativen Rahmung des Grundgesetzes ein, sondern eine, die an einem aus Bezugnahmen konstituierten Raum anknüpft, verhält sich die Sache anders: Hier lässt sich die Frage nach der Legitimation der FRAPORT-Entscheidung gar nicht in dieser Weise stellen, denn, um sie stellen zu können, müsste man einen normativ definierten Ort einnehmen: Etwa von der Annahme ausgehend, dass eine verfassungsgerichtliche Entscheidung auf die verfassunggebende Gewalt rückführbar sein muss. Aus der Perspektive des Raumes dagegen wird die FRAPORT-Entscheidung erst einmal einfach nur Teil des Verfassungsrechtsraumes, indem sie Rezeptionsbezüge etwa zum Kanadischen Supreme Court oder zum U. S. Supreme Court konstituiert. Aus dieser Perspektive lassen sich andere Fragen stellen. Etwa, ob von vielen Verfassungsgerichten auf die Public-Forum-Doktrin Bezug genommen wird, so dass man vielleicht von einem breiten Konsens über die Richtigkeit der Anwendung dieses Leitbilds in ähnlichen Fällen sprechen könnte? Dass es etwa Teil dessen wird, was man – in der Version von Jeremy Waldron und im Unterschied zum klassischen law of nations – Ius Gentium nennen könnte – einer Art Rechtsordnung, die repräsentiert, was Waldron für ganz verschiedene Einzelrechtsordnungen als ‚gemeinsame Antworten auf gemeinsame Probleme' bezeichnet.[49] Aus der Perspektive des Raumes könnte man aber auch fragen, ob die FRAPORT-Entscheidung selbst wieder Gegenstand der Rezeption durch weitere Gerichtsentscheidungen geworden ist.

Solche Fragen lassen sich natürlich problemlos für sich genommen stellen und unterscheiden. Man kann sie aber, wie es häufig gemacht wird, wieder in die ursprüngliche Frage nach der Legitimation solcher Entscheidungen miteinbeziehen. Dann allerdings, und genau das vermag die Raum-Ort-Unterscheidung sichtbar zu machen, wechselt man wieder die Perspektive. Denn: Ob Waldrons Ius-Gentium-Argumentation zu einer Art substantieller Legitimation führen kann oder ob weitere normative Wahrnehmungsakte, die auf die FRAPORT-Entscheidung Bezug nehmen, derselben zu einer Art nachträglicher Legitimation verhelfen können – solche Fragen können nicht aus der Raumperspektive beantwortet werden. Dazu müsste man – inspiriert durch die Raumperspektive – wiederum die Ortsperspektive einnehmen; das normative Bezugssystem, welches diesen neuen Ort lokalisiert, wäre eines, das Legitimationsstrategien, die etwa an Waldrons Ius-Gentium-These anknüpfen, miteinbezieht. Das mag zunächst wenig überraschend erscheinen, gerade Waldrons Ansatz zeigt aber, dass die Unterscheidung der Betrachtungsperspektiven alles andere als trivial ist: Indem Waldron nämlich in der Raumperspektive erkennbare Muster (‚ähnliche' verfassungsrechtliche Problemlösungen von ‚ähnlichen' Problemen) zur Basis der Legitimation von Bezugnahmen auf fremdes Verfassungsrecht erhebt, objektiviert er nicht die einzelnen verfassungsrechtlichen Problemlösungen, sondern die „Probleme" selbst – Waldron vergleicht sie mit naturwissenschaftlichen

49 Jeremy Waldron, Foreign Law and the Modern Ius Gentium, *Harvard Law Review* 119, no. 1 (2005), 129–47 (133).

(zu erklärenden) Phänomenen.[50] Während aber die Bezugnahme (etwa: Zitation) auf ein verfassungsrechtliches Konzept in der Raumperspektive (empirisch) beobachtbar ist, lässt sich eine verfassungsrechtliche Frage (nach der Lage etwa) nur in Abhängigkeit von einem normativen Bezugsrahmen, also in der Perspektive des Ortes stellen. Entsprechend zeigt die Unterscheidung von Ort und Raum hier auf, dass für die Vergleichbarkeit/Musterung der zugrunde liegenden verfassungsrechtlichen Probleme, die Waldron voraussetzt, noch eine Begründung fehlt.

Der Begriff des Raumes und sein Komplement, jener des Ortes, ermöglichen es also einerseits, eine Perspektive auf das Recht als Ganzes, als Raum, einzunehmen, und andererseits, konkrete Betrachtungen einzelner Aspekte des Rechts in den Blick zu nehmen, indem man ihre Verortung herausarbeitet. Umgekehrt ermöglichen sie, die Fragen, die sich an ein Phänomen stellen, zu unterscheiden: Die Frage, welche Rechtsnormen, Entscheidungen, dogmatischen Konzepte ein Gericht verwendet, um ein Urteil zu fällen, lässt sich etwa aus der Perspektive des Raumes beantworten, indem man die Rezeptionsbezüge untersucht. Steht man andererseits vor einer Rechtsfrage, fragt nach der richtigen rechtlichen Lösung eines Problems, so setzt das einen jeweiligen normativen Rahmen voraus und kann nur unter Bezugnahme auf diesen Rahmen an einer konkreten Stelle dieses Rechtsgebildes, an einem Ort, beantwortet werden.

Es ist vielleicht nun offensichtlich: Die Begriffe Raum und Ort ermöglichen, eine empirische Seite rechtswissenschaftlichen Betrachtens von einer normativen Seite des Betrachtens zu trennen, und zwar nicht allein theoretisch, sondern in der angewandten Perspektivenbildung. Diese Unterscheidung ist angesichts der Globalisierung des postnationalen Rechts nicht nur hilfreich, sondern in besonderer Weise notwendig, weil die Struktur dieses Rechts nicht homogener Art ist, man also in der Rechtsbetrachtung der Notwendigkeit unterliegt, den jeweiligen Standpunkt offenzulegen, und andererseits die Erforschung der Struktur eine stärkere Bedeutung gewinnt, wenn normativer Rahmen und Rechtsstruktur nicht identisch sind.

Die Begriffe Raum und Ort ermöglichen hier also eine Besonderheit der Rechtsbetrachtung, die rechtstheoretisch wie rechtswissenschaftlich sehr produktiv sein kann: Sie erlauben die Unterscheidung des Blickes auf Recht – eine Version knüpft an der Faktizität des Rechts an, der Raumblick, und eine zweite Version knüpft an der Normativität an, der Blick des Ortes. Wenn allerdings ein Raum immer aus Orten entsteht, mit denen etwas getan wird, aus praktizierten Orten, wenn das Rechtsgebilde als Raum sich nur über eine Praxis beschreiben lässt, deren Resultate, Rezeptionsmomente nämlich wiederum einzelne Orte bilden können, dann machen diese Begriffe etwas anschaulich, was ich im Begriff der Relationalität schon vorausgesetzt habe: Nämlich dass Faktizität und Normativität des Rechts in einem Zusammenhang stehen, der unauflösbar ist, und entsprechend: Dass die Betrachtung der Faktizität des Rechts und jene seiner Normativität nur zwei Aspekte *eines* Phänomens in den Blick nehmen. Es ist in der jeweils aktuellen Betrachtung zwar nicht möglich, beide Seiten gleichzeitig zu erfassen, aber beide Seiten setzen einander schon begrifflich voraus. D.h., wenn ich Häufigkeiten von Rezeptionen eines verfassungsrechtlichen Konzepts in unterschiedlichen Rechtsurteilen untersuche, gehe ich empirisch mit den Urteilen um, aber dass ich sie als Rechtsurteile betrachte, ist eine

50 Waldron (Fn. 49), 143 f.

notwendige normative Voraussetzung dafür. Wenn ich wiederum dieses Konzept verwende, um eine konkrete (normative) Rechtsfrage zu beantworten, dann setze ich seine (empirisch nachvollziehbare) Rezeption von anderen Elementen des Rechts voraus.

V. Schluss

Natürlich bedarf die rechtswissenschaftliche Erschließung transnationaler und globaler Rechtsentwicklungen nicht zwangsläufig des Raumbegriffs. Empirische und normative Perspektiven gehen keineswegs auf die Raum-Ort-Unterscheidung zurück. Aber: Der Begriff des Raumes hilft dabei, eine globale Vorstellung des Rechts zu gewinnen, dessen Praxis nicht zwangsläufig mit der Struktur einzelner normativer Ordnungsvorstellungen übereinstimmt, und zwingt dazu, in der Untersuchung des transnationalen Rechts die eingenommen Untersuchungsperspektive jeweils offenzulegen.

Diskussionen wie jene um Pluralismus und Konstitutionalismus müssen nicht unbedingt als gegenläufig erscheinen, unter dem Paradigma des Raumes sind sie allerdings gefordert, normative und deskriptive Betrachtung auseinander zu halten: Man kann problemlos plurale Strukturen beschreiben und dieselben in normativer Hinsicht als Konstitutionalismen erfassen. Das eine bedeutet, sich im Raum zu bewegen, das andere, an herausdefinierte Orte im Raum ein konstitutionalistisches Ordnungsmuster anzulegen.

Wenn man Recht als relationalen Raum fasst, gewinnt man also eine Betrachtungsebene, die auf keiner normativen Struktur aufbaut, aber dennoch die Normativität des Rechts als Recht voraussetzt. Normative Rechtsbetrachtungen können dann an konkreten Orten dieses Raumes angelegt werden, bedürfen aber eines jeweils neu anzulegenden normativen Bezugsrahmens ebenso wie seiner Offenlegung.

Die Rede von den Rechtsräumen in Bezug auf die Transnationalisierung und Globalisierung des Rechts lässt sich insofern rechtswissenschaftlich produktiv verstehen und muss nicht allein bezeichnender Natur bleiben. Sie markiert gleichzeitig eine Ausdehnung des Rechts, die dasselbe bezeichnenderweise gerade von seiner Bindung an den *Natur*raum entkoppelt. Während der territorial begrenzte Naturraum als Voraussetzung des Rechts an Bedeutung verliert, gewinnt also der Rechtsraum als Beschreibungsbegriff Bedeutung, indem er Ausdehnungen und Entgrenzungen des Rechts vorstellbar macht.

Stefan Kadelbach (Frankfurt am Main)

Konstitutionalisierung und Rechtspluralismus

Über die Konkurrenz zweier Ordnungsentwürfe*

I. Einleitung

Infolge der Veränderungen, die die Funktion des Staates als Ursprung von Recht und Gesetz in den letzten zweieinhalb Jahrzehnten erfahren hat, haben sich zwei Großtheorien neu formiert, die auf den ersten Blick nicht viel miteinander zu tun haben: Konstitutionalismus und Rechtspluralismus. Die eine dieser Theoriegruppen sucht, jedenfalls im Ausgangspunkt, nach einem normativen Paradigma für die Legitimation nichtstaatlicher Herrschaftsausübung und findet es in einer entstaatlichen Form von Verfassung, die andere nimmt sich vor, die Beziehungen zwischen Rechtssubjekten in ihrer Komplexität zu beobachten und so zu beschreiben, wie sie sind, und richtet dabei den Blick auf ein Recht ohne Staat. Der Konstitutionalismus war zunächst ein völkerrechtlicher Ansatz, während der globale Rechtspluralismus eine Theorie des transnationalen Rechts bietet, also einen anderen Bezugspunkt hat. Die eine Denkweise ist im Ansatz normativistisch, weil sie am Geltungsanspruch von Rechtsnormen ansetzt, die andere stand am Beginn der Rechtssoziologie.[1] Beide haben, wie wir noch sehen werden, Probleme, ihre Ansprüche einzulösen. Aber warum sollen sie konkurrierende Ordnungsentwürfe sein?

„Ordnung" entsteht im Auge des Betrachters, der beobachtete Phänomene in ein „System" bringt.[2] Mit solchen „Systemen" sind immer normative Vorstellungen verbunden, sei es dass diese mit dem Anspruch formuliert werden, Gesetzmäßigkeiten der Normentstehung aufzudecken, oder dass aus ihnen, stärker, Wertungen einer bestehenden oder entworfenen oder Anforderungen an eine gesollte Ordnung abgeleitet werden. Indem Vertreter des Konstitutionalismus und des Pluralismus verschiedene Deutungsmuster für eine Weltordnung, die Europäische Union, den Bundesstaat oder das innerstaatliche Recht entwerfen, bringen sie also, ob sie es wollen oder nicht, Vorstellungen darüber zum Ausdruck, wie die Welt des Normativen sein sollte. Am Ende geht es um divergierende Ideen von Hierarchie und von kollektiver und individueller Autonomie.

Im Folgenden wird der Antagonismus der beiden Weltsichten in vier Schritten entfaltet. Zunächst werden Konstitutionalismus (II.) und Pluralismus (III.) mit ihren jeweils eigenen Voraussetzungen und Einwänden vor dem Hintergrund ihrer Ordnungsideen betrachtet. Im nächsten Schritt werden die wesentlichen Divergenzen der sich hieraus ergebende Kontroverse herausgestellt, die bislang wohl gar nicht

* Der Verfasser dankt Mohamed Assakkali, Christina Henrich, Thomas Kleinlein, Ralph Seinecke und David Roth-Isigkeit für Diskussion, viele Anregungen und Kommentare.

1 Dass es Zwischenformen gibt, wie einen sich als pluralistisch verstehenden Konstitutionalismus (Nachw. unten Fn. 12) oder einen normativistischen Pluralismus (zu Teubners Ansatz Nachw. Fn. 22) ist für die folgenden Ausführungen nicht entscheidend.

2 „System" wird hier nicht im systemtheoretischen Sinne verstanden.

immer als solche aufgefasst wird (IV.).[3] Am Schluss wird versucht, den Erkenntnisgewinn zu bestimmen, der sich aus dieser Spannung ergeben kann (V.).

II. Konstitutionalismus

Der aktuelle internationale Konstitutionalismus ist in den 90er Jahren entstanden und zu einem guten Teil, wenn auch nicht ausschließlich, eine Denkschule der deutschsprachigen Völkerrechtswissenschaft.[4] Er hat seine unmittelbaren Vorläufer in der Diskussion über die supranationale Verfassung Europas, in der sich der Verfassungsbegriff aus seiner staatlichen Bindung löste, sowie in der Verrechtlichung des Welthandels in der World Trade Organisation (WTO), in der sich Erfahrungen zu wiederholen schienen, die mit der EU gemacht worden waren, von der Etablierung einer obligatorischen Gerichtsbarkeit mit einer starken Präferenz für wirtschaftliche Freiheiten vor kollidierenden Interessen bis zum Demokratiedefizit von der WTO initiierter Normproduktion.[5] Hier wurde bewusst, dass internationale Organisationen Hoheitsgewalt ausüben, denen gehaltvolle verfassungsrechtliche Sicherungen nicht gegenüberstanden. Ein weiterer Impuls ergab sich aus der historischen Delegitimierung des sozialistischen Staatsmodells; sie hat eine Umwertung im Völkerrecht begünstigt, die Projektion des Demokratieprinzips und der Rechtsstaatlichkeit auf die völkerrechtliche Ebene und deren Maßstabswirkung für die Legitimität staatlicher Regierungsformen. Das gelegentliche Wiederaufflackern der Diskussion über den kulturellen Relativismus der Menschenrechte („The Asian Way") ist da nur ein Rückzugsgefecht, in der politischen Praxis geführt von Staaten, die es sich leisten können. Das Phänomen der Aufladung des bisherigen Völkerrechts der Koexistenz, Koordination und Kooperation durch Normen verfassungsrechtlicher Herkunft wird als Konstitutionalisierung, ihre Bearbeitung durch die rechtswissenschaftliche Theorie als Konstitutionalismus beschrieben.

Das alles war auch in den 90er Jahren nichts völlig Neues.[6] Völkerrechtsphilosophische Entwürfe und rechtstheoretische Modelle, die alles Recht auf einen gemeinsamen Fluchtpunkt hin ordnen, hat es immer wieder gegeben, in scholastischen Lehrgebäuden (Vitoria), frühneuzeitlichen Naturrechtslehren (Grotius), aufklärerischen Systemen (Leibniz, Wolff) und normativistischen Modellen (Kelsen,

3 S. aber Alec Stone Sweet, Constitutionalism, Legal Pluralism and International Regimes, *Indiana J Glob Leg St* 16 (2009), 621–645; Geir Ulfstein, The Relationship between Constitutionalism and Pluralism, *GoJIL* 4 (2012), 575–583; Lars Viellechner, Constitutionalism as a Cipher. On the Convergence between Constitutionalist and Pluralist Approaches to the Globalization of Law, *ebd.*, 599–623 .

4 Vgl. Christian Tomuschat, Obligations Arising for States Without or Against Their Will, *RdC* 241 (1993), 195–347; Bardo Fassbender, *UN Security Council Reform and the Right of Veto. A Constitutional Perspective,* Den Haag 1998; dazu Armin von Bogdandy, Constitutionalism in International Law: Comment on a Proposal from Germany, *Harv Int'l LJ* 47 (2006), 223–242.

5 Neil Walker, The EU and the WTO: Constitutionalism in a New Key, in: *The EU and the WTO – Legal and Constitutional Issues*, Oxford 2001, 31–57; Matthias Knauff, Konstitutionalisierung im inner- und überstaatlichen Recht – Konvergenz oder Divergenz?, *ZaöRV* 68 (2008), 453–490.

6 Vgl. etwa Hermann Mosler, The International Society as a Legal Community, *RdC* 140 (1974), 1–320.

Verdross).[7] Teils handelt es sich dabei um moraltheologische Ableitungen (Vitoria), teils um Naturrecht mit empirischem Anspruch (Grotius), teils um wissenschaftliche Modelle (Wolff, Kelsen). Dazwischen – oder darüber – steht – oder thront – Kant, der eigentliche Ahnherr des heutigen Konstitutionalismus, dem der apologetische Charakter der frühmodernen Völkerrechtslehre ein Gräuel war, der deren empirische Richtigkeit aber nicht bestritt, sondern das positive Völkerrecht in der praktischen Vernunft der „regulativen Idee" des Rechts einer Republik der Völker unterwarf.[8]

Allen diesen Entwürfen gemeinsam war die Idee – oder besser: die Fiktion – der Einheit der Rechtsordnung. Sie sind sowohl monistisch als auch hierarchisch. Das lässt sich auch von den ersten und einigen heutigen Ansätzen des Konstitutionalismus sagen, seien sie nun analytisch oder programmatisch. Um die Implikationen der weiteren Debatte besser zu verstehen – und auch um meinen eigenen Standpunkt deutlich zu machen – muss ich auf diese beiden Aspekte kurz zu sprechen kommen, die oft nicht streng getrennt werden.

Ein deskriptiver oder analytischer Konstitutionalismus wählt einen gleichsam rechtsempirischen Ansatz. So wenig einheitlich die einzelnen Vertreter untereinander sind, so gehen sie doch meist von der Annahme aus, konstitutionelle Normen, also solche, die die Rolle übernehmen, die innerstaatlich das Verfassungsrecht ausfüllt, drückten hierarchische Verhältnisse zwischen verschiedenen Rechtsebenen aus, sei es dass sie von sich aus einen Vorranganspruch erheben, dass sie ethische Wertungspräferenzen zum Ausdruck bringen oder dass sie staatsanalog konzipiert sind. Der Plan ist dann, das positive Völkerrecht auf seine konstitutionellen Gehalte zu durchforsten, sei es mit positivem oder negativem Ergebnis, oder auch dem, dass es sich um ein in Entstehung befindliches Paradigma handele.[9] Zum gesichteten Material gehören die UNO-Charta einschließlich ihrer Kollisionsklausel des Artikels 103 UNC, dem zufolge die Verpflichtungen aus der Charta Vorrang vor anderen Pflichten der Mitgliedstaaten haben; ferner das zwingende Völkerrecht (*ius cogens*), das die Nichtigkeit von Verträgen bewirkt, die von bestimmten Kernnormen abweichen; Pflichten erga omnes, deren Verletzung eine Verantwortlichkeit des Verletzers gegen alle Staaten auslöst; sowie das Völkerstrafrecht, soweit es in die Zuständigkeit des Internationalen Strafgerichtshofs fällt; außerdem die Menschenrechte, die Grundsätze demokratischen Regierens und die *rule of law*.

Die programmatische Stoßrichtung des Konstitutionalismus geht darüber hinaus und fordert die Orientierung der Völkerrechtsordnung an konstitutionellen Wertentscheidungen.[10] Teils richten sich Erwartungen an genuin völkerrechtliche

7 Eingehend Thomas Kleinlein, *Konstitutionalisierung im Völkerrecht*, Berlin 2012, Kap. 3 und 4.

8 Zu Kant und dem Konstitutionalismus auch Martti Koskenniemi, Constitutionalism as a Mindset: Reflections on Kantian Themes about International Law and Globalization, *Theoretical Inquiries in Law* 8 (2007), 9–36; Kleinlein (Fn. 7), S. 287–310.

9 Stefan Kadelbach / Thomas Kleinlein, Überstaatliches Verfassungsrecht, *AVR* 44 (2006), 235–266, 237; Erika De Wet, The Emergence of International and Regional Value Systems as a Manifestation of the Emerging International Constitutional Order, *Leiden JIL* 19 (2006), 611–632; Andreas Paulus, The International Legal System as a Constitution, in: *Ruling the World? Constitutionalism, International Law and Global Governance*, hg. von Jeffrey L. Dunoff / Joel P. Trachtman, Cambridge 2009, 69–109.

10 Brun-Otto Bryde, International Democratic Constitutionalism, in: *Towards World Constitutionalism*, hg. von Ronald Stuart MacDonald / Douglas M. Johnston, Leiden 2005, 103–125; Anne Peters, Compensatory Constitutionalism: The Function and Potential of Fundamental Interna-

Institutionen, wie dies z. B. im Hinblick auf die Agenda einer Durchformung der Welthandelsorganisation oder des Investitionsschutzrechts am Maßstab der Menschenrechte, eine Verrechtstaatlichung des UNO-Sanktionsmechanismus oder die Demokratisierung der internationalen Finanzinstitutionen der Fall ist, teils aber auch an die Staaten und deren innere Ordnung, wenn etwa die Anerkennung von Staaten und Regierungen, die Aufnahme in internationale Organisationen oder die Vergabe von Krediten an Mindestnormen gebunden werden soll. Das internationale Recht erhält eine Legitimationsgrundlage, die über den bloßen Konsens der Staaten hinausgeht und ihn in besonderen, wichtigen Fällen nicht nur entbehrlich macht, sondern sogar Widerspruch überwinden kann.

Beide Anliegen des Konstitutionalismus scheinen einiges für sich zu haben. Dass internationale Organisationen, wenn sie vormals staatliche Aufgaben übernehmen, auch Bindungen unterliegen müssen, leuchtet sofort ein.[11] Auf der rechtsempirischen Ebene ist die Existenz der einzelnen Normen, sei es in vertraglicher Form, sei es in gewohnheitsrechtlichen Ansätzen, oft plausibel begründbar, und auch die Feststellung, dass das Völkerrecht in zunehmendem Maße Bestandteile moralischer Wertentscheidungen positiviert hat, ist richtig. Wer daran zweifelt, möge nur einmal zwei Konstellationen vergleichen, in denen es um humanitär motivierte Interventionen ging: Während sich vor dem Kosovo-Einsatz der NATO 1999 noch die Frage stellte, ob ein Militäreinsatz mit humanitären Gründen überhaupt gerechtfertigt werden kann, geriet der deutsche Außenminister 2011 politisch unter Druck, weil er im UN-Sicherheitsrat einer Ermächtigung zu Luftschlägen gegen das Gaddafi-Regime nicht zustimmen wollte. Und das Projekt, nicht nur internationale Organisationen, sondern auch zweifelhafte Regimes einzelner Staaten völkerrechtlich stärker für die Einhaltung elementarer Menschenrechte und anderer Errungenschaften des Verfassungsstaates in die Pflicht zu nehmen, scheint legitim.

Doch gibt es ernst zu nehmende Einwände. Auf der analytischen Ebene werden Rechtsrealisten einen Fehlschluss sehen und bemerken, dass die Behauptung der Geltung einer Norm noch nichts über ihre soziale Existenz besagt. Denn die Wirklichkeit des Völkerrechts sei nicht durch eine mit der Verfassungsmetapher nahegelegte Utopie der Einheit allen Rechts zu beschreiben, zu der sich eschatologisch alles hinbewege, sondern im Gegenteil durch zunehmende Ausdifferenzierung der Teilbereiche, die ja auch schon seit Längerem als sachliche und regionale Fragmentierung beschrieben wird.[12] Es kann dann nur darum gehen, wie Regimekollisionen gelöst werden, und die Behauptung von Einheit trägt hierzu nicht bei. In gewisser Nähe zu diesen Einwänden steht das Credo der Rechtspluralisten, der Staat werde – auch auf völkerrechtlicher Ebene – als Normproduzent überschätzt, die soziale

tional Norms and Structures, *Leiden JIL* 19 (2006), 579–610; dies., Dual Democracy, in: *The Constitutionalization of International Law*, hg. von Jan Klabbers / Anne Peters / Geir Ulfstein, Oxford 2009, 263–341.

11 Auf sie will Jan Klabbers, Constitutionalism Lite, *Int'l Org L Rev* 1 (2004), 31–58 die Konstitutionalisierung beschränkt sehen.

12 Vgl. Martti Koskenniemi, Fragmentation of International Law: Difficulties Arising from the Diversification and Expansion of International Law – Report of the Study Group of the International Law Commission, *U. N. Doc A7CN.4/L.682* of 4 April 2006; Rainer Wahl, In Defence of ‚Constitution', in: *The Twilight of Constitutionlism?*, hg. von Petra Dobner / Martin Loughlin, Oxford 2010, 220–242; für eine pluralistische Völkerrechtstheorie unter diesen Voraussetzungen Nico Krisch, *Beyond Constitutionalism – The pluralist structure of postnational law*, Oxford 2010.

Wirklichkeit zeichne sich durch eine Vielfalt an Normunternehmertum durch private Akteure usw. aus, die transnationale Ebene werde vernachlässigt.[13] So stellt sich die Frage, ob nicht die Agenda bereits die Materialsuche angeleitet hat und Normenkategorien als Belege für ein Phänomen herhalten lässt, das mit einem Prozess der Konstitutionalisierung nicht viel zu tun hat. Zum Beispiel kann Art. 103 UNC im Sinne eines konsensualen Positivismus als reine Kollisionsklausel gedeutet werden, das zwingende Völkerrecht ist deutlich älter als der aktuelle Konstitutionalismus und das Völkerstrafrecht ist weder funktional noch substantiell Verfassungsrecht. So ist der analytische Konstitutionalismus vielleicht doch auch programmatisch, und beide müssen mit der – unvermeidlichen – Kritik leben, in Wahrheit das Geschäft mächtiger Staaten oder Staatengruppen zu besorgen, die seit jeher die Definitionsmacht über das Recht beanspruchen und für andere Präferenzen als die des westlichen Verfassungsstaates keinen Raum zu lassen.[14]

Aus der Kritik wird bereits deutlich, dass es durchaus Berührungen zwischen Konstitutionalismus und Pluralismus gibt. Man kann den Rechtspluralimus sogar regelrecht als Gegenmodell verstehen. Wie sich gleich zeigen wird, scheitert aber auch er an seinem – oft unausgesprochen gebliebenen – normativen Ideal.

III. Pluralismus

Geht es dem Konstitutionalismus darum, unter dem Leitbild der Verfassung Recht als legitime Ordnung zu bewahren, will der Pluralismus seiner Vielgestaltigkeit gerecht werden, und während sich der Konstitutionalismus an der Geltungsseite des Rechts orientiert, ist für den Pluralismus dessen soziale Existenz von Interesse.[15] So muss sich das Recht nicht aus einer Ur-Norm heraus legitimieren, sondern lebt in der Praxis. Daher können auch nebeneinander verschiedene Normschichten Bestand haben, selbst wenn sie zueinander in Widerspruch stehen. Der üblichen Definition zufolge herrscht auf einem sozialen Feld Pluralismus, auf dem es mehr als eine rechtliche Ordnung gibt.[16] Der Staat ist nur einer von mehreren denkbaren Normgebern, weil die Gesellschaft am Ursprung des Rechts liegt und der Staat nur eines ihrer Systeme ist. Man unterscheidet einen starken und einen schwachen Rechtspluralismus. „Stark" ist er, wenn seine Normen von staatlicher Anerkennung unabhängig sind, „schwach", wenn nichtstaatliche Ordnungen unter dem Vorbehalt eines hoheitlichen Rezeptionsaktes stehen, etwa der Anerkennung durch ein staatliches Gerichtsurteil. Auch der Pluralismus kennt deskriptive und normative Varianten.[17]

13 Eingehend Poul Kjaer, *Constitutionalism in the Global Realm – A sociological approach,* London 2014.

14 Am Bsp. der souveränen Gleichheit Gerry Simpson, *Great Powers and Outlaw States*, Cambridge 2004.

15 Überblick bei Stefan Kadelbach / Klaus Günther, Recht ohne Staat?, in: *Recht ohne Staat?*, hg. von dens., Frankfurt 2011, 9–48.

16 John Griffiths, What is Legal Pluralism, *J Leg Plur* 24 (1986), 1–47; Sally Engle Merry, Legal Pluralism, *L & Soc Rev* 22 (1988), 869–896.

17 Ralph Seinecke, *Das Recht des Rechtspluralismus,* Diss. Frankfurt am Main 2013, 24–43, 155–271.

Als Vater des deskriptiven Pluralismus gilt, wie hier nicht weiter erklärt werden muss, der Rechtssoziologe Eugen Ehrlich, der Bela Bartók der Rechtstheorie, der im Spätsommer der Donaumonarchie seine Seminare in die Czernowitzer Umgebung ausschwärmen ließ, um mit „rechtlichen Aufnahmen" die Regeln des Viehhandels und der Hoferbfolge in der bäuerlichen Bukowina aufzuzeichnen. Der Geltungsgrund dieser Regeln beruht nicht auf einem staatlichen Normerzeugungsverfahren, sondern auf einer „gesellschaftlichen Psychologie", liegt also sozusagen in uns selbst.[18] Einen ähnlichen Zugriff auf das Recht haben die Rechtsanthropologie Bronislaw Malinowskis in dessen berühmten Untersuchungen der sozialen Ordnung Neu-Guineas[19] und Studien von Vertretern des *legal realism* über die indigenen Völker Nordamerikas[20].

Heute von besonderem Interesse sind zwei Phänomene, der innere Pluralismus postkolonialer Gesellschaften und die Pluralität transnationaler Normproduktion.[21] Beide haben normative Versionen des Pluralismus inspiriert. Die pluralen Normengeflechte Afrikas und Asiens, in denen selbstgegebene Verfassungen, Strukturen der vormals herrschenden Rechtsordnungen, Importprodukte des Rechtstransfers, eher symbolisch ratifizierte völkerrechtliche Verträge, religiöse Gesetze und lokale Bräuche eine oft paradoxe Koexistenz führen, lassen sich mit einer rechtsempirischen Theorie am besten erklären. Normkonflikte müssen nicht auf der Geltungsebene „gelöst", sondern können in der Praxis ausgehalten werden.

Über den Rechtspluralismus der Systemtheorie Gunther Teubners muss hier nicht nochmals gesprochen werden.[22] Der transnationale Rechtspluralismus mit seinen Beispielen der Handelsbräuche (*lex mercatoria*), des Verbandsrechts (*lex sportiva*), der Internet-Domains (*lex digitalis*) usw. führt jedenfalls vor Augen, dass Recht auch außerhalb des Staates aus Vereinbarung und Anerkennung Privater heraus entstehen, also von der Gesellschaft und außerhalb des staatlichen Rechtsetzungsverfahrens initiiert werden kann, und dass ein unvollständiges Bild erhält, wer sich allein auf völkerrechtliche Vereinbarungen, Rechtsakte internationaler Regierungsorganisationen und staatliche Hoheitsakte konzentriert.

Spielarten des Pluralismus begegnen uns aber auch auf Feldern, für die sich der Konstitutionalismus für zuständig erklärt hat und für die sich der klassische Pluralismus gar nicht interessiert. Deutlich wird das immer dort, wo es um die Koordination mehrerer Normebenen und ungeklärte Hierarchien geht. Im Verhältnis zwischen der Europäischen Union und ihren Mitgliedstaaten ist bspw. von Verfassung die Rede, wenn der Vorrang des Unionsrechts, von Pluralismus, wenn die Konkurrenz beider Normebenen gekennzeichnet oder, dann in einem programmatischen Sinne, wenn Prärogativen der staatlichen Verfassungen mit einer auch die Kollisionslösung

18 Eugen Ehrlich, *Grundlegung der Soziologie des Rechts*, München 1913, hier nach 4. Aufl. Berlin 1989, 241; vgl. auch Brian Tamanaha, A Non-Essentialist Version of Legal Pluralism, *J L & Soc* 27 (2000), 296.

19 Bronislaw Malinowski, *Crime and Custom in Savage Society*, London 1926.

20 Karl N. Llewellyn / Edward A. Hobel, *The Cheyenne Way*, Norman (Okl) 1941.

21 Vgl. Paul Schiff Berman, The New Legal Pluralism, *Annual Rev L & Soc Sc* 5 (2009), 225–242; Ralf Michaels, Global Legal Pluralism, *ebd.*, 243–262.

22 Gunther Teubner, Globale Bukowina, *Rechtshistorisches Journal* 15 (1996), 255–290; ders., Fragmented Foundations: Societal Constitutionalism Beyond the Nation State, in: Dobner/Loughlin (Fn. 12), 327–341.

umfassenden, zusätzlichen Legitimation unterlegt werden sollen.[23] Die EU hat diese Erfahrung in den Sanktionslisten-Fällen wiederholt, wenn die erste Instanz ihrer Gerichtsbarkeit der UNO-Charta und den aus ihr abgeleiteten Sicherheitsratsresolutionen, die zweite Instanz des EuGH dagegen den Verfassungswerten des Unionsrechts den Vorrang zugebilligt hat.[24] Dies als „pluralistisch" zu bezeichnen, wie es gelegentlichem Sprachgebrauch entspricht, passt zwar nicht zu den Voraussetzungen des klassischen Rechtspluralismus, solange es einfach nur um divergierende Deutungen des Rangverhältnisses geht.[25] Das heißt aber nicht, dass eine rechtspluralistische Deutung nicht auch im Verhältnis zwischen der EU und ihren Mitgliedstaaten möglich ist. Vor allem die Europäisierungsprozesse des Zivil- oder Verwaltungsrechts lassen sie zu, in denen europäische Vorgaben bestehen, sich aber in jeder Rechtskultur anders niederschlagen. Selbst für den deutschen Bundesstaat finden sich Deutungen im Sinne eines nichthierarchischen, von Koordinations- und Kollisionslösungsregeln bestimmten Pluralismus.[26]

Auch für solche Sichtweisen spricht ihre intuitive Plausibilität. Die Rechtsgeschichte weist darauf hin, dass auf lange Sicht der Pluralismus der Normalzustand, die mit den Mitteln des Rechtsetzungsapparates der Nationalstaaten geschaffene Normproduktion die historische Ausnahme sei.[27] Auf der transnationalen Ebene ist die Beobachtung nicht neu, dass den klassischen Völkerrechtsquellen entstammende Rechtsnormen nur einen blassen Eindruck von den komplexen Rechtsbeziehungen vermitteln, die zwischen Staaten, privaten Unternehmen, Nichtregierungsorganisationen, lokalen und regionalen Gemeinschaften und anderen Akteuren bestehen. Das gilt nicht nur für das Wirtschaftsrecht, sondern auch für scheinbar staatlich verantwortete Bereiche, die in Verhaltenscodices, Rohstoffförderlizenzen, Exportbürgschaftsverträgen, dem Projektrecht der Entwicklungshilfe usw., vermittelt durch mehr oder weniger freiwillige Selbstverpflichtungen privater Akteure, übernommen werden. Und sogar das Völkerrecht selbst lässt sich pluralistisch deuten, als komplexes, fragmentiertes Geflecht konkurrierender Regime, in dem Kollisionen zwischen Umweltschutz und Freiheit des Welthandels, Investitionsschutz und sozialen Rechten, Strafrecht und der Freiheit der Meere, jederzeit zueinander in Widerspruch treten können, ohne dass Lösungen solcher Normenkonflikte zwingend vorgegeben wären. Und wer sollte etwas dagegen haben, dass Konflikte durch Dialog, Diskurs, Management der Beteiligten gelöst werden?[28]

Aber auch die pluralistische Deutung der normativen Welt begegnet einer Reihe von Einwänden. Ein erster wäre, dass sie womöglich die Komplexität des Rechts

23 Zur Diskussion George Letsas, Harmonic Law – The Case Against Pluralism, in: *Philosophical Foundations of European Union Law,* hg. von Julie Dickson / Pavlos Eleftheriadis, Oxford 2012, 77–108; Matthias Kumm, The Moral Point of Constitutional Pluralism, *ebd.*, 216–246; Klemen Jaklic, *Constitutionalism in the EU*, Oxford 2013.

24 EuG, Rs. T-306/01 und 315/01, Yusuf und Kadi, Slg. 2005-II, 3533; EuGH, Rs. C-412/05 P und 415/05 P, Kadi und Barakaat, Slg. 2008, I-6351.

25 Vgl. Armin von Bogdandy, Pluralism, Direct Effect and the Ultimate Say, *Int'l J Const'l L* 6 (2008), 397–413.

26 Stefan Oeter, *Integration und Subsidiarität im deutschen Bundesstaatsrecht*, Tübingen 1998, 550, 573.

27 Vgl. Michael Stolleis, Vormodernes und Postmodernes Recht, *Merkur* 2008, 425–429; Thomas Duve, Katholisches Kirchenrecht und Moraltheologie im 16. Jahrhundert: Eine globale normative Ordnung im Schatten schwacher Staatlichkeit, in Kadelbach/Günther (Fn. 15), 147–174.

28 Dazu Emmanuel Melissaris, *Ubiquitous Law,* Farnham 2009, 79.

überzeichnet. So fragt sich, ob die Normsetzung Privater wirklich so autonom ist wie sie beschrieben wird.[29] Das gilt in Teilen bereits für die Urheberschaft der Norminhalte, etwa wenn sich Privatunternehmen auf die Einhaltung arbeitsrechtlicher Mindestnormen im Ausland verpflichten. Vor allem aber lässt sich daran zweifeln, ob transnationales privates Recht ohne staatliche Beteiligung wirksam sein kann; die Durchsetzung von Ansprüchen aus der *lex mercatoria* bspw. wird durch die Zivilprozessordnung ermöglicht, wie Anhänger eines „schwachen" Pluralismus einräumen.[30] Ein solcher schwacher Pluralismus ist aber am Ende vielleicht keiner mehr, wenn sich der Staat jederzeit eines Gegenstandes annehmen kann. Ein starker Pluralismus dagegen, der die Effektivität von Normen auch ohne oder sogar gegen den Staat postuliert, muss sich vorhalten lassen, dass sein Rechtsbegriff unklar ist, weil er nicht angeben kann, was Recht von Nicht-Recht unterscheiden soll. Auch die Mafia gibt sich Regeln. Vertreter des anthropologischen Pluralismus versuchen diesem Vorwurf zu entgehen, indem sie ganz auf den Rechtsbegriff verzichten und nur noch von „Normenpluralismus" sprechen.[31] Für die Rechtstheorie ist damit nichts gewonnen: Wenn der Rechtsbegriff aufgegeben wird, bietet der Pluralismus keine theoretische Alternative zum Normativismus mehr.

Ein weiteres Problem ist der Umgang mit der Legitimität pluraler Normgebilde. Pluralistischen Theorien ist eine oft unausgesprochen gebliebene Voreingenommenheit gegenüber rechtlichen Hierarchien und staatlicher Macht eingeschrieben. Sie neigen zu der Unterstellung, dass autonom gesetztem Recht ein Legitimitätsvorschuss zukommt, da die Normerzeuger, wie es scheint, mit den Adressaten weitgehend identisch oder zumindest als die kleinere Einheit eher zur Selbstgesetzgebung berufen seien. Auch in solchen, insbesondere in den traditionalen Settings der Religionsgemeinschaften, Dorfkollektive und Clans gibt es aber Dominanz und Hierarchie, und der Staat oder sonst eine auf höherer Ebene organisierte Instanz kann hier sogar die Rolle des Befreiers einnehmen. Aber auch auf der Rechtsanwendungsebene stellen sich Machtfragen. Die fragmentierten Regime des inter- und transnationalen Rechts sind eine Sache von Experten geworden, die in günstigen Momenten einigermaßen mühelos in der Lage sind, demokratische Gesetzgebung zugunsten partikularer Interessen auszuhebeln.[32]

Soweit für Mehrebenengebilde wie internationale Organisationen, die Europäische Union oder den Bundesstaat eine pluralistische Perspektive empfohlen wird, ist, ungeachtet der Berechtigung dieser Bezeichnung, die Machtfrage sogar der Grund dafür, wenn es um Gleichordnung oder Subsidiarität, also offen um die Begrenzung der Macht des Gegenspielers geht. Daran ist richtig, dass Pluralität und Fragmentierung oft Symptome einer unentschieden gebliebenen Konkurrenz sind,[33]

29 Vgl. Chris Thornhill, National Sovereignty and the Constitution of Transnational Law: A Sociological Approach to a Classical Antinomy, *TLT* 3 (2012), 394–460.

30 Vgl. Anne Röthel, Lex mercatoria, lex sportiva, lex tecnica, *JZ* 2007, 755–763, 756.

31 John Griffiths, What is Sociology of Law, in: *Law and Sociology*, hg. von Michael Freeman, Oxford 2006, 50–68, 63.

32 Zu diesem Aspekt David Kennedy, One, Two, Three, Many Legal Orders: Legal Pluralism and the Cosmopolitan Dream, *NYU Rev L & Soc Change* 31 (2007), 641–659.

33 Für das Völkerrecht Paul B. Stephan, Symmetry and Selectivity: What Happens in International Law When the World Changes, *Chicago J Int'l L* 10 (2009), 91–123.

deren Konsequenzen manche Spielarten pluralistischer Theorie ausblenden und andere immanent nicht befriedigend bewältigen können.[34]

IV. Das rechtstheoretische Dilemma: Normativismus vs. Rechtsrealismus

Das gilt aber auch für den Konstitutionalismus. Denn wo Pluralisten Phänomene betrachten, ohne ihre legitimatorischen Implikationen ausreichend in Rechnung zu stellen, setzen Konstitutionalisten Wertungen, ohne genau genug hinzusehen.

Die zyklische Wiederkehr des Theorienstreites zwischen Idealismus und Realismus, den Ulrich Menzel für die Theorie der internationalen Beziehungen beschrieben hat,[35] lässt sich mit den nötigen Modifikationen auch für die Theorie des internationalen Rechts feststellen. Wäre der Antagonismus zwischen Konstitutionalismus und Pluralismus ein neuer Schauplatz dieser Debatte? So einfach ist es nicht. Der Pluralismus ist keine Gruppe von Theorien, die offen auf der Normativität des Faktischen, auf dem Primat der Macht vor dem Recht insistieren würden. Für sie ist die Macht nicht das Paradigma sozialer Beziehungen und das Recht nicht ihre Funktion. Was hier als ein Einwand gegen die pluralistische Theorie formuliert wurde, die Indifferenz gegenüber sozialer Macht, richtet sich ja nicht auf ihr Erkenntnisziel, sondern auf eine ihrer problematischen Implikationen. Er richtet sich noch nicht einmal nur auf den Pluralismus. Koskenniemi hat mit Blick auf das Völkerrecht festgestellt, dass alle Aussagen über Norminhalte apologetisch oder utopisch sind, also entweder der Rechtfertigung von Interessenpolitik dienen oder idealistische Normbehauptungen aufstellen.[36] Keine der beiden Theorien ist vor diesem Dilemma sicher. Der Utopie des globalen Menschenrechtsschutzes und weltweit demokratischer Gesellschaften steht die Idylle autonomer Selbstgesetzgebung gegenüber, aber dass sich das Recht als Herrschaftsinstrument der Mächtigen erweist, müssen beide in Kauf nehmen. Was beide trennt, ist die Sicht auf die – und wohl auch die Wertung der – Rolle des Staates, einschließlich seiner Beteiligung am Zustandekommen inter- und transnationalen Rechts. Der Konstitutionalismus spricht ihm – wenn auch vermittelt durch inter- und supranationale Entscheidungsverfahren – die besseren Legitimationsreserven zu, während Pluralisten in den kleineren Einheiten das höhere Emanzipationspotenzial sehen. Hierarchie steht gegen Heterarchie, polemisch gesagt: paternalistischer Gestus gegen liberale Übertreibung der Vielfalt.

Beide Weltsichten sind also, so viel sei festgehalten, unvereinbar. Zu Zeiten Kelsens und Ehrlichs war diese Unvereinbarkeit schon im methodischen Zugriff leicht zu erkennen.[37] Das ist heute nicht mehr so ohne Weiteres der Fall, weil der Fokus ihrer heutigen Wiedergänger ein anderer ist und weil sie, von dem Sonderfall der Europarechtswissenschaft abgesehen, bisher kaum einmal in eine offene Kontro-

34 Für eine diskurstheoretische Formulierung dieses Einwands Klaus Günther, Normativer Rechtspluralismus – Eine Kritik, *Normative Orders Working Paper* 03/2014, S. 18f.

35 Ulrich Menzel, *Zwischen Idealismus und Realismus – Die Lehre von den Internationalen Beziehungen*, Frankfurt 2001.

36 Martti Koskenniemi, *From Apology to Utopia – The Structure of International Legal Argument*, Helsinki 1989.

37 Hans Kelsen / Eugen Ehrlich, *Rechtssoziologie und Rechtswissenschaft. Eine Kontroverse (1915/17)*, hg. von Klaus Lüderssen, Baden-Baden 2003.

verse eingetreten sind. Aber in ihrem methodischen Zugriff (normativistisch vs. realistisch), in der Benennung des Ursprungs des Rechts (Staat vs. Gesellschaft) und in ihrem Umgang mit Normkollisionen und konkurrierenden Herrschaftsansprüchen (Hierarchie vs. Dialog) sind sie einander diametral entgegengesetzt.

Wenn es also nicht darum gehen kann, die Theorien in irgendeiner Weise zu versöhnen, stellt sich die Frage, welcher Erkenntnisgewinn sich aus ihren Spannungen ziehen lässt. Ihr soll der letzte Abschnitt dieser Ausführungen gelten.

V. Schlussfolgerungen und These

Ein erster Gewinn liegt auf der epistemischen Seite. Mit den beiden verschiedenen Möglichkeiten der Beschreibung der Normativität des Rechts, dem Konstruktivismus der Konstitutionalisten und dem sozialwissenschaftlichen Anspruch der empirischen Pluralisten, machen sie wechselseitig auf Einwände aufmerksam, denen Versuche begegnen zu erklären, wie mit den Ansprüchen auf die globale Geltung bestimmter Norminhalte umzugehen ist. Wegen ihrer grundverschiedenen Ausgangsbasis werden sich Vertreter beider Theorien durch diese Einwände nicht vom Gegenteil überzeugen lassen. Weder wird die Verfassungsidee durch bloße Faktizität widerlegt, noch besteht Grund, die emanzipatorischen und kompetitiven Potentiale des Pluralismus aufzugeben. Die Einwände gegen die beiden Theorien empfehlen eine Abkehr von starken Thesen.

Ein Beispiel, wie eine konstitutionalistische Theorie rechtsempirischen Einwänden besser zu entsprechen sucht, bietet der Ansatz von Thomas Franck, der wohl den *main stream* der Völkerrechtswissenschaft repräsentiert. Er kommt realistischen Ansätzen entgegen, indem er auch die faktische Befolgung von Normen in den Blick nimmt und nach den Motiven dafür sucht. Sie liegen für ihn in der Beschaffenheit der Normen selbst.[38] Die zentrale These lautet, dass in einer durch Regeln organisierten Gemeinschaft die Befolgung (zumindest auch) dadurch sichergestellt wird, dass diese Regeln von ihren Adressaten als legitim empfunden werden.[39] Die Legitimität von Normen entspricht funktional den Anerkennungsregeln (*secondary rules*) im Sinne H.L.A. Harts, ist aber Abstufungen zugänglich. Je stärker sie ist, desto eher führt sie bei ihren Adressaten zu einem „Impuls der Befolgung". Die Legitimation einer Norm wird durch vier Elemente bestimmt: Klarheit (*determinacy*), symbolische Bestätigung in einem dazu bestimmten Verfahren (*symbolic validation*), Kohärenz (*coherence*)[40] und soziale Anerkennung (*adherence*). Berechenbarkeit, Verfahren und materielle Angemessenheit stellen die Fairness und damit die Anerkennungswürdigkeit und Legitimität der Völkerrechtsordnung als Ganzes her und verleihen ihr konstitutionelle Qualität. Zusammen stärken diese vier Elemente den

38 Louis Henkin, *How Nations Behave: Law and Foreign Policy*, 2. Aufl. New York 1979, 47.

39 Thomas M. Franck, Legitimacy in the International System, *Am J Int'l L* 82 (1988), 705 ff.; ders., *The Power of Legitimacy Among Nations*, New York 1990, 24, 41; ders., *Fairness in International Law and Institutions*, Oxford 1995, 30.

40 „Coherence" entspricht der „integrity" nach Ronald Dworkin, *Law's Empire*, London 1986, 190–195; gemeint ist die Übereinstimmung mit dem Richtigen und Angemessenen bei der Rechtsetzung und die innere Konsistenz in der Rechtsanwendung; s. Franck, *Fairness* (Fn. 39), 175.

Glauben an die Richtigkeit des Verfahrens (*right process*), in dem die Normen herausgebildet wurden, und bestimmen damit zugleich den Befolgungsimpuls, den inzwischen mit dem Namen Francks verbundenen *pull towards compliance*, der von einer Norm ausgeht. Nach dieser Theorie besteht somit eine Kausalität zwischen dem richtigen Verfahren und dem Verhalten der Adressaten.[41]

Auch die Pluralisten haben Hart in gewisser Weise für sich entdeckt.[42] Was seine Theorie für sie interessant macht ist, dass das Erfordernis eines förmlichen Prozesses der Anerkennung auf einen sozialen Vorgang verweist, der es gestattet, rein tatsächlich ausgesprochene Validierungen von Normen in die Betrachtung einzubeziehen, solange sie nur regelhaft und nicht lediglich zufällig sind. So bietet sie einen Ansatz, der sowohl für Modelle des Völkerrechts als auch für sozialwissenschaftliche Theorien des Rechtspluralismus interessant ist, die Harts Konzept als plausible Selbstbeschreibung des Rechts lesen.

Was bedeutet dies nun für unser Problem, wie sich universale Geltungsansprüche zu partikularen Normengeflechten verhalten, wenn man annimmt, dass Recht weder unterstellt noch in der reinen Faktizität vorgefunden werden kann, man also kontrafaktische Fiktionen und einen unscharfen, wenn nicht beliebigen Rechtsbegriff gleichermaßen vermeiden will?

Die Theorie der Konstitutionalisierung benennt Wertungen und Leitbilder, beschreibt vielleicht auch Wirkungen von Prinzipien im rechtstheoretischen Sinne, der Pluralismus erklärt, dass und warum deren Wirkungen begrenzt bleiben müssen. Der Konstitutionalismus erfährt seine Rechtfertigung durch seine regulative Idee, der Pluralismus durch seine Betonung der tatsächlichen Befolgung. Beide haben eine Vorstellung vom Bewusstsein der Rechtssubjekte und unterscheiden sich in ihren Annahmen darüber, wie dieses in die äußere Wirklichkeit tritt. Geht man davon aus, dass intrinsische Eigenschaften einer Norm eine Bedingung ihres Geltungsanspruchs sind, Recht aber gleichwohl verhandelt und anerkannt werden und eine Aussicht auf Durchsetzung haben muss, kommt es, das wäre meine These zum Schluss, zu einer kontextgebundenen Brechung universeller Norminhalte. Die meisten Menschenrechte sind universell, aber ihre konkreten Umsetzungen können sehr verschieden sein.[43] Die Religionsfreiheit kann in der einen Verfassung die Freiheit der Gläubigen schützen, in der anderen die Macht einer Staatsreligion stärken. Universell ist an solchen Normen eine aus der historischen Erfahrung – nicht nur in Europa – erwachsene Aufstellung von Rechtfertigungspflichten und Begründungslasten, wenn eine Herrschaftsform oder ein Hoheitsakt hinter idealen, aber anderenorts ja auch verwirklichten Vorstellungen von Autonomie, Freiheit und Fairness zurückbleibt.[44] Brechungen ergeben sich in der politischen Praxis, im Verfahren der Aushandlung der Gesetze und im Eigensinn richterlicher Entscheidung. Wie der aus

41 Zum Vorwurf der Tautologie Robert O. Keohane, International Law and International Relations: Two Optics, *Harv. Int'l L J* 38 (1997), 487–502.

42 Griffiths (Fn. 31), 66.

43 Dazu Stefan Kadelbach, The Territoriality and Migration of Fundamental Rights, in: *Beyond Territoriality – Transnational Legal Authority in an Age of Globalization*, hg. von Günther Handl u. a., Leiden 2012, 295–324, 321.

44 Eingehend Niels Petersen, *Demokratie als teleologisches Prinzip*, Berlin 2009, Kap. 2; Thomas Kleinlein, Between Myths and Norms: Constructivist Constitutionalism and the Potential of Constitutional Principles in International Law, *Nord JIL* 81 (2012), 79–132.

den entsprechenden Erwartungen hervorgehende Prozess ausgeht, wie also die „gesellschaftliche Psychologie“ zum Ausdruck kommt, wenn sie rechtliche Form annimmt, ist in ihrem Gehalt nicht allgemeingültig und nur in Grenzen vorhersehbar.

Peter Koller (Graz)

Die Geltung sozialer Normen

1. Der Begriff der Norm

Die Rede von Normen gehört heute zum elementaren Vokabular der Human- und Sozialwissenschaften, insbesondere der Philosophie, der Jurisprudenz und der Soziologie, ja auch zum weithin geläufigen Wortschatz der Alltagssprache. Auch wenn diese Rede in der Regel klar und verständlich scheint, stellt sich bei näherer Betrachtung bald heraus, dass sie nicht nur diffus und vage ist, sondern auch eine Vielzahl theoretischer Fragen aufwirft. Der Begriff der Norm ist denn auch kein einfacher, eindeutiger und klar konturierter Begriff, sondern eher eine ganze Begriffsfamilie, die ein weites Bedeutungsfeld abdeckt und eine Vielfalt sozialer Phänomene zum Gegenstand hat.

1.1 Zur Geschichte des Normbegriffs

Der Ausdruck „Norm" ist ein Lehnwort aus dem Lateinischen, in dem das Wort „norma" ursprünglich gewisse technische Hilfsmittel zur korrekten Errichtung von Bauten, nämlich Winkelmaß und Richtschnur, bezeichnet, aber schon in der Antike auch in übertragener Bedeutung im Sinne einer Regel oder Richtlinie des richtigen Wollens und Handelns verstanden wird. Und in diesem Sinn wird auch das deutsche Wort von alters her benutzt. Die heute geläufige Rede von Normen kommt jedoch wohl erst im 18. Jahrhundert auf, um dessen Mitte ein *Großes vollständiges Universallexikon aller Wissenschaften und Künste* (1740) die Auskunft gibt, eine Norm sei „eine vorgeschriebene Regel, oder Gesetz, welche man genau zu beobachten und nicht dawider zu handeln hat". Daneben wird das Wort aber auch noch in einem zweiten, der Herkunft nach verwandten, in der Sache aber grundverschiedenen Sinn verwendet, in dem es die Normalität, die faktische Regelmäßigkeit bestimmter Verhaltensweisen oder Vorkommnisse meint.[1]

Bis um die Mitte des 19. Jahrhunderts spielt der Normbegriff weder in der Jurisprudenz noch in der Philosophie eine besondere Rolle. An seiner Stelle werden diverse andere Termini gebraucht, wie etwa „Regel", „Richtschnur", „Prinzip", „Gesetz", „Gebot" und vor allem der Ausdruck „Imperativ", der vielfach zugleich als allgemeinster Oberbegriff für die Richtlinien von Moral, Recht und Sitte verwendet wird. Die Gepflogenheit, alle diese Richtlinien als *Imperative* anzusprechen und damit gewissermaßen als Befehle einer höheren Macht zu deuten, dominiert den Diskurs von Ethik und Recht im deutschen Sprachraum bis um 1900. Diese Tatsache ist wohl damit zu erklären, dass der Befehl ein einfaches und vertrautes Muster menschlicher Verhaltenslenkung zu bieten scheint, sofern man sich, wie seinerzeit weithin

1 S. Hasso Hofmann / Wolfgang H. Schrader, Norm, in: *Historisches Wörterbuch der Philosophie*, hg. von Joachim Ritter / Karlfried Gründer, Bd. 6, 1984, 906–920, 906 f.

üblich, die Gebote von Moral und Recht als Willensäußerungen einer übergeordneten Macht vorstellt, sei es einer göttlichen Autorität (wie im Fall der geoffenbarten Moral) oder einer säkularen Obrigkeit (wie beim positiven Recht). Da jedoch im Laufe der Zeit die Einsicht Platz greift, dass diese Vorstellung weder der Natur frei akzeptierter moralischer Richtlinien noch der Vielfalt rechtlicher Vorschriften Rechnung trägt, erscheint auch die Rede von Imperativen zunehmend als unangemessen. Damit entsteht Bedarf nach einem abstrakteren, flexibleren Konzept, wofür sich der alte, aber relativ unbestimmte Terminus „Norm“ eignet.

Ab der Mitte des 19. Jahrhunderts kommt das Konzept der Norm, wenn auch in variierenden Bedeutungen und oft gemischt mit der Rede von Imperativen, in der rechtswissenschaftlichen und philosophischen Literatur deutscher Sprache immer öfter vor, bis es sich um die Wende zum 20. Jahrhundert weitgehend durchsetzt. Eine bedeutende Rolle spielt dabei Karl Bindings Werk *Die Normen und ihre Übertretung* (1872), worin aber nicht die im Strafgesetz formulierten rechtlichen Strafdrohungen als Normen bezeichnet werden, sondern vielmehr die Verhaltensverbote, deren Verletzung mit Strafe bedroht wird.[2] Bald darauf sprechen andere Autoren, darunter Rudolph von Jhering (1878) und Wilhelm Wundt (1886), bereits alle Gebote und Verbote von Sitte und Recht als Normen an.[3] Um 1900 ist der Normbegriff schon so geläufig, dass er von vielen Autoren benutzt wird, um das Recht zu definieren. So charakterisiert Ernst Rudolf Bierling (1894) das Recht als ein Gefüge anerkannter Normen, verstanden als „Ausdruck eines Wollens, das seine Vollziehung von anderen erwartet“.[4] Ebenso, wenn auch in anderer Weise, definiert Georg Jellinek (1900) das Recht als ein System von Normen, die – im Unterschied zu jenen von Religion, Moral und Sitte – das äußere Verhalten der Menschen regeln, von einer anerkannten äußeren Autorität ausgehen und durch äußere Mächte durchgesetzt werden.[5] Und auch Eugen Ehrlich (1913), der sich vehement gegen das übliche, etatistische Rechtsverständnis wendet, begreift das Recht als ein Normengefüge, das sich aus drei Normschichten zusammensetzt: Das sind zuallererst Handlungsnormen, die aus gewissen sozialen Tatsachen entstehen, ferner Entscheidungsnormen, die aus gerichtlichen Entscheidungen über einzelne Streitfälle erfließen, und schließlich Eingriffsnormen, mit denen der Staat in das Sozialleben eingreift.[6]

Dass sich der Normbegriff im juristischen Diskurs deutscher Sprache endgültig durchsetzt, ist nicht zuletzt auf die enorme Ausstrahlung der *Reinen Rechtslehre* von Hans Kelsen zurückzuführen, von dessen zahllosen Schriften hier nur die Werke *Hauptprobleme der Staatsrechtslehre* (1911) und *Reine Rechtslehre* (1934 und 1960) erwähnt seien.[7] Kelsen verschafft dem Begriff der Norm insofern eine besondere Dignität, als er ihn nicht bloß als Namen für die Vorschriften des Rechts und andere

2 Karl Binding, *Die Normen und ihre Übertretung*, Bd. 1, 1872.

3 Rudolph von Jhering, *Der Zweck im Recht*, Bd. 1, 2. Aufl., 1884 (1. Aufl. 1878); Wilhelm Wundt, *Ethik. Eine Untersuchung der Tatsachen und Gesetze des sittlichen Lebens*, 3 Bde., 4. Aufl., 1912 (1. Aufl. 1886).

4 Ernst Rudolf Bierling, *Juristische Prinzipienlehre*, Bd. 1, 1894, 19 ff.

5 Georg Jellinek, *Allgemeine Staatslehre*, 3. Aufl., 1913 (1. Aufl. 1900).

6 Eugen Ehrlich, *Grundlegung der Soziologie des Rechts*, 1913.

7 Hans Kelsen, *Hauptprobleme der Staatsrechtslehre*, 2. Aufl., 1923 (1. Aufl. 1911); ders., *Reine Rechtslehre*, 1. Aufl., 1934; 2., völlig revidierte Aufl., 1960.

Richtlinien menschlichen Verhaltens verwendet, sondern ihn überdies als eine grundlegende Denkkategorie betrachtet, die eine eigenständige Sphäre des „Sollens" konstituieren soll, die er von der Sphäre der Tatsachen, dem „Sein", strikt getrennt haben will. Auch wenn diese Ansicht keineswegs allgemeine Zustimmung findet, ja auf breite Ablehnung stößt, trägt sie zur Verbreitung des Normbegriffs in hohem Maße bei.[8]

Zu gleicher Zeit findet die Rede von Normen auch in den Sozialwissenschaften zunehmende Verbreitung, vor allem in Soziologie und Ethnologie, die sich im Laufe des 20. Jahrhunderts zu selbständigen Disziplinen entwickeln. In diesen Disziplinen dient das Konzept der Norm hauptsächlich dazu, die informellen und konventionellen Regeln des sozialen Handelns zu beschreiben, die zuvor meist als „positive Moral" oder „Sitte" bezeichnet wurden.[9] Obwohl sich der Normbegriff im Feld der praktischen Philosophie nicht nur zögerlicher verbreitet, sondern auch nicht flächendeckend durchsetzt, findet er heute auch in diesem Feld extensive und vielfältige Verwendung.[10]

1.2 Varianten von Normen

Schon die Geschichte des Normbegriffs zeigt, dass dieser Begriff einen sehr breiten Anwendungsbereich hat, der nicht ganz leicht mit einer einfachen und griffigen Definition zu fassen ist. Aber vielleicht kann man mit Blick auf die Gemeinsamkeiten der üblicherweise als Normen bezeichneten Phänomene in erster Annäherung so viel sagen, dass Normen *sinnhafte Artefakte menschlicher Kommunikation* sind, die darauf zielen, das *Handeln von Menschen zu leiten*, und dass sie, wenn sie sprachlich explizit formuliert werden, die Gestalt von *Normsätzen* annehmen, die diese Zielsetzung, ihren normativen Sinn, durch entsprechende Satzbildungselemente zum Ausdruck bringen, wie etwa durch Wörter wie „geboten", „verboten", „erlaubt", „sollen", „müssen", „dürfen", „erwünscht", „unerwünscht", „zulässig", „empfehlenswert" und dergleichen.

Diese allgemeine Begriffsbestimmung trägt freilich gerade wegen ihrer Breite und Abstraktheit zum Verständnis von Normen nicht viel bei. Um sie genauer bestimmen zu können, ist es notwendig, ihre vielfältigen Erscheinungsformen näher zu betrachten und sie in entsprechender Weise zu klassifizieren. Nun gibt es eine Vielzahl von Gesichtspunkten, nach denen Normen eingeteilt werden können. Da es im Folgenden nur um eine bestimmte Art von Normen, nämlich um *soziale Normen*, gehen wird, ziehe ich nur jene Gesichtspunkte in Betracht, die für das Verständnis der Natur und Funktion dieser Normen von Belang sind: Deren logische Struktur, Geltungsmodus, Bindungskraft, Urheberschaft, systemische Einbettung und Legitimationsgrundlage.

Was die *logische Struktur* von Normen betrifft, so will ich hier nur die zwei folgenden Unterscheidungen in Erinnerung rufen: zwischen generellen und individuellen Normen sowie zwischen konditionalen und unkonditionalen Normen. Sind

8 Dazu Felix Somló, *Juristische Grundlehre*, 2. Aufl., 1927 (1. Aufl. 1917).

9 S. Rüdiger Lautmann, *Wert und Norm. Begriffsanalysen für die Soziologie*, 2. Aufl., 1971, 54 ff. (1. Aufl. 1969).

10 Vgl. Hofmann/Schrader (Fn. 1), 910 ff.

generelle Normen an alle Individuen einer Menge namentlich unbestimmter Personen, sozusagen an die Allgemeinheit, adressiert (wie „Man soll nicht lügen!“, „Wer ein Darlehen aufnimmt, muss es zur vereinbarten Zeit zurückzahlen!“), richten sich *individuelle* Normen an bestimmte, namentlich aufzählbare Einzelpersonen (wie „Lüg' mich nicht an!“, „Wenn du versprochen hast, ihr morgen das Geld zurückzugeben, dann musst du das tun!“). Sowohl generelle als auch individuelle Normen können entweder *unkonditionalen* oder *konditionalen* Charakter haben, je nachdem, ob ihre normativen Erfordernisse unmittelbar eintreten (wie im Fall der jeweils zuerst genannten Beispiele) oder an bestimmte Bedingungen geknüpft sind (wie bei den jeweils zweiten). Zwischen diesen Arten von Normen bestehen enge logische Zusammenhänge, da generelle Normen für jede der zu ihren Adressaten gehörenden Personen entsprechende individuelle Normen implizieren und konditionale Normen bei Eintritt der jeweiligen Bedingungen in entsprechende unkonditionale Normen münden. Im Folgenden interessieren in erster Linie generelle Normen, von denen die meisten zugleich konditionalen Charakter haben.

Bezüglich des *Geltungsmodus* von Normen möchte ich zwischen realen und idealen Normen unterscheiden. Unter *realen* Normen verstehe ich solche, die in einer sozialen Einheit zumindest in einem gewissen Grad als verbindlich gelten und eine gewisse Wirkung entfalten. Demgegenüber sind *ideale* Normen bloß vorgestellte oder gedachte Normen, die im Rahmen von Erwägungen über die angemessene Regelung sozialer Verhältnisse formuliert werden, auch wenn diese Erwägungen das Ziel verfolgen mögen, solchen vorgestellten Normen Anerkennung und reale Geltung zu verschaffen. Die folgenden Ausführungen werden sich zunächst vor allem mit realen Normen befassen.

Ferner kann man zwischen verschiedenen Normen in Hinsicht auf die Stärke ihrer *Bindungskraft* oder *Verbindlichkeit* differenzieren. So wird in der Ethik gewöhnlich zwischen *kategorischen* und *hypothetischen* Normen unterschieden, von denen nur die ersten strikte Verbindlichkeit für jede Person ohne Rücksicht auf deren persönlichen Ziele oder Interessen besitzen, während die Befolgung der letzteren dem Gutdünken der einzelnen Adressaten überlassen bleibt. Auch die meisten Rechtssysteme enthalten bekanntlich nicht nur zwingende Normen, sondern auch solche mit mehr oder minder eingeschränkter Verbindlichkeit, darunter dispositive Normen, von denen die Adressaten unter Umständen abweichen dürfen. Und schließlich können zu den Normen, in einem weiten Sinn verstanden, auch Bitten, Wünsche und Empfehlungen gerechnet werden, die zu befolgen zwar vielleicht ratsam oder zweckmäßig sein mag, aber nicht verpflichtend ist. Im vorliegenden Kontext wird es nur um Normen mit relativ starker Bindungskraft gehen.

Bezüglich der *Urheberschaft* von Normen ist es üblich, zwischen heteronomen und autonomen Normen zu unterscheiden. *Heteronome* Normen werden uns von anderen Menschen auferlegt, sei es von gesellschaftlichen Machtinstanzen (wie staatlichen Autoritäten oder Arbeitgebern) oder von der sozialen Umwelt, deren Konventionen oft den Charakter eines sozialen Zwangs haben, dem man sich schwer entziehen kann. Es gibt jedoch auch Normen, die wir aus freien Stücken akzeptieren und kraft eigener Entscheidung zur Richtschnur unseres Verhaltens machen: Das sind *autonome* Normen, zu denen ich – etwas abweichend von der Kantischen Terminologie – nicht nur die als allgemein verbindlich akzeptierten Normen der Moral zähle, sondern auch die Richtlinien der Zweckmäßigkeit und der Klugheit, die sich einzelne Personen zu eigen machen.[11] Quer zu dieser Unterscheidung steht eine andere Differenzierung, nämlich die zwischen Normen, die kraft ihrer autoritativen Setzung durch hierzu ermächtigte Personen gelten, und solchen, die allein aufgrund ihrer breiten Anerkennung seitens der Adressaten Geltung besitzen. In diesem Beitrag werden alle diese Arten eine Rolle spielen.

So gut wie alle realen Normen von Belang stehen nicht für sich allein, sondern sind in größere Normensysteme eingebettet, mit deren anderen Normen sie in einem *systemischen Zusammenhang* stehen, wie etwa solchen des Rechts, der vorherrschenden Sozialmoral, der Religion und der kulturellen Gepflogenheit. Um diesen systemischen Zusammenhang kenntlich zu machen, pflegen wir von rechtlichen, moralischen, religiösen und kulturellen Normen zu sprechen. Im Folgenden wird es vor allem um die Geltung der Normen des Rechts und der konventionellen Moral gehen.

Da gerade an die Normen des Rechts und der Sozialmoral der Anspruch gestellt wird, dass sie legitim sind, d. h. gegenüber allen ihnen unterworfenen Personen mit triftigen Gründen gerechtfertigt und darum von ihnen bei rechter Erwägung akzeptiert werden können, erhebt sich auch die Frage nach den *Grundlagen der Legitimität* solcher Normen. Ich nehme an, dass die Maßstäbe der Legitimität allgemein verbindlicher sozialer Normen – analog zu Kants Einteilung der Richtlinien des Handelns einzelner Personen in solche der Zweckmäßigkeit, der Klugheit und der Moral[12] – in drei Sorten unterteilt werden können: (1) *Effizienz* im Sinne der Nützlichkeit für die beteiligten Personen, gemessen an deren De-facto-Präferenzen; (2) *Gemeinwohl*, verstanden als das allgemeine Beste für das in Betracht stehende soziale Gemeinwesen oder Kollektiv; sowie (3) *Moral und Gerechtigkeit*, d. h. die Grundsätze, die bei informierter und unparteiischer Erwägung von jeder betroffenen Person als verbindlich akzeptiert werden können. Was diese Maßstäbe verlangen, ist zwar im Detail umstritten, doch gibt es zumindest über manche ihrer Erfordernisse weitgehende Einigkeit, wie etwa darüber, dass eine effiziente Regelung sozialen Handelns den beteiligten Personen Vorteile bringen muss, die ihre Nachteile überwiegen, oder dass Moral und Gerechtigkeit zumindest die Gewährleistung der fundamentalen Menschenrechte erfordern. In Fällen, in denen Postulate der Effizienz und des Gemeinwohls mit gewichtigen Forderungen von Moral und Gerechtigkeit in Konflikt geraten, kommt diesen Forderungen gegenüber jenen Postulaten Vorrang, jedenfalls aber ein besonderes Gewicht zu.[13]

Auf der Grundlage dieser Unterscheidungen ist es nun möglich, die Art von Normen, von denen im Folgenden die Rede sein soll, nämlich *soziale Normen*, ganz allgemein zu bestimmen als *generelle, reale, stark bindende, heteronome* Normen des sozialen Zusammenlebens, für die sowohl ihre Autoren wie auch ihre Adressaten *Legitimität* beanspruchen. Diese Begriffsbestimmung ist aber noch zu allgemein, um auch den systemischen Zusammenhang, in dem solche Normen stehen, kenntlich zu machen. Dieser Zusammenhang tritt erst hervor, wenn man mit Blick auf den

11 Georg Henrik von Wright, *Norm and Action. A Logical Enquiry*, 1979, 84 f.

12 Immanuel Kant, Grundlegung zur Metaphysik der Sitten, in: *Kant-Werkausgabe in zwölf Bänden*, hg. von Wilhelm Weischedel, Bd. 7, 1968, 41 ff.

13 Peter Koller, Ethik und Ökonomik – Ein Begriffsrahmen, in: *Wirtschaftsethische Perspektiven X* (Schriften des Vereins für Socialpolitik, Bd, 228/X), 2015, 11–44, 15 ff.

Modus ihres faktischen Geltens und Wirkens zwei Sorten sozialer Normen unterscheidet: konventionelle und autoritative Normen.

Konventionelle Normen besitzen innerhalb bestimmter sozialer Einheiten, wie sozialer Gruppen, gesellschaftlicher Verbände oder ganzer Kulturen, Geltung, wenn sie von deren Mitgliedern weithin als verbindlich anerkannt und durch informellen sozialen Druck, der sich aus den Reaktionen der Beteiligten auf das Verhalten anderer ergibt, Wirksamkeit entfalten. Dazu gehören nicht nur die in einer Gemeinschaft, Gesellschaft oder Kultur weithin akzeptierten Gebote der konventionellen (positiven) Moral, sondern auch die mehr oder minder als verpflichtend geltenden Gepflogenheiten der kulturellen Sitte und viele relativ zwingende Verhaltensregeln der einzelnen sozialen Gruppen.

Demgegenüber gelten *autoritative Normen* in einer sozialen Einheit kraft ihrer formellen Erzeugung, Anwendung und Durchsetzung durch hierzu autorisierte Personen, also deswegen, weil sie von diesen Personen im Rahmen der ihnen verliehenen oder zugeschriebenen Machtbefugnisse willentlich erzeugt, auf Einzelfälle angewendet und allenfalls durch organisierten Zwang durchgesetzt werden. Das setzt entsprechende Normen höherer Ordnung voraus, aus denen die Machtbefugnisse jener Personen hervorgehen, also Ermächtigungsnormen. Deren Geltung kann jedoch nicht ad infinitum auf ihre autoritative Erzeugung gemäß übergeordneter Ermächtigungsnomen zurückgeführt werden, sondern hängt letztlich von einer letzten Ermächtigungsnorm ab, der in der betrachteten sozialen Einheit aufgrund ihrer faktischen Anerkennung Geltung zukommt. Autoritative Normen finden wir in so gut wie allen herrschaftlich organisierten Verbänden, deren Obere über die anderen Mitglieder gebieten, aber auch in Religionsgemeinschaften, deren Angehörige bestimmte Normen deshalb für verbindlich halten, weil sie glauben, dass sie Gebote Gottes sind. Aber das Musterbeispiel solcher Normen sind die (meisten) Normen eines entwickelten Rechts, die hier allein interessieren.

1.3 Die Doppelnatur sozialer Normen

Soziale Normen, seien sie konventionelle oder autoritative (bzw. rechtliche) Normen, sind sonderbare Dinge, deren Explikation alles andere als einfach ist. Sie weisen nämlich zwei Dimensionen auf, die in einer gewissen Spannungslage stehen und sich nicht leicht unter einen Hut bringen lassen: ihre Faktizität und ihre Normativität. Eine überzeugende Explikation solcher Normen muss daher danach trachten, beiden Dimensionen Rechnung zu tragen und sie miteinander in Einklang zu bringen.

Soziale Normen sind einerseits reale, *faktisch existierende Vorkommnisse* der sozialen Welt, die sich in bestimmten empirischen Tatsachen oder Vorgängen manifestieren. Nicht nur werden sie durch ein entsprechendes Handeln von Menschen hervorgebracht, sondern sie müssen, um faktisch zu existieren, wohl auch wenigstens minimale Auswirkungen auf das Verhalten ihrer Adressaten zeitigen, also deren Handlungsentscheidungen zumindest gelegentlich in einem gewissen Maße beeinflussen. Darin besteht die *Faktizität* sozialer Normen, zu deren Erklärung sich die Frage stellt, welche Bedingungen vorliegen müssen, um sagen zu können, dass diese Normen in der sozialen Realität tatsächlich existieren.

Anderseits sind soziale Normen aber zugleich *propositionale Sinngebilde*, die durch normexpressive Sprechakte oder normative Sätze ausgedrückt werden (können) und darauf zielen, das Handeln von Menschen zu leiten. Um diesen Zweck zu erfüllen, muss ihnen eine normative Bindungskraft zugeschrieben werden, die sich jedenfalls nicht, wie im Fall deskriptiver Aussagen, aus ihrer Übereinstimmung mit realen Fakten ergeben kann, sondern auf einer anderen Art der Gültigkeit beruhen muss. Hierin liegt die *Normativität* sozialer Normen, die die Frage aufwirft, worin denn die Quellen der normativen Bindungskraft solcher Normen bestehen.

In weitgehender Übereinstimmung mit dem allgemeinen Sprachgebrauch nehme ich an, dass soziale Normen dann und nur dann (reale) *Geltung* besitzen, wenn sie sowohl faktisch existieren als auch normative Bindungskraft besitzen. Kurz: Die Geltung sozialer Normen erfordert deren Faktizität *und* Normativität.

Daraus ergeben sich einige Anforderungen an die Explikation sozialer Normen. So muss eine Explikation solcher Normen, die auch nur einigermaßen plausibel sein soll, jedenfalls zwei Anforderungen erfüllen. Eine Anforderung betrifft die Faktizität sozialer Normen, weshalb ich es als *Faktizitätskriterium* ansprechen möchte. Es verlangt, dass eine akzeptable Explikation solcher Normen deren faktische Existenz beleuchten muss, indem sie die empirischen Bedingungen benennt, unter denen solche Normen in der sozialen Realität entstehen, bestehen und aufhören zu existieren. Eine solche Explikation muss jedoch zugleich auch die normative Kraft sozialer Normen erhellen, indem sie die Quellen, die Arten und die Grenzen ihrer Verbindlichkeit aufzeigt. Das ist die zweite Anforderung, das *Normativitätskriterium*, dem eine Explikation sozialer Normen nur dann zu genügen vermag, wenn es ihr gelingt zu zeigen, wodurch sich soziale Normen von erpresserischen Zwangsbefehlen einer Räuberbande, einer Mafia oder eines ausbeuterischen Regimes unterscheiden.

Darüber hinaus sollte man von einer plausiblen Explikation sozialer Normen wohl auch erwarten können, dass sie an die in den Rechtswissenschaften und der Soziologie geläufigen Redeweisen von Normen anschlussfähig ist, d. h. geeignet ist, rechtliche wie auch konventionelle Normen zu modellieren und zugleich die Unterschiede als auch die Zusammenhänge zwischen beiden Sorten von Normen zu erklären.

Klopft man diverse prominente Konzeptionen sozialer Normen darauf ab, ob sie die genannten Kriterien erfüllen, kann man sie schon bei einer ersten Sichtung in zwei Gruppen einteilen: In solche, die von vorneherein auszuscheiden sind, weil sie offenbar wenigstens eines der Kriterien verfehlen, und solche, die zumindest prima facie vertretbar sind, weil sie beiden Kriterien zu entsprechen scheinen.

Die Gruppe der *von vorneherein auszuscheidenden Konzeptionen* zerfällt in zwei Sorten von Normtheorien, die offensichtlich entweder am Normativitäts- oder am Faktizitätskriterium scheitern: Das sind zum einen die Konzeptionen eines strikten *normativen Realismus*, die soziale Normen einzig und allein auf empirische Fakten reduzieren wollen, und zum anderen die Theorien eines radikalen *normativen Idealismus*, für die Normen Geltung besitzen, wenn sie sich aus bestimmten Grundsätzen einer idealen Moral ableiten lassen. Zur ersten Sorte gehören unter anderem die folgenden: Die Imperativtheorie des Rechts von John Austin, die rechtliche Normen als zwangsbewehrte Befehlen einer überlegenen gesellschaftlichen Machtinstanz versteht;[14] die rechtsrealistische Normtheorie von Alf Ross, nach der sich die

14 John Austin, *The Province of Jurisprudence Determined*, 1955 (Erstausg. 1832).

Geltung von Rechtsnormen in der Korrelation des regelmäßen äußeren Verhaltens der Richter mit ihrem subjektiven Verpflichtungsgefühl manifestiert;[15] die soziologische Normtheorie von Theodor Geiger, welche die Geltung sozialer Normen auf deren „Wirkungs-Chance" zurückführt, die aus dem negativen Reaktionen der sozialen Umwelt auf die Verletzung von Verhaltensregeln resultiert;[16] und auch die von Niklas Luhmann vertretene These, Normen seien nichts weiter als „kontrafaktisch stabilisierte Verhaltenserwartungen", an denen die beteiligten Akteure selbst im Fall ihrer Enttäuschung festhalten.[17] Alle diese Konzeptionen verfehlen das Normativitätskriterium. Demgegenüber fallen Konzeptionen der zweiten Sorte dem Faktizitätskriterium zum Opfer. Ein Beispiel dafür ist die Theorie von Deryck Beyleveld und Roger Brownsword, nach der die Normen des Rechts mit jenen einer idealen Moral zusammenfallen.[18]

2. Konzeptionen sozialer Normen

Damit können als *vertretbare Konzeptionen* nur solche Normtheorien gelten, die zumindest prima facie beiden Kriterien Rechnung zu tragen versuchen. Davon gibt es allerdings eine ganze Reihe, zu der neben einigen älteren Konzeptionen auch mehrere neuere, wie jene von Ronald Dworkin, Joseph Raz, Robert Alexy und Jürgen Habermas gehören.[19] Ich werde hier nur zwei ältere, dafür aber besonders elaborierte Konzeptionen näher untersuchen, nämlich die von Hans Kelsen und von H. L. A. Hart.

2.1 Die Normtheorie von Hans Kelsen

Kelsen hat im Laufe seines Lebens seine Auffassung von Normen mehrfach geändert. Hier steht nur die in der mittleren Phase seinen Schaffens vertretene Theorie zur Debatte, die in den beiden Auflagen seines Werks *Reine Rechtslehre* (1934; 1960) Niederschlag findet.[20] Hier geht Kelsen davon aus, dass jede Norm Sinn eines menschlichen Willensaktes ist, der bezüglich des Verhaltens anderer Menschen ein Sollen zum Ausdruck bringt, indem er diesen Menschen ein bestimmtes Verhalten gebietet, verbietet oder erlaubt.[21] Ein solcher Willensakt bringe jedoch nur dann eine Norm hervor, wenn das betreffende Verhalten nicht bloß vom Standpunkt der den Akt setzenden Person, sondern auch vom Standpunkt eines unbeteiligten Dritten als gesollt betrachtet werde. Denn nur dann habe das Sollen unabhängig von dem

15 Alf Ross, *On Law and Justice*, 1958.

16 Theodor Geiger, *Vorstudien zu einer Soziologie des Rechts*, 2. Aufl., 1964, 68 ff. (1. Aufl. 1947).

17 Niklas Luhmann, Normen in soziologischer Perspektive, *Soziale Welt* 20 (1969), 28, 37.

18 Deryck Beyleveld / Roger Brownsword, *Law as a Moral Judgment*, 2. Aufl., 1994, 164 ff. (1. Aufl. 1986).

19 Ronald Dworkin, *Taking Rights Seriously*, 1977; ders., *Law's Empire*, 1986; Joseph Raz, *The Authority of Law. Essays on Law and Morality*, 1979; ders., *Practical Reason and Norms*, 2. Aufl., 1990 (1. Aufl. 1975); Robert Alexy, *Begriff und Geltung des Rechts*, 1992; Jürgen Habermas, *Faktizität und Geltung. Beiträge zur Diskurstheorie des Rechts und des demokratischen Rechtsstaats*, 1992.

20 Ich nehme im Folgenden auf die 2., völlig revidierte Auflage von 1960 Bezug.

21 Kelsen, aaO, 4 f.

Willensakt, durch den es hervorgebracht wird, einen objektiven Sinn, der eine für seine Adressaten verbindliche Norm konstituiere.[22]

Schon dieses erste Element von Kelsens Normkonzeption erscheint anfechtbar, weil die von ihm angenommene asymmetrische Struktur von Normen nicht nur personale moralische Standards ausschließt, denen man sich selber aus freien Stücken unterwirft, sondern auch mit der Natur konventioneller Normen unvereinbar ist, die von einer Menge von Personen als bindende Richtlinien ihres gegenseitigen Verhaltens anerkannt werden. Außerdem ist Kelsens Rede von Willensakten etwas irreführend, da sie suggeriert, dass Normen stets aus individuellen Äußerungen entspringen, und damit außer Betracht lässt, dass sie auch stillschweigend aus andauernden Verhaltensgepflogenheiten ihrer Autoren und Adressaten resultieren können. Und schließlich wirft Kelsens Begriff des „objektiven Sinns" von Normen zahlreiche Fragen auf, die aber erst später zur Sprache kommen sollen. Doch ich möchte die erwähnten Einwände hier auf sich beruhen lassen und mich Kelsens Auffassung der Normen des positiven Rechts und der konventionellen Moral zuwenden.

Kelsen bietet für die Differenzierung dieser beiden Sorten von Normen zwei völlig verschiedene Kriterien an, die seiner Unterscheidung zwischen zwei „Rechtstheorien" oder Perspektiven der Rechtsbetrachtung entsprechen: einer statischen und einer dynamischen Theorie. Während die *statische* Theorie „das Recht als ein System von in Geltung stehenden Normen, das Recht in seinem Ruhezustand", betrachte, habe die *dynamische* Theorie „den Rechtsprozeß, in dem das Recht erzeugt und angewendet wird, das Recht in seiner Bewegung, zum Gegenstand".[23]

Im Kontext der *statischen Theorie* erläutert Kelsen die Differenz von Recht und Moral wie folgt: Während das Recht eine Zwangsordnung verkörpere, „die ein bestimmtes menschliches Verhalten dadurch herbeizuführen sucht, daß sie an das gegenteilige Verhalten einen gesellschaftlich organisierten Zwangsakt knüpft", sei die Moral eine normative Ordnung, „die keine solchen Sanktionen statuiert; deren Sanktionen nur in der Billigung des normentsprechenden und der Mißbilligung des normwidersprechenden Verhaltens bestehen, Anwendung physischer Gewalt daher überhaupt nicht in Betracht kommt".[24] Was den Zwangscharakter des Rechts betrifft, so vertritt er ferner die Auffassung, dass alle (generellen) rechtlichen Normen als *Sanktionsnormen* zu verstehen seien, die bestimmte Personen verpflichten, unter bestimmten Bedingungen bestimmte Zwangsakte oder Sanktionen in Form von Strafe oder Exekution zu setzen. Demgemäß stelle

> „die von der Rechtsordnung bestimmte Handlung oder Unterlassung, die die Bedingung eines von der Rechtsordnung statuierten Zwangsakts bildet, den als Unrecht oder Delikt bezeichneten Tatbestand und der als Folge statuierte Zwangsakt die Unrechtsfolge oder Sanktion dar. Nur dadurch, daß eine von der Rechtsordnung bestimmte Handlung oder Unterlassung zur Bedingung eines von der Rechtsordnung statuierten Zwangsaktes gemacht ist, wird sie als Unrecht qualifiziert".[25]

Gegen die These, dass alle Rechtsnormen Sanktionsnormen sind, gibt es eine ganze Reihe von Einwänden, die ich hier nicht vertiefen, sondern nur in aller Kürze resümieren will. Erstens verwischt diese These den äußerst wichtigen Unterschied zwi-

22 Kelsen, aaO, 7.
23 Kelsen, aaO, 72 f.
24 Kelsen, aaO, 64 f.
25 Kelsen, aaO, 116.

schen Strafen, die auf die Verhinderung und Vergeltung von Delikten zielen, und unwillkommenen Rechtsfolgen (wie z. B. Steuern und Gebühren), die mit keineswegs pönalisierten, ja vielleicht sogar erwünschten Handlungen verbunden sind. Zweitens ist sie kaum geeignet, einige wichtige Typen von Rechtsnormen zu erklären, wie beispielsweise Kompetenznormen. Und drittens taugt sie auch nicht dazu, die höchstrangigen Verfassungsnormen zu erfassen, die das Handeln der obersten rechtlichen Autoritäten regeln, ohne diese zu einem normentsprechenden Handeln zwingen zu können.[26] Obwohl Kelsens Auffassung der (konventionellen) Moral weniger verfehlt ist, ist auch sie nicht ganz korrekt. Zwar ist es sicher richtig, dass die verpflichtenden Normen einer konventionellen Moral meist durch informellen sozialen Druck durchgesetzt werden, doch trifft es nicht zu, dass dieser Druck niemals den Gebrauch physischer Gewalt inkludiert. In vorstaatlichen Gesellschaften, deren soziale Ordnung weitgehend durch konventionelle soziale Normen reguliert wird, ist es häufig der Fall, dass ihre Mitglieder von gewaltsamen Mitteln der Selbsthilfe Gebrauch machen, um (echtes oder vermeintliches) Unrecht Anderer zu vergelten. Und selbst in modernen Gesellschaften, deren Recht private Gewalt verbietet, kommt es gelegentlich vor, dass gegen Personen, die sich gravierender Verstöße gegen anerkannte moralische Normen schuldig machen, physische Gewalt angewendet wird, mitunter selbst um den Preis rechtlicher Strafen. Nimmt man all dies zusammen, so kann der Befund nur lauten, dass Kelsens Konzeption der Normen in statischer Perspektive ein kompletter Fehlschlag ist. Sehen wir, wie es mit seiner dynamischen Theorie steht.

Im Rahmen der *dynamischen Theorie* unterscheidet Kelsen zwei Typen von Normsystemen: einen statischen und einen dynamischen Typus. Die Normen eines *statischen Systems*, so meint er, gelten „kraft ihres Inhaltes: weil ihre Geltung auf eine Norm zurückgeführt werden kann", aus deren Inhalt sich der Inhalt der anderen Normen des Systems logisch ableiten lässt, wie z. B. die Gebote, nicht zu nicht lügen, nicht zu betrügen etc. aus dem allgemeinen Gebot der Wahrhaftigkeit. Diese Norm, aus der sich alle anderen Normen inhaltlich ergeben sollen, bezeichnet Kelsen als die Grundnorm (des statischen Systems), deren Geltung als unmittelbar einleuchtend angenommen werden müsse, um die Geltung der von ihr abgeleiteten Normen zu begründen.[27] Dagegen könne die Geltung der Normen eines *dynamischen Systems* nicht auf logischem Wege aus dem Inhalt seiner Grundnorm abgeleitet werden, weil diese nichts weiter beinhaltet als die Ermächtigung einer normsetzenden Autorität bzw. eine Regel, die bestimmt, wie die Normen des Systems erzeugt werden sollen. „Eine Norm gehört zu einer auf einer solchen Grundnorm beruhenden Ordnung, weil sie auf die durch die Grundnorm bestimmte Weise erzeugt ist – und nicht, weil sie einen bestimmten Inhalt hat. Die Grundnorm liefert nur den Geltungsgrund, nicht aber auch den Inhalt der dieses System bildenden Normen."[28]

Auf der Grundlage dieser Unterscheidung stellt Kelsen die These auf, dass rechtliche Normenordnungen im Wesentlichen dynamischen Charakter haben, wogegen

26 Vgl. Herbert L. A. Hart, *The Concept of Law*, 2., mit einem Postscript versehene Aufl., 1994 (1. Aufl. 1961), 35 ff.; Ota Weinberger, Introduction: Hans Kelsen as Philosopher, in: Hans Kelsen, *Essays in Legal and Moral Philosophy*, hg. von Ota Weinberger, 1973, ix–xxviii, xviii ff.; James W. Harris, *Legal Philosophies*, 1980, 63 ff.

27 Kelsen (Fn. 20), 198.

28 Kelsen, aaO, 199 f.

konventionelle Moralen zumeist statische Systeme seien.[29] Obwohl ich Kelsens Unterscheidung zwischen statischen und dynamischen Normensystemen im Prinzip für außerordentlich fruchtbar halte und auch seine Analyse dynamischer Systeme im Großen und Ganzen zutreffend finde, leuchtet mir weder seine Beschreibung statischer Systeme noch seine Auffassung ein, dass jedes Normensystem eine Grundnorm braucht. Was die Struktur statischer Systeme betrifft, so scheint mir die These verfehlt, die Normen solcher Systeme würden dann gelten, wenn ihr Inhalt logisch aus einer allgemeinsten Norm, einer Grundnorm, folgt. Das ist bei konventionellen Normen, wie jenen der positiven Sozialmoral, der kulturellen Sitte und des guten Benehmens, ganz sicher nicht der Fall. Infolgedessen müssen statische Normensysteme auf eine andere Weise von dynamischen Systemen abgegrenzt werden, nämlich dadurch, dass ihre Normen vermöge ihrer *breiten Anerkennung* in einer sozialen Einheit Geltung besitzen und durch informellen *sozialen Druck* Wirksamkeit entfalten. Die Normen einer konventionellen *Moral* unterscheiden sich dabei von anderen konventionellen Normen dadurch, dass ihnen von den Personen, die sie akzeptieren, universelle Verbindlichkeit und Priorität vor anderen Richtlinien zugeschrieben wird. Infolgedessen besteht zumindest bei statischen Systemen keinerlei Bedarf nach einer Grundnorm, um die Geltung ihrer Normen zu begründen. Die Annahme einer solchen Grundnorm ist jedoch auch bei dynamischen Systemen weder geeignet, noch nötig, um deren normative Geltung zu erklären.

Kelsen argumentiert, dass die Normen einer positiven Rechtsordnung nur dann als geltend und damit normativ verbindlich betrachtet werden können, wenn eine sich auf diese Ordnung bzw. deren oberste Erzeugungsregeln beziehende übergeordnete Grundnorm vorausgesetzt werde, wobei er von der Annahme ausgeht, dass der Geltungsgrund einer Norm wieder nur eine Norm sein kann. So gelte eine individuelle Rechtsnorm, die einen staatlichen Zwangsakt als gesollt anordnet, z. B. ein richterliches Urteil, nur dann, wenn sie in Anwendung entsprechender Gesetzesnormen gesetzt wurde, die ihrerseits nur dann Geltung besitzen, wenn sie von der gesetzgebenden Körperschaft beschlossen wurden, welche durch die Normen der Staatsverfassung ermächtigt ist, solche gesetzliche Normen zu erlassen. Und nun kommt Kelsens entscheidender Zug: Frage man nach der Geltung der Staatsverfassung, so stoße man zwar vielleicht auf eine ältere Verfassung, aus der die bestehende im Wege einer Verfassungsänderung entstanden ist, schließlich aber auf eine historisch erste Staatsverfassung, deren Geltung nicht mehr auf eine frühere positive Verfassung zurückgeführt werden kann. Die Geltung dieser ersten Verfassung lasse sich daher nicht mehr durch eine in der positiven Rechtsordnung enthaltene Norm, sondern nur durch die gedankliche Voraussetzung einer weiteren Norm, mithin einer *vorausgesetzten Grundnorm*, fundieren, die Kelsen wie folgt formuliert: „Zwangsakte sollen gesetzt werden unter den Bedingungen und auf die Weise, die die historisch erste Staatsverfassung und die ihr gemäß gesetzten Normen statuieren. (In verkürzter Form: Man soll sich so verhalten, wie die Verfassung vorschreibt.)“[30] Diese Grundnorm, die Kelsen als den maßgeblichen *Grund der Geltung* – der Normativität – einer Rechtsordnung betrachtet, erkläre deren Geltung aber nur dann, wenn

29 Kelsen, aaO, 200.
30 Kelsen, aaO, 203 f.

die Normen dieser Ordnung im Großen und Ganzen wirksam seien, d.h. tatsächlich befolgt und angewendet werden.

> „Grund der Geltung, das ist die Antwort auf die Frage, warum die Normen dieser Rechtsordnung befolgt und angewendet werden sollen, ist die vorausgesetzte Grundnorm, derzufolge man einer tatsächlich gesetzten, im großen und ganzen wirksamen Verfassung und daher den gemäß dieser Verfassung gesetzten, im großen und ganzen wirksamen Normen entsprechen soll. Setzung und Wirksamkeit sind in der Grundnorm zur Bedingung der Geltung gemacht."[31]

Obwohl Kelsens Analyse des Rechts als dynamisches Normensystem beiden Anforderungen an eine Normkonzeption, also sowohl dem Normativitäts- wie auch dem Faktizitätskriterium, im Prinzip Rechnung trägt, finde ich sie ebenso unfruchtbar wie unplausibel.[32] Zum ersten kann die Grundnorm die Normativität rechtlicher Normen nicht wirklich erklären, da sie ja nichts weiter als eine gedankliche Annahme darstellt, welche die Sollgeltung solcher Normen einfach präsupponiert statt sie mit Hinweis auf bestimmte Umstände der sozialen Realität zu erklären. Sie läuft damit bloß auf eine *petitio principii* hinaus. Ferner ist die Konditionalisierung der Grundnorm durch die Wirksamkeit des in Betracht stehenden Normensystems ungeeignet, eine Rechtsordnung, deren Normen Verbindlichkeit beanspruchen, von einem räuberischen Gewaltregime abzugrenzen, dessen Befehle jedenfalls nicht von den Betroffenen, ja nicht einmal von den Machthabern als objektiv verbindlich betrachtet werden. Um ein solches Regime von einer rechtlichen Ordnung zu unterscheiden, schlägt Kelsen vor, die Grundnorm nicht auf Normensysteme anzuwenden, die nicht über eine gewisse Dauer hinweg Wirksamkeit entfalten, wobei er annimmt, dass räuberische Regime nicht lange überdauern.[33] Doch diese Annahme kann aus mehreren Gründen nicht überzeugen: Sie ist ad hoc, hochgradig unbestimmt und auch empirisch kaum zutreffend.

Die Hauptquelle der Probleme von Kelsens überaus artifizieller Konzeption der Rechtsgeltung ist, glaube ich, seine grundlegende Annahme, dass eine Norm bzw. deren Sollgeltung wegen der unüberbrückbaren Kluft zwischen ‚Sein' und ‚Sollen' immer nur durch eine andere Norm begründet werden könne. Doch diese Annahme ist so, wie Kelsen sie verstanden hat, nicht haltbar. Sehr viele Normen werden von uns nicht deshalb für gültig oder verbindlich gehalten, weil sich ihre Geltung aus irgendwelchen anderen Normen ergibt, sondern ganz schlicht und einfach deswegen, weil wir sie als verbindlich anerkennen. Für Personen, die eine Norm anerkennen, ist also deren *Anerkennung* ein ganz und gar ausreichender Grund, sie als für sie gültig und verbindlich zu betrachten.[34] Eine Normkonzeption, die dieser simplen Einsicht Rechnung trägt, hat H.L.A. Hart entwickelt. Davon soll im Folgenden die Rede sein.

31 Kelsen, aaO, 219.
32 Vgl. Julius Stone, *Legal Systems and Lawyers' Reasonings*, 1964, 123ff.; Harris (Fn. 26), 67ff.
33 Kelsen (Fn. 20), 49.
34 Vgl. Alf Ross, *Directives and Norms*, 1968, 61ff.

2.2 Herbert Harts Theorie der Normen

Harts Normkonzeption, die er hauptsächlich in seinem Werk *The Concept of Law* entwickelt hat[35], reflektiert in vielen Hinsichten den Einfluss von Kelsens Theorie, von der er wesentliche Punkte übernimmt, sich aber auch kritisch distanziert. Da es hier weder möglich noch nötig ist, diese Konzeption im Detail zu behandeln, beschränke ich mich auf eine Zusammenfassung ihrer zentralen Ergebnisse, die meines Erachtens ihre Vorzugswürdigkeit gegenüber der Kelsenschen Theorie begründen.

Erstens legt Hart seiner Konzeption ein allgemeines Modell sozialer Normen zugrunde, das deren faktische Existenz und Wirkungsweise viel besser erklärt als ihre Deutung als Willensakte, die sich auf das Verhalten anderer Personen beziehen. Nach diesem Modell, der so genannten „Praxistheorie der Normen"[36], sind soziale Normen (Regeln) durch drei Eigenschaften gekennzeichnet: (i) Regelverletzungen werden als Fehltritte oder Vergehen betrachtet, die auf Kritik und Konformitätsdruck seitens der Umwelt stoßen; (ii) diese Reaktionen werden mit Hinweis auf die Regelverletzungen gerechtfertigt und für legitim gehalten; und (iii) soziale Regeln haben neben ihrem externen Aspekt, den sie mit sozialen Gewohnheiten teilen, auch einen internen Aspekt.[37] Der letzte Punkt verweist auf Harts wichtige Unterscheidung zwischen zwei Aspekten sozialer Normen im Sinne von Sichtweisen, die man ihnen gegenüber einnehmen kann: dem externen und dem internen Aspekt. Betrachtet man Normen als neutraler Beobachter, also ganz unabhängig davon, ob man sie selber akzeptiert, bloß um zu sehen, wie sie sich im Verhalten anderer Personen, ihrer Urheber und Adressaten, manifestieren, hat man ihren *externen* Aspekt im Blick. Demgegenüber werden Normen von jenen Personen, die sie affirmativ als verbindliche Richtlinien ihres Verhaltens anerkennen, auch in ihrem *internen* Aspekt verstanden.[38] Demgemäß sind soziale Normen in ihrem externen Aspekt nichts weiter als empirische Tatsachen, die in bestimmten Regelmäßigkeiten von Menschen zutage treten, von denen sie als verbindlich akzeptiert und deshalb auch in ihrem internen Aspekt verstanden werden. So verstanden, sind solche Normen nicht bloß empirische Tatsachen, sondern zugleich *normative Richtlinien* des sozialen Handelns.

Anstelle der etwas uneleganten Rede vom externen und internen Aspekt kann man auch zwischen der *Beobachterperspektive* und der *Teilnehmerperspektive* auf soziale Normen unterscheiden, was ich vorziehe. Die Fruchtbarkeit dieser Unterscheidung, die bei Kelsen nicht vorkommt, wird sofort klar, wenn man *konventionelle* Normen ins Auge fasst, die in einem sozialen Gemeinwesen gelten, weil sie vom Großteil seiner Mitglieder für verbindlich gehalten und durch informellen sozialen Druck durchgesetzt werden. Obwohl die faktische Existenz solcher Normen aus der Beobachterperspektive als eine empirische Tatsache erscheint, die man ohne Bezugnahme auf die eigenen normativen Einstellungen feststellen kann, besteht diese Tatsache nur deswegen, weil die betreffenden Normen von den Mitgliedern der in Betracht stehenden sozialen Gemeinschaft aus der Teilnehmerperspektive als verbindliche Richtlinien ihres Handelns akzeptiert werden, wodurch sie für sie Normativität erlangen. Bei rechtlichen Normen ist die Sache zwar nicht so einfach, doch ist auch

35 Hart (Fn. 26).

36 Joseph Raz, *Practical Reason and Norms*, 2. Aufl., 1990, 50 ff.; Hart (Fn. 26), 254 ff.

37 Hart, aaO, 54 ff.

38 Hart, aaO, 86 ff.

bei ihnen zwischen den zwei Perspektiven zu unterscheiden, um die Bedingungen ihrer Geltung zu erhellen.

Zu diesem Zweck schlägt Hart ferner eine differenzierte Konzeption rechtlicher Normen vor, die zwei Typen von Regeln unterscheidet: *primäre* und *sekundäre* Regeln[39], oder, wie ich sie nennen möchte: *Verhaltensregeln* und *Ermächtigungsregeln.* Während erstere das Handeln der Rechtsunterworfenen regeln, indem sie ihnen bestimmte Verhaltensweisen gebieten, verbieten oder erlauben, legen letztere die Befugnisse von Personen fest, durch willentliche Entscheidung gültige Normen zu erzeugen oder außer Kraft zu setzen, so vor allem die Machtbefugnisse öffentlicher Institutionen und Amtsträger. Diese Konzeption, auf die ich hier nicht näher eingehen möchte, hat gegenüber dem Sanktionsmodell Kelsens den Vorteil, dass sie dessen Komplikationen ohne Weiteres vermeidet und der Vielfalt genereller Rechtsnormen besser Rechnung trägt.

Und schließlich bietet Hart auch eine überzeugendere Explikation der Differenz zwischen statischen und dynamischen – oder wie er sagt: zwischen *einfachen* und *rechtlichen* – Systemen an, indem er sie wie folgt voneinander unterscheidet: Operieren einfache Systeme sozialer Regulierung nur mit konventionellen Verhaltensregeln, deren Wirksamkeit durch sozialen Druck gesichert wird, so sind rechtliche Ordnungen durch eine Kombination von Verhaltensregeln und Ermächtigungsregeln gekennzeichnet. Unter den letzteren sind dabei vor allem die Kompetenzregeln von Bedeutung, die öffentliche Autoritäten konstituieren, indem sie bestimmten Personen die Machtbefugnis verleihen, die rechtliche Ordnung zu verändern, einzelne Streitfälle verbindlich zu entscheiden und rechtliche Pflichten mit Zwangsmitteln durchzusetzen. Diese Explikation hat zwar gewisse Ähnlichkeiten mit Kelsens Unterscheidung, ist dieser aber überlegen, weil sie nicht nur die Struktur statischer Systeme besser erfasst, sondern auch eine Grundlage für eine soziologische Erklärung dafür bietet, warum Gesellschaften ab einem gewissen Grad der gesellschaftlichen Entwicklung mit konventionellen Normen nicht mehr auskommen und auch eine rechtliche Ordnung brauchen.[40]

Auf der Basis der erwähnten Differenzierungen entwickelt Hart seine Theorie der rechtlichen Ordnung, die er, ebenso wie Kelsen, als ein hierarchisches, durch Ermächtigungsregeln verbundenes System mit einer obersten Erzeugungsregel an der Spitze beschreibt. Er bezeichnet diese oberste Erzeugungsregel, auf die die Geltung aller anderen Normen des Systems zurückgeführt werden kann, als „Erkennungsregel" („rule of recognition"), da sie das letzte Kriterium für die Identifizierung der zu dem jeweiligen System gehörenden Normen liefert. In einer hinreichend effektiven Rechtsordnung, in der die Erkennungsregel das Verhalten ihrer Amtsträger und Adressaten tatsächlich leitet, ist diese Regel nicht nur eine soziale Tatsache, die aus der Beobachterperspektive festgestellt werden kann, sondern zugleich die Quelle der normativen Geltung der ganzen Ordnung, weil die Beteiligten sie aus der Teilnehmerperspektive als bindende Richtschnur ihres Verhaltens betrachten. Infolgedessen besteht kein Bedarf nach einer vorausgesetzten Grundnorm, um die Geltung einer Rechtsordnung zu begründen.[41] Davon ausgehend formuliert Hart die

39 Hart, aaO, 77 ff.
40 Hart, aaO, 89 ff.
41 Hart, aaO, 107 ff.

zwei folgenden – jeweils notwendigen und zusammen hinreichenden – Minimalbedingungen der Geltung einer Rechtsordnung: Einerseits müssen ihre Verhaltensregeln, deren Geltung auf die Erkennungsregel des Systems zurückgeführt werden kann, im Allgemeinen befolgt werden; und andererseits müssen ihre maßgeblichen Ermächtigungsregeln, vor allem die Erkennungsregel, von den öffentlichen Amtsträgern als verbindliche Richtlinien ihres Handelns akzeptiert und angewendet werden.[42]

Alles in allem genommen, scheint Harts Theorie beiden Anforderungen an eine Konzeption sozialer Normen, den Kriterien der Faktizität und der Normativität, weitgehend zu entsprechen, jedenfalls eher als die Kelsensche Theorie. Dennoch wirft auch sie einige Probleme auf. So wurde gegen Hart der Einwand erhoben, sein allgemeines Modell, die erwähnte Praxistheorie, verfehle die Normativität sozialer Normen, jedenfalls solcher der Moral, weil sie deren Verbindlichkeit von ihrer subjektiven Anerkennung abhängig mache und darum auch nur für jene Personen plausibel mache könne, die sie anerkennen, nicht aber auch für andere Menschen.[43] Ich halte diesen Einwand zwar für überzogen, weil er von einer Konzeption sozialer, d. h. faktisch geltender Normen etwas verlangt, was sie meines Erachtens gar nicht leisten kann, stimme ihm aber doch insoweit zu, dass Harts Theorie eine Lücke aufweist, aufgrund der sie die Bedingungen der Geltung sozialer Normen nicht vollständig zu erklären vermag.[44]

Ich möchte diese Lücke zuerst mit Blick auf Harts Konzeption der Geltung *rechtlicher* Normen erläutern. Seine These, eine Rechtsordnung habe Geltung, wenn sie die zwei genannten Minimalbedingungen erfüllt, hat zur Konsequenz, dass die Anordnungen eines räuberischen Gewaltregimes, die zwar von dessen Bütteln um ihres eigenen Vorteils willen akzeptiert und durchgesetzt, von den ihnen unterworfenen Menschen jedoch nur aus Furcht vor den sonst drohenden Strafen widerwillig befolgt werden, als ein geltendes Rechtssystem betrachtet werden muss. Diese Konsequenz verletzt das Kriterium der Normativität, nach dem soziale Normen im Allgemeinen und rechtliche Normen im Besonderen von den Zwangsbefehlen einer Räuberbande unterscheidbar sein müssen. Infolgedessen reichen Harts Bedingungen nicht aus, um die allgemeine Verbindlichkeit rechtlicher Normen zu begründen. Was sie unberücksichtigt lassen, ist meines Erachtens der Umstand, dass jede rechtliche Ordnung mit einem zweiseitigen *Legitimitätsanspruch* verbunden ist, nämlich einerseits dem Anspruch der rechtlichen Autoritäten gegenüber den Rechtsunterworfenen, dass die von ihnen erlassenen Normen legitim sind, d. h. allgemeine Akzeptanz und Befolgung finden sollten, und andererseits dem Anspruch der Rechtsadressaten gegenüber den rechtlichen Autoritäten, dass die von diesen gesetzten Normen und Rechtsakte legitim sind, d. h. die allgemeine Anerkennung und Befolgung der Adressaten verdienen. Als Maßstäbe, an denen die Legitimität rechtlicher Normen gemessen wird, dienen zwar nicht nur die anerkannten Erfordernisse von Moral und Gerechtigkeit, sondern auch Gesichtspunkte des Gemeinwohls und der Effizienz, doch kommt den grundlegenden Geboten der Moral Priorität zu, weil ihnen, anders als Erwägungen des kollektiven Wohls und der allseitigen Nützlich-

42 Hart, aaO, 113.

43 So etwa Raz (Fn. 36), 53 f., 56 ff.; Dworkin (Fn. 19, 1977), 46 ff.

44 Dazu Gerald J. Postema, The Normativity of Law, in: *Issues in Contemporary Legal Philosophy. The Influence of H. L. A. Hart*, hg. Von Ruth Gavison, 1987, 81–113.

keit, universelle Verbindlichkeit zugeschrieben wird. Der für rechtliche Normen erhobene Legitimitätsanspruch inkludiert deshalb stets auch den Anspruch auf *moralische Angemessenheit* im Sinne ihrer Vereinbarkeit mit Erfordernissen der Moral, die bei rechter, d. h. unparteiischer und informierter Betrachtung allgemein annehmbar sind.[45] Da die Zwangsbefehle eines räuberischen, repressiven Regimes diesem Anspruch sicher nicht entsprechen, können sie entgegen der Konzeption der Rechtsgeltung von Hart auch nicht als gültige Rechtsnormen betrachtet werden.

Eine ähnliche Überlegung kann auch im Hinblick auf bindende *konventionelle* Normen, wie etwa die einer vorherrschenden Sozialmoral, angestellt werden. Obwohl diese Normen allein aufgrund ihrer Anerkennung durch die Mehrzahl ihrer Adressaten gelten, von denen sie gewöhnlich auch für legitim gehalten werden, kommt es immer wieder vor, dass solche Normen zu einer verrotteten sozialen Konvention verkommen, der die meisten Beteiligten gegen ihre bessere Einsicht nur deshalb folgen, weil sie sie für allgemein akzeptiert halten und sich nicht den negativen Reaktionen ihrer Umwelt aussetzen wollen, die im Fall ihrer Nichtbefolgung drohen. Der Fortbestand einer solchen Konvention ist vor allem dann nicht unwahrscheinlich, wenn deren Normen den partikularen Interessen mancher der Beteiligten dienen, die dann dazu neigen werden, diese Normen gegen kritische Stimmen zu verteidigen und auf ihre Einhaltung zu pochen. Ein Beispiel hierfür ist die bis in die zweite Hälfte des 20. Jahrhunderts herrschende bürgerliche Sexualmoral, deren Verbote außerehelicher und homosexueller Geschlechtsbeziehungen nicht zuletzt dank ihrer ständigen Bekräftigung durch die damals noch sehr einflussreichen christlichen Kirchen selbst dann noch eine erhebliche Wirksamkeit entfalten konnten, als sie von einer überwiegenden Mehrheit als fragwürdig, ja als moralisch haltlos betrachtet wurden. In Fällen dieser Art kann die Normativität der betreffenden Normen ungeachtet ihrer Faktizität bezweifelt werden. Harts Praxistheorie schließt diesen Befund zwar nicht aus, sie ist aber wegen ihrer Kargheit zu unbestimmt, um ihn fundieren zu können.

3. Die Geltungsbedingungen sozialer Normen

Die aufgezeigten Schwächen von Harts Normtheorie legen die Folgerung nahe, dass seine Unterscheidung zwischen dem externen und dem internen Aspekt sozialer Regeln nicht ausreicht, um deren Normativität zu erklären. Und nach meiner Ansicht ist das deshalb der Fall, weil diese Unterscheidung eine weitere Perspektive außer Acht lässt, unter der soziale Normen von deren Urhebern und Adressaten betrachtet werden können. Ich möchte diese Perspektive, die ich als „Gesetzgeberperspektive“ anspreche, zunächst näher erläutern und dann davon ausgehend versuchen, die Bedingungen der Geltung konventioneller und rechtlicher Normen zu erhellen.

45 Vgl. Robert Alexy, *Begriff und Geltung des Rechts*, 1992, 64 ff.; Joseph Raz, *Ethics in the Public Domain. Essays in the Morality of Law and Politics*, 1994, 195 ff.; Peter Koller, *Theorie des Rechts. Eine Einführung*, 2. Aufl., 1997, 41 ff.

3.1 Die Gesetzgeberperspektive

Sicher gibt es Menschen, die über die sozialen Normen, die sie in ihrer sozialen Umwelt vorfinden, nicht weiter reflektieren, sondern sie entweder einfach ohne Weiteres akzeptieren oder, was auch vorkommt, nur als unwillkommene externe Einschränkungen ihres Handelns betrachten. Das ist jedoch nicht die Regel. Die meisten Menschen denken zumindest gelegentlich über den Sinn und Zweck der sie betreffenden Normen nach, vergleichen sie mit anderen Normen, die das soziale Zusammenleben regeln könnten, und räsonieren über die Gründe für und gegen diese Normen, kurz: Sie unterziehen sie einer kritischen Bewertung, wozu sie freilich entsprechende Wertmaßstäbe brauchen. In öffentlichen Diskursen kommen dafür nur allgemein vertretbare Wertmaßstäbe in Frage, die in die drei folgenden Sorten eingeteilt werden können: (i) Forderungen von Moral und Gerechtigkeit, die für universell verbindlich gehalten werden, (ii) Erfordernisse des Gemeinwohls, die im Dienst des kollektiven Wohls der jeweiligen sozialen Gemeinschaft den Beteiligten zumutbare Einschränkungen abverlangen, und (iii) Erwägungen der Effizienz, die das Streben nach sozialen Verhältnissen leiten, die unter den bestehenden Umständen den aggregierten Nutzen der Beteiligten nach Möglichkeit vermehren. Wer über soziale Normen im Lichte solcher Maßstäbe reflektiert, um sie mit triftigen, d.h. allgemein akzeptablen Gründen rechtfertigen oder kritisieren zu können, nimmt ihnen gegenüber eine – von der Beobachter- und der Teilnehmerperspektive differente – Perspektive ein, die ich *Gesetzgeberperspektive* nenne.[46]

Die Einführung dieser Perspektive soll dazu dienen, die *Art der Anerkennung* sozialer Normen, die deren Normativität zu fundieren vermag, genauer zu bestimmen. Ich gehe dabei davon aus, dass die Anerkennung solcher Normen kein punktueller Willensakt, sondern eine über eine gewisse Zeit andauernde mentale Disposition ist, eine affirmative Einstellung oder Haltung gegenüber den betreffenden Normen, die von ihrer engagierten Befürwortung bis zu ihrer passiven Billigung reichen kann. Eine solche Einstellung ist in der Regel, ja wohl in den meisten Fällen, nicht bloß Ausdruck einer nicht-rationalen und spontanen Emotion, die zur Affirmation jener Normen drängt, sondern das Resultat eines durchaus komplexen, wenn auch nicht immer völlig bewussten Prozesses der individuellen und kollektiven Urteils- und Willensbildung, die zwei wesentlichen Beschränkungen unterliegt. Eine ergibt sich aus ihrer internen Struktur, die zweite aus ihrem externen Kontext.

Hinsichtlich ihrer *internen Struktur* ist die Urteils- und Willensbildung über soziale Normen dadurch eingeschränkt, dass die allermeisten Menschen, die dank einer halbwegs gelungenen Sozialisation über normale psychische und intellektuelle Fähigkeiten verfügen, eine differenzierte Ordnung *abgestufter Präferenzen und Wertvorstellungen* haben, in der ihre spontanen Neigungen und Wünsche von ihren wohlüberlegten Interessen und Lebensplänen und diese wiederum von ihren Vorstellungen des allgemeinen Besten und des moralisch Rechten überlagert und limitiert werden.[47] Obwohl sie sich in ihrem faktischen Verhalten bekanntlich oft nicht oder nur partiell von diesen Vorstellungen leiten lassen, pflegen sie die Anerkennung

46 Vgl. Koller (Fn. 45), 45 ff.

47 S. Stephan Koerner, *Experience and Conduct. A Philosophical Enquiry into Practical Thinking*, 1976, 88 ff.

sozialer Normen, für die sie ja Anspruch auf Legitimität und allgemeine Verbindlichkeit erheben, doch viel eher auf Gründe des Gemeinwohls und des Rechten zu stützen, die sie für allgemein vertretbar halten. Und dazu sind sie auch durch den externen Kontext ihrer Urteilsbildung über solche Normen genötigt.

Dieser *externe Kontext* besteht im folgenden Sachverhalt: Da soziale Normen Anspruch auf interpersonelle Geltung erheben, bedarf ihre Anerkennung einer Entscheidung, welche die teilnehmenden Personen nicht jeweils für sich allein unabhängig voneinander, sondern nur durch eine *gemeinsame Willensbildung* treffen können, bei der sie versuchen müssen, ihre Präferenzen, Interessen und Wertvorstellungen aufeinander abzustimmen, um einen tragfähigen Konsens über solche Normen zu erzielen, damit diese als allgemein verbindliche Richtlinien ihres sozialen Zusammenlebens gelten können.[48] Soziale Normen stellen demnach öffentliche Güter dar, die nicht einfach von selbst aus den isolierten Entscheidungen der beteiligten Individuen erfließen, sondern einer entsprechenden Kollektiventscheidung bedürfen, wenn auch möglicherweise nur in Form einer stillschweigenden Übereinkunft. Da es äußerst unwahrscheinlich ist, dass die Beteiligten, wenn sie sich bei dieser Entscheidung nur von ihren jeweiligen privaten Zielen und Interessen leiten lassen, einen tragfähigen Konsens über soziale Normen erreichen können, müssen sie sich dabei wiederum nur auf Erwägungen des allgemeinen Besten und moralisch Rechten stützen, die sie für allgemein vertretbar halten. Und wenn die Rahmenbedingungen dieser Willensbildung eine freie und kritische Erörterung der Argumente für und gegen die jeweils in Betracht kommenden Regelungsmöglichkeiten des sozialen Lebens gestatten, dann besteht auch begründete Hoffnung, dass die Beteiligten sich schließlich auf jene Normen einigen, für die die besten oder zumindest gute Gründe sprechen.

Die sich aus der internen Struktur und dem externen Kontext ergebenden Beschränkungen der Entscheidungsbildung engen den Bereich der sozialen Normen, die von deren Urhebern oder Adressaten ernsthaft als allgemein verbindlich betrachtet werden können, erheblich ein. Diese Beschränkungen nötigen die Beteiligten nämlich dazu, nur solche Normen zu befürworten, von denen sie glauben, dass sie mit allgemein akzeptablen Vorstellungen des allgemeinen Besten und des Rechten in Einklang stehen und darum auch allgemeine Anerkennung finden sollten. Und das bedeutet, dass die faktische Anerkennung sozialer Normen deren Normativität nur dann zu fundieren vermag, wenn diese Anerkennung auf einer individuellen und kollektiven Willensbildung beruht, bei der die beteiligten Personen die Gesetzgeberperspektive einnehmen. Davon ausgehend ist es, glaube ich, möglich, die Bedingungen der Geltung sozialer Normen in eine Richtung hin zuzuspitzen, die die Mängel der Hartschen Konzeption vermeidet.

3.2 Die Geltung konventioneller Normen

Konventionelle Normen sind in einer sozialen Gruppierung faktisch existent, wenn sie bei ihren Adressaten (die sich zumindest partiell mit ihren Urhebern decken) Anerkennung finden und durch entsprechenden informellen sozialen Druck Wirk-

48 Dazu Habermas (Fn. 19), 24 ff.

samkeit entfalten, d. h. das Verhalten der Beteiligten tatsächlich in einem gewissen Ausmaß leiten. Da also schon die Faktizität solcher Normen deren Anerkennung voraussetzt, mag es naheliegen, darauf zu schließen, dass mit ihrer Faktizität notwendig auch ihre Normativität verbunden ist. Doch diese Schlussfolgerung ist vorschnell, denn die Dinge sind nicht ganz so einfach.

Die soziale Lebenswelt der Menschen wird nicht bloß durch ein einheitliches Bündel konventioneller Normen reguliert, sondern durch eine Mehrzahl von unterschiedlichen Sorten von Regeln, die in verschiedenen Kontexten zur Anwendung kommen, aber einander vielfach überlappen und überkreuzen, so etwa die Regeln guten Benehmens, gruppenspezifische Praktiken, berufliche Verhaltensnormen, kulturelle Sitten und Normen der konventionellen Moral. Innerhalb dieser Sorten von Regeln kommt jenen der *konventionellen Moral* eine besondere Bedeutung zu, weil sie die Moralnormen repräsentieren, über deren Verbindlichkeit sich die Mitglieder der in Betracht stehenden sozialen Einheit – sei sie eine lokale Gemeinschaft, eine Gesellschaft, eine Kultur oder sogar die ganze Menschheit – weitgehend einig sind. Diese Normen heben sich von den anderen konventionellen Normen dadurch ab, dass sie aus der Sicht der Beteiligten universelle Verbindlichkeit haben und deshalb auch von allen anderen Personen akzeptiert und zumindest unter normalen Umständen befolgt werden sollten. Kurz: Die Normen der Moral erheben *Anspruch auf allgemeine Verbindlichkeit und Vorrang vor anderen Handlungsgründen*.

Eben dieser Anspruch verlangt, bei moralischen Erwägungen von den jeweiligen eigenen Vorlieben und Sonderinteressen zu abstrahieren und einen allgemeinen, unparteiischen Standpunkt einzunehmen, um einen Konsens über moralische Normen erreichen zu können oder wenigstens wahrscheinlicher zu machen.[49] Und er impliziert überdies den Geltungsvorrang der als verbindlich anerkannten Erfordernisse der konventionellen Moral nicht nur vor den jeweiligen Eigeninteressen und persönlichen Vorlieben, sondern auch vor anderen (nichtmoralischen) konventionellen Normen, wie jenen der kulturellen Sitte oder der beruflichen Praxis. Infolgedessen besitzen solche Normen bei rechter Betrachtung auch nur dann und insoweit normative Kraft, wenn und soweit sie mit den Erfordernissen der Moral in Einklang stehen. Aus diesem Grund greift Harts These, die normative Kraft konventioneller Normen zeige sich schon darin, dass sich ihre Adressaten aus der Teilnehmerperspektive berechtigt fühlen, auf Normverstöße negativ zu reagieren, zu kurz. Diese These trifft zwar – mit gewissen Einschränkungen, auf die ich gleich zu sprechen komme – auf die Normen der konventionellen Moral zu, die in einer sozialen Einheit als allgemein verbindlich anerkannt werden, nicht aber auf andere konventionelle Normen, deren Anerkennung unter dem Vorbehalt ihrer Vereinbarkeit mit den Normen der Moral steht.

Aber auch eine konventionelle Moral, verstanden als die Menge moralischer Normen, die in einem sozialen Feld – einer Gruppierung, Gesellschaft, Kultur – zu einer bestimmten Zeit aus welchen Gründen auch immer tatsächlich weitgehende Anerkennung finden, ist noch nicht das letzte Wort. Denn ihre Normen sind ja nicht vor jedem Zweifel erhaben, sondern rechtfertigungsbedürftig und daher einem fortdauernden Prozess der individuellen und kollektiven Urteils- und Willensbildung, einem *Moraldiskurs*, ausgesetzt, durch den sie bekräftigt, aber auch in Frage

49 S. Kurt Baier, *The Moral Point of View*, 1958.

gestellt werden können. Ob und inwieweit dieser Diskurs eine *vernünftige*, d.h. von wohlerwogenen und aus unparteiischer Sicht allgemein annehmbaren Gründen geleitete moralische Urteilsbildung ermöglicht, hängt zwar nicht zuletzt von kulturellen und politischen Rahmenbedingungen ab, so vor allem davon, in welchem Umfang diese Rahmenbedingungen eine offene und informierte Diskussion zulassen, in der alle Betroffenen gleichberechtigt ihre Stimme erheben können. Doch insoweit ein solcher Moraldiskurs möglich ist, besteht auch Aussicht, dass in ihm über kurz oder lang die jeweils besseren Argumente Oberhand gewinnen. Was die Form dieser Argumente betrifft, so müssen sie darauf zielen, plausibel zu machen, dass bestimmte Normen bei rechter, d.h. unparteiischer und informierter Erwägung, von allen Betroffenen deshalb als universell verbindliche Richtlinien des interpersonellen Handelns oder der sozialen Ordnung anerkannt werden sollten, weil ihre allgemeine Befolgung zu Ergebnissen führt, die eher als andere oder keine Normen im wohlerwogenen Interesse jeder Person liegen.[50] Da moralische Normen, die im Moraldiskurs durch solche Argumente als begründet erscheinen, zumindest vorläufig die Hürde kritischer Prüfung genommen haben, liegt es nahe, sie als *kritische Moral* anzusprechen.[51]

Natürlich pflegt es darüber, welche Normen zur kritischen Moral gehören, d.h. als wohlbegründete moralische Richtlinien betrachtet werden sollen, stets mehr oder minder große Meinungsverschiedenheiten zu geben. Das ist schon deshalb unvermeidlich, weil nicht nur die Anforderungen an eine gelingende moralische Urteilsbildung, wie etwa das Erfordernis der Unparteilichkeit, in hohem Maße unbestimmt, sondern oft auch die hierfür relevanten empirischen Tatsachen umstritten sind. Und natürlich ist auch jeder gerade bestehende Konsens über Normen der kritischen Moral stets nur vorläufig, weil niemals ausgeschlossen werden kann, dass sie im weiteren Verlauf des Moraldiskurses durch zuvor unbeachtete Argumente oder neue Tatsacheninformationen in Frage gestellt werden. Dessen ungeachtet kann man aber doch feststellen, dass über einen gewissen Kernbestand grundlegender, wenn auch meist sehr unspezifischer Moralnormen, relativ unabhängig von veränderlichen sozialen Bedingungen weitgehende Übereinstimmung besteht und dass dieser Diskurs auch immer wieder zu einem halbwegs tragfähigen Einvernehmen über neue moralische Normen für die sich verändernden Probleme des sozialen Lebens führt, die nach einer allgemein verbindlichen Regelung verlangen.

Ich vermute, dass viele, vielleicht die meisten Menschen sich nicht einfach blind die herrschenden Moralvorstellungen ihrer Umwelt zu eigen machen, sondern zumindest ab und zu über die Gründe räsonieren, die für und möglicherweise auch gegen diese Vorstellungen sprechen und diese dann je nach dem Ergebnis, zu dem sie dabei gelangen, aus begründeter Einsicht anerkennen oder eventuell verwerfen. Für alle diese Menschen besitzen die Normen der konventionellen Moral normative Verbindlichkeit nicht allein schon aufgrund ihrer grundlosen, vielleicht sogar verfehlten Billigung, sondern vielmehr deswegen, weil sie sie aus guten Gründen für verbindlich halten. Kurz: Die normative Verbindlichkeit solcher Normen erfließt aus deren *reflektierter, wohlerwogener Anerkennung*. Diese Art der Anerkennung ist demnach erst die *letzte Quelle der Normativität* moralischer Normen, die dann auch

50 Habermas (Fn. 19), 135 ff.

51 Vgl. Herbert L.A. Hart, *Law, Liberty, and Morality*, 1963, 17 ff.

die Normativität der anderen sozialen Normen sowohl fundieren als auch limitieren.

In kleinen und wenig differenzierten sozialen Gemeinschaften mögen die konventionellen Normen genügen, um die in ihnen auftretenden Probleme und Konflikte des sozialen Handelns zu regeln, weil ihre Mitglieder in der Regel durchaus imstande sind, solche Normen vermittels expliziter oder impliziter Übereinkünfte in Geltung zu setzen und durch sozialen Druck zu erzwingen. Doch diese dezentralen und informellen Mechanismen der sozialen Kontrolle pflegen in dem Maße zu versagen, in dem die sozialen Einheiten wachsen, die soziale Differenzierung zunimmt und die flüchtigen sozialen Interaktionen zwischen Menschen überhandnehmen. Da mit dieser Entwicklung die konventionellen Normen nicht mehr hinreichend greifen, wächst der Bedarf nach sozialen Normen, die durch autoritative Setzung erzeugt und mittels organisierten Zwangs durchgesetzt werden können. Und damit kommt das Recht ins Spiel.[52]

3.3 Die Geltung rechtlicher Normen

Rechtliche Normen unterscheiden sich von konventionellen Normen nicht durch ihren Inhalt, sondern durch ihre Zugehörigkeit zu einer rechtlichen Ordnung. Eine solche Ordnung lässt sich am besten als eine soziale Praxis oder Institution zur Produktion der für ein friedliches und gedeihliches soziales Zusammenleben benötigten sozialen Normen verstehen, die (1) ein *dynamisches System* bilden in dem Sinne, dass sie von autorisierten Personen erzeugt und angewendet werden, (2) mit *organisiertem Zwang* verbunden sind, d. h. dass die durch sie statuierten Pflichten durch hierzu autorisierte Personen nötigenfalls in geregelter Weise mit Zwangsmitteln durchgesetzt werden können, und (3) mit einem *zweiseitigen Legitimitätsanspruch* einhergehen, der einerseits von Seiten der rechtlichen Autoritäten und andererseits seitens der Rechtsadressaten erhoben wird.

Ich nehme an, dass die beiden ersten Eigenschaften hinreichend klar und unstrittig sind, so dass sie keiner näheren Erläuterung bedürfen. Zusammengenommen zeichnen sie eine Rechtsordnung als ein positives, hierarchisch gestuftes System und planmäßig veränderliches System sozialer Normen aus, die sich nicht nur von konventionellen Normen, sondern auch von privaten Normen einzelner Personen abheben. Wenn diese Normen überdies eine hinreichende Wirksamkeit entfalten, dann erfüllen sie das Erfordernis der Faktizität. Damit bleibt die Frage nach den Bedingungen ihrer Normativität.

Ich habe zu zeigen versucht, dass weder Kelsen noch Hart eine überzeugende Explikation dieser Bedingungen geliefert haben. Und mir ist auch keine andere rechtspositivistische Theorie bekannt, die eine solche Explikation zu bieten vermag, einschließlich der rezenteren Konzeptionen des exklusiven und des inklusiven Rechtspositivismus. Das könnte es nahelegen, die Normativität des Rechts in einem Rechtsmoralismus zu verankern, der die These vertritt, dass die normative Verbindlichkeit rechtlicher Normen aus deren Vereinbarkeit mit bestimmten Erfordernissen

52 Dazu Peter Koller, Formen sozialen Handelns und die Funktion sozialer Normen, in: *Rechtsnorm und Rechtswirklichkeit*, hg. von Aulis Arnio et al., 1993, 265–293.

einer *idealen* Moral erfließt. Ich halte diesen Zug jedoch für etwas übereilt, da er dazu nötigt, die Verbindlichkeit einer idealen Moral als gültig anzunehmen, was meines Erachtens jedenfalls dann vermieden werden sollte, wenn Aussicht besteht, dass sich die Normativität des Rechts ohne Berufung auf eine solche Moral erklären lässt. Und ich meine, dass dies mithilfe der dritten der erwähnten Eigenschaften rechtlicher Normen, nämlich des für sie erhobenen Legitimitätsanspruchs, möglich ist.

Der mit dem Recht verbundene *Anspruch auf Legitimität*, der zumindest im Fall zwingender Normen auch den Anspruch auf deren *moralische* Angemessenheit einschließt, hat zwei Seiten: den Anspruch seiner Amtsträger und den Anspruch seiner Adressaten. Einerseits müssen die rechtlichen Autoritäten Anspruch auf die Legitimität der von ihnen erlassenen Anordnungen erheben, um auf deren allgemeine Anerkennung und Befolgung seitens der Adressaten pochen zu können. Wenn dieser Anspruch ernst genommen wird, setzt er den Glauben der Autoritäten an die Angemessenheit ihrer jeweiligen Anordnungen voraus. Auf der anderen Seite erheben jedoch auch Rechtsadressaten den Anspruch, dass die sie betreffenden rechtlichen Normen angemessen sind, wenn sie sie als verbindlich anerkennen sollen. Aus beiden Seiten des Anspruchs resultiert der Bedarf nach der öffentlichen Rechtfertigung rechtlicher Normen und Praktiken, insbesondere auch der moralischen Rechtfertigung rechtlichen Zwangs. Das Zusammenspiel der beiden Ansprüche, die keineswegs immer harmonieren, ist nun von entscheidender Bedeutung sowohl für die faktische Wirksamkeit einer Rechtsordnung und ihrer einzelnen Normen als auch für ihre normative Verbindlichkeit. Diese Verbindlichkeit erfordert nämlich nicht nur die Ernsthaftigkeit und Glaubwürdigkeit des von den jeweiligen rechtlichen Autoritäten erhobenen Legitimitätsanspruchs, sondern auch den Glauben eines hinreichenden Teils der Adressaten, dass die ihnen auferlegten Normen legitim oder jedenfalls nicht gänzlich illegitim sind. Wie diese beiden Erfordernisse in der sozialen Realität zusammenspielen, ist eine ziemlich komplexe Sache, die hier nicht im Detail untersucht werden kann. Ich beschränke mich daher darauf, die Konsequenzen des Zusammenspieles beider Seiten am Beispiel zweier stilisierter Konstellationen in aller Kürze zu skizzieren.

Eine ideale Konstellation ist offenbar der Fall einer weitgehenden *Konvergenz* zwischen dem Legitimitätsanspruch der Autoritäten und dem der Adressaten des Rechts, weil sich dann beide Seiten im Licht ihrer überlappenden Vorstellungen der politischen Moral im Wesentlichen über die Bedingungen der normativen Verbindlichkeit rechtlicher Normen einig sind. In diesem Fall wird man sicher sagen können, dass die von den zuständigen rechtlichen Autoritäten erzeugten und im Großen und Ganzen durchgesetzten Normen, die diesen Bedingungen einigermaßen entsprechen, nicht nur faktische Wirksamkeit, sondern auch normative Kraft und damit volle Rechtsgeltung besitzen. Diese Konstellation kommt allerdings nicht sehr häufig vor. In der Regel bestehen zwischen den Legitimitätsansprüchen der Beteiligten mehr oder minder große Spannungen, die divergente politisch-moralische Auffassungen zwischen den normsetzenden Autoritäten und den Normadressaten oder auch innerhalb dieser Gruppen reflektieren.

Wenn wir den extremen Fall einer totalen *Divergenz* der Legitimitätsansprüche mehrerer einander bekämpfender Gruppierungen annehmen, die sich nicht einmal über die wesentlichsten Anforderungen an die rechtliche Ordnung einig werden können, dann ist es auch mit der Geltung des Rechts schlecht bestellt, falls überhaupt noch von einer Rechtsordnung die Rede sein kann. Denn in diesem Fall wird es den von den herrschenden Machtinstanzen getroffenen Regelungen, denen große Teile der Adressaten die Anerkennung versagen, nicht nur an normativer Kraft, sondern über kurz oder lang auch an Wirksamkeit und Stabilität gebrechen. Das hat, nebenbei bemerkt, zur Folge, dass die Frage der Geltung autoritativer Normen, über deren Legitimität sich die Beteiligten aus der Teilnehmerperspektive vollkommen uneinig sind, auch nicht aus der neutralen Beobachterperspektive beantwortet werden kann.

Glücklicherweise kommt diese verheerende Konstellation ebenfalls nicht sehr häufig vor. Die meisten positiven Rechtsordnungen liegen irgendwo zwischen den genannten Extremen. In solchen Rechtsordnungen werden deren Normen gewöhnlich vorläufig als verbindlich akzeptiert, wenn die Beteiligten glauben, dass die jeweilige Ordnung, im Ganzen genommen, besser ist als ein Zustand sozialer Anomie oder Rechtlosigkeit, der sich im Fall einer sehr verbreiteten Nichtbefolgung ihrer Normen ergeben würde. Wenn es sich so verhält, dann haben die Normen einer solchen Rechtsordnung nicht nur faktische Wirksamkeit, sondern im Großen und Ganzen auch normative Kraft aus der Teilnehmerperspektive ihrer Adressaten. Das schließt aber nicht aus, dass einzelne Beteiligte manchen dieser Normen, die mit ihren moralischen Überzeugungen gänzlich unvereinbar sind, die Anerkennung verweigern.

All dies legt die Folgerung nahe, dass die normative Kraft rechtlicher Normen daraus erfließt, dass der für sie seitens der normsetzenden Autoritäten erhobene Legitimitätsanspruch in hinreichendem Maße mit den an sie gestellten Legitimitätsansprüchen seitens der Adressaten konvergiert. Dementsprechend kann rechtlichen Normen dann, aber auch nur dann Normativität zugeschrieben werden, wenn sie zu einer Rechtsordnung gehören, die nicht nur von deren Amtsträgern, sondern auch von den meisten ihrer Adressaten im Lichte ihrer jeweiligen Wertvorstellungen – der Effizienz, des Gemeinwohls und vor allem der Gerechtigkeit – im Großen und Ganzen als legitim anerkannt wird, ausgenommen solche Normen, die einzelnen Beteiligten im Lichte ihrer moralischen Überzeugungen als gänzlich inakzeptabel erscheinen. Diese Explikation der Normativität rechtlicher Normen kann, je nachdem, unter welcher Perspektive man eine Rechtsordnung betrachtet, in verschiedene Richtungen weiter zugespitzt werden, die zu unterschiedlichen rechttheoretischen Implikationen führen.

Betrachtet man eine Rechtsordnung aus der *Beobachterperspektive*, so sind zur Beantwortung der Frage nach der Geltung ihrer Normen einzig und allein die *Legitimitätsvorstellungen der beteiligten Personen* in Betracht zu ziehen, ohne diese Vorstellungen selber bewerten zu müssen. In dieser Perspektive kann also festgestellt werden, dass eine im Großen und Ganzen wirksame Rechtsordnung normative Geltung hat, wenn sie von deren Autoritäten und einer hinreichenden Zahl ihrer Adressaten im Lichte ihrer Wert- und Moralvorstellungen als legitim betrachtet und anerkannt wird. Auf die Beobachterperspektive bezogen, ist die vorgeschlagene Explikation der Normativität rechtlicher Normen daher zwar nicht mit jeder, aber doch mit einer differenzierten Version des positivistischen Postulats der Trennung von Recht und Moral, wie sie von Hart vertreten wird, vereinbar.

Nimmt man dagegen gegenüber einer Rechtsordnung die *Teilnehmerperspektive* ein, dann kommt man nicht umhin, deren Normen selber einer Bewertung zu unterziehen, da ihre Geltung die Anerkennung zumindest ihrer grundlegenden Regeln durch ihre Autoritäten und die meisten ihrer Adressaten erfordert, zu denen man selber gehört. In dieser Perspektive setzt die Explikation zumindest einen schwachen Rechtsmoralismus voraus, der eine notwendige Verbindung von Recht und Moral in dem Sinne unterstellt, dass rechtliche Normen eben deswegen normative Kraft besitzen, weil man die Rechtsordnung, zu der sie gehören, im Lichte der *eigenen Wert- und Moralvorstellungen* insgesamt für legitim hält und als verbindlich anerkennt, gleichgültig, wie man zu diesen Vorstellungen gekommen sein und welche Gründe man dafür haben mag.

Da rechtliche Normen wegen ihres Anspruchs auf allgemeine Geltung jedoch einer öffentlichen Legitimation bedürfen, bleibt die Teilnehmerperspektive defizitär, solange die Beteiligten sich nicht auch in die *Gesetzgeberperspektive* versetzen, in der sie die Wert- und Moralvorstellungen, aufgrund der sie solche Normen bewerten, gegenüber Anderen rechtfertigen und der kritischen Prüfung im öffentlichen Diskurs aussetzen müssen. In dieser Perspektive wird sich unter der Voraussetzung, dass die bestehenden kulturellen und politischen Umstände einen halbwegs freien, gleichberechtigten und informierten Meinungsaustausch ermöglichen, eine *kritische öffentliche Moral* herausdestillieren können, an der die Beteiligten dann letztlich die Legitimität der rechtlichen Ordnung und ihrer Normen messen werden. Damit setzt die Normativität des Rechts nach der vorgeschlagenen Explikation einen stärkeren, gehaltvollen Rechtsmoralismus voraus, der die normative Geltung des Rechts nicht an einen unreflektierten Legitimitätsglauben seiner Autoritäten und Adressaten knüpft, sondern an die Vermutung seiner Legitimität auf der Grundlage ihrer *kritisch reflektierten und begründeten Moralvorstellungen*, die freilich ihrerseits niemals Anspruch auf Endgültigkeit erheben können.

Autoren und Herausgeber

Mikhail Antonov ist Professor und Direktor des Instituts für Rechtstheorie und Rechtsgeschichte an der juristischen Fakultät der Nationalen Forschungsuniversität, Staatliche Hochschule für Wirtschaft, in St. Petersburg (Russland).

Jochen Bung ist Inhaber des Lehrstuhls für Strafrecht und Rechtsphilosophie an der Universität Hamburg.

Hauke Brunkhorst ist leitender Professor am Seminar für Soziologie der Europa-Universität Flensburg.

Armin Engländer ist Inhaber des Lehrstuhls für Strafrecht, Strafprozessrecht, Rechtsphilosophie und Rechtssoziologie an der Ludwig-Maximilians-Universität München.

Stefan Kadelbach ist Inhaber des Lehrstuhls für Öffentliches Recht, Europarecht und Völkerrecht an der Johann Wolfgang Goethe-Universität Frankfurt am Main.

Peter Koller war bis 2015 Inhaber des Lehrstuhls für Rechtsphilosophie, Rechtstheorie und Rechtssoziologie am Institut für Rechtswissenschaftliche Grundlagen der Karl-Franzens-Universität Graz.

Reinhard Merkel war bis 2015 Inhaber des Lehrstuhls für Strafrecht und Rechtsphilosophie an der Universität Hamburg.

Sabine Müller-Mall ist Inhaberin der Professur für Rechts- und Verfassungstheorie an der Technischen Universität Dresden.

Gunther Teubner war bis 2009 Inhaber des Lehrstuhls für Privatrecht und Rechtssoziologie an der Johann Wolfgang Goethe-Universität Frankfurt am Main.

ARCHIV FÜR RECHTS- UND SOZIALPHILOSOPHIE – BEIHEFTE

Herausgeben von der Internationalen Vereinigung für Rechts- und Sozialphilosophie (IVR).
Die Bände 1–4 sind im Luchterhand-Fachverlag erschienen.

Franz Steiner Verlag ISSN 0341-079X

120. Friedrich Toepel (Hg.)
Free Will in Criminal Law and Procedure
Proceedings of the 23rd and 24th World Congress of the International Association for Philosophy of Law and Social Philosophy in Kraków, 2007, and in Beijing, 2009
2010. 122 S., kt.
ISBN 978-3-515-09320-0

121. Marcel Senn / Bénédict Winiger / Barbara Fritschi / Philippe Avramov (Hg.)
Recht und Globalisierung / Droit et Mondialisation
Kongress der Schweizerischen Vereinigung für Rechts- und Sozialphilosophie, 15.–16. Mai 2009, Universität Genf / Congrès de l'Association Suisse de Philosophie du Droit et de Philosophie Sociale, 15–16 mai 2009, Université de Genève
2010. 196 S., kt.
ISBN 978-3-515-09673-7

122. Imer B. Flores / Uygur Gülriz (Hg.)
Alternative Methods in the Education of Philosophy of Law and the Importance of Legal Philosophy in the Legal Education
Proceedings of the 23rd World Congress of the International Associaction for Philosophy of Law and Social Philosophy "Law and Legal Cultures in the 21st Century: Diversity and Unity" in Kraków, 2007
2010. 114 S., kt.
ISBN 978-3-515-09695-9

123. Sascha Ziemann
Archiv für Rechts- und Sozialphilosophie: Bibliographie und Dokumentation (1907–2009)
2010. 434 S., kt.
ISBN 978-3-515-09719-2

124. Jan-Reinard Sieckmann (Hg.)
Legal Reasoning: The Methods of Balancing
Proceedings of the Special Workshop "Legal Reasoning: The Methods of Balancing" held at the 24th World Congress of the International Association for Philosophy of Law and Social Philosophy (IVR), Beijing, 2009
2010. 205 S., kt.
ISBN 978-3-515-09723-9

125. Edward Schramm / Wibke Frey / Lorenz Kähler / Sabine Müller-Mall / Friederike Wapler (Hg.)
Konflikte im Recht – Recht der Konflikte
Tagungen des Jungen Forums Rechtsphilosophie in der Internationalen Vereinigung für Rechts- und Sozialphilosophie in Tübingen und Göttingen
2010. 308 S., kt.
ISBN 978-3-515-09729-1

126. Kristian Kühl (Hg.)
Zur Kompetenz der Rechtsphilosophie in Rechtsfragen
Tagung der Deutschen Sektion der Internationalen Vereinigung für Rechts- und Sozialphilosophie vom 24.–26. September 2008 in Tübingen
2011. 140 S., kt.
ISBN 978-3-515-09816-8

127. Stephan Kirste / Anne van Aaken / Michael Anderheiden / Pasquale Policastro (Hg.)
Interdisciplinary Research in Jurisprudence and Constitutionalism
2012. 267 S. mit 2 Abb. und 2 Tab., kt.
ISBN 978-3-515-09941-7

128. Stephan Ast / Julia Hänni / Klaus Mathis / Benno Zabel (Hg.)
Gleichheit und Universalität
Tagungen des Jungen Forums Rechtsphilosophie (JFR) in der Internationalen Vereinigung für Rechts- und Sozialphilosophie (IVR) im September 2010 in Halle (Saale) und im Februar 2011 in Luzern
2012. 315 S., kt.
ISBN 978-3-515-10067-0

129. Bénédict Winiger / Matthias Mahlmann / Philippe Avramov / Peter Gailhofer (Hg.)
Recht und Verantwortung / Droit et responsabilité
Kongress der Schweizerischen Vereinigung

für Rechts- und Sozialphilosophie,
11.–12. Juni 2010, Universität Zürich /
Congrès de l'Association Suisse de Philosophie du Droit et de Philosophie Sociale,
11–12 juin 2010, Université de Zurich
2012. 206 S. mit 6 Abb., kt.
ISBN 978-3-515-10066-3

130. Thomas Bustamante / Oche Onazi (Hg.)
Global Harmony and the Rule of Law
Proceedings of the 24th World Congress of the International Association for Philosophy of Law and Social Philosophy, Beijing, 2009. Vol. 1
2012. 133 S., kt.
ISBN 978-3-515-10081-6

131. Thomas Bustamante / Oche Onazi (Hg.)
Human Rights, Language and Law
Proceedings of the 24th World Congress of the International Association for Philosophy of Law and Social Philosophy, Beijing, 2009. Vol. 2
2012. 192 S., kt.
ISBN 978-3-515-10082-3

132. Yasutomo Morigiwa / Hirohide Takikawa (Hg.)
Judicial Minimalism – For and Against
Proceedings of the 9th Kobe Lectures. Tokyo, Nagoya, and Kyoto, June 2008
2012. 99 S., kt.
ISBN 978-3-515-10136-3

133. Thomas Bustamante / Carlos Bernal Pulido (Hg.)
On the Philosophy of Precedent
Proceedings of the 24th World Congress of the International Association for Philosophy of Law and Social Philosophy, Beijing, 2009
Volume 3
2012. 144 S., kt.
ISBN 978-3-515-10150-9

134. Matthias Kaufmann / Joachim Renzikowski (Hg.)
Zurechnung und Verantwortung
Tagung der Deutschen Sektion der Internationalen Vereinigung für Rechts- und Sozialphilosophie vom 22.–24. September 2010 in Halle (Saale)
2012. 184 S., kt.
ISBN 978-3-515-10180-6

135. Carsten Bäcker / Sascha Ziemann (Hg.)
Junge Rechtsphilosophie
2012. 214 S., kt.
ISBN 978-3-515-10268-1

136. Ulfrid Neumann / Klaus Günther / Lorenz Schulz (Hg.)
Law, Science, Technology
Plenary lectures presented at the 25th World Congress of the International Association for Philosophy of Law and Social Philosophy, Frankfurt am Main, 2011
2012. 173 S., kt.
ISBN 978-3-515-10328-2

137. Winfried Brugger / Stephan Kirste (Hg.)
Human Dignity as a Foundation of Law
Proceedings of the Special Workshop held at the 24th World Congress of the International Association for Philosophy of Law and Social Philosophy in Beijing, 2009
2013. 267 S., kt.
ISBN 978-3-515-10440-1

138. Philippe Avramov / Mike Bacher / Paolo Becchi / Bénédict Winiger (Hg.)
Ethik und Recht in der Bioethik / Ethique et Droit en matière de Bioéthique
Kongress der Schweizerischen Vereinigung für Rechts- und Sozialphilosophie,
11.–12. Mai 2012, Universität Luzern /
Congrès de l'Association Suisse de Philosophie du Droit et de Philosophie Sociale, 11–12 mai 2012, Université de Lucerne
2013. 226 S., kt.
ISBN 978-3-515-10436-4

139. Tetsu Sakurai / Makoto Usami (Hg.)
Human Rights and Global Justice
The 10th Kobe Lectures, July 2011
2014. 167 S., kt.
ISBN 978-3-515-10489-0

140. Bernhard Jakl / Beatrice Brunhöber / Ariane Grieser / Juliane Ottmann / Tim Wihl (Hg.)
Recht und Frieden – Wozu Recht?
Tagungen des Jungen Forums Rechtsphilosophie (JFR) in der Internationalen Vereinigung für Rechts- und Sozialphilosophie (IVR) im September 2012 in Münster und im April 2013 in Berlin
2014. 206 S. mit 3 Abb., kt.
ISBN 978-3-515-10806-5

141. Axel Tschentscher / Caroline Lehner / Matthias Mahlmann / Anne Kühler (Hg.)
Soziale Gerechtigkeit heute
Kongress der Schweizerischen Vereinigung für Rechts- und Sozialphilosophie, 7. Juni 2013, Universität Bern

2015. 139 S., kt.
ISBN 978-3-515-10907-9

142. Daniela Demko / Kurt Seelmann / Paolo Becchi (Hg.)
Würde und Autonomie
Fachtagung der Schweizerischen Vereinigung für Rechts- und Sozialphilosophie, 24.–25. April 2013, Landgut Castelen, Augst
2015. 216 S., kt.
ISBN 978-3-515-10949-9

143. Jean-Christophe Merle / Alexandre T. G. Trivisonno (Hg.)
Kant's Theory of Law
Proceedings of the Special Workshop "Kant's Concept of Law" held at the 26th World Congress of the International Association for Philosophy of Law and Social Philosophy in Belo Horizonte, 2013
2015. 138 S., kt.
ISBN 978-3-515-11037-2

144. Júlio Aguiar de Oliveira / Stanley L. Paulson / Alexandre T. G. Trivisonno (Hg.)
Alexy's Theory of Law
Proceedings of the Special Workshop "Alexy's Theory of Law" held at the 26th World Congress of the International Association for Philosophy of Law and Social Philosophy in Belo Horizonte, 2013
2015. 187 S., kt.
ISBN 978-3-515-11043-3

145. Annette Brockmöller / Stephan Kirste / Ulfrid Neumann (Hg.)
Wert und Wahrheit in der Rechtswissenschaft
2015. 113 S., kt.
ISBN 978-3-515-11053-2

146. Marcelo Campos Galuppo / Mônica Sette Lopes / Karine Salgado / Thomas Bustamante / Lucas Gontijo (Hg.)
Human Rights, Rule of Law and the Contemporary Social Challenges in Complex Societies
Proceedings of the 26th World Congress of the International Association for Philosophy of Law and Social Philosophy in Belo Horizonte, 2013
2015. 155 S. mit 2 Abb., kt.
ISBN 978-3-515-11130-0

147. Paul Tiedemann (Hg.)
Right to Identity
Proceedings of the Special Workshop "Right to Identity" held at the 27th World Congress of the International Association for Philosophy of Law and Social Philosophy in Washington DC, 2015
2016. 185 S., kt.
ISBN 978-3-515-11244-4

148. Hajime Yoshino / Andrés Santacoloma Santacoloma / Gonzalo Villa Rosas (Hg.)
Truth and Objectivity in Law and Morals
Proceedings of the Special Workshop Held at the 26th World Congress of the International Association for Philosophy of Law and Social Philosophy in Belo Horizonte, 2013
2016. 158 S., kt.
ISBN 978-3-515-11260-4

149. Alain Papaux / Simone Zurbuchen (Hg.)
Philosophy, Law and Environmental Crisis / Philosophie, droit et crise environnementale
Workshop of the Swiss Society for Philosophy of Law and Social Philosophy, September 12–13, 2014, Swiss Institute of Comparative Law, Lausanne / Congrès de l'Association Suisse de Philosophie du Droit et de Philosophie Sociale, 12–13 septembre 2014
2016. 153 S. mit 2 Tab., kt.
ISBN 978-3-515-11387-8

150. Markus Abraham / Till Zimmermann / Sabrina Zucca-Soest (Hg.)
Vorbedingungen des Rechts
Tagungen des Jungen Forums Rechtsphilosophie (JFR) in der Internationalen Vereinigung für Rechts- und Sozialphilosophie (IVR) im September 2014 in Passau und im April 2015 in Hamburg
2016. 231 S., kt.
ISBN 978-3-515-11389-2

151. André Ferreira Leite de Paula / Andrés Santacoloma Santacoloma / Gonzalo Villa Rosas (Hg.)
Truth and Objectivity in Law and Morals II
Proceedings of the Second Special Workshop held at the 27th World Congress of the International Association for Philosophy of Law and Social Philosophy in Washington D.C., 2015
2016. 210 S. mit 4 Abb., kt.
ISBN 978-3-515-11484-4

152. *in Vorbereitung*